Sissy – Der kleine Wildfang

MARIELUISE VON INGENHEIM

Sissy

Der kleine Wildfang

Am heiligen Abend des Jahren 1837 kommt im Palais der Wittelsbacher in München die Prinzessin Elisabeth zur Welt. Von ihren Eltern, dem Herzog Max von Bayern und Ludovica, wird sie liebevoll Sissy genannt. Fern aller Etikette wächst sie mit ihren zahlreichen Geschwistern im Schloß Possenhofen auf. In dem ersten der elf Sissy-Bände schildert Marie-Luise von Ingenheim die unbeschwerten Kinder- und Jugendjahre der Prinzessin Sissy sowie ihre Liebe zu dem jungen Kaiser Franz Joseph, wobei eigentlich ihre Schwester Helene für den Kaiser bestimmt war. Es folgt ein Verwirrspiel zwischen Liebe und Heiratspolitik, das im romantischen Kurort Bad Ischl sein Ende findet.

In den folgenden zehn Bänden begleiten wir Elisabeth bei ihrem atemberaubenden Aufstieg vom unbeschwerten Mädchen zur Landesmutter eines Riesenreiches und ihr Leben als jugendlich schöne Kaiserin am prunkvollen Wiener Hof. Das dichte Geschehen ist dabei in vollkommener Harmonie mit farbig geschilderten historischen Ereignissen verbunden.

Wir erleben auch Sissys seelische Nöte im Kampf mit ihrer gestrengen Schwiegermutter, der Erzherzogin Sophie, sowie ihre großen glänzenden Auftritte bei Staatsempfängen als auch als junge glückliche junge Mutter.

Viele Schicksalsschläge brechen über die junge Kaiserin herein und immer wieder versucht sie, dem Wiener Hof zu entfliehen. Besonders schwer erschüttert die Tragödie von Mayerling den Hof und der Tod ihres Sohnes, des Kronprinzen Rudolf, macht sie sehr unglücklich. Nur ihre Liebe und ihr Glauben aneinander läßt Sissy und Franz Joseph diese schwere Prüfung überstehen. Immer wieder hofft Kaiser Franz Joseph, daß seine geliebte Sissy endlich in Wien an seiner Seite Ruhe suchen und finden wird. Bis zu Sissys tragischem Tod verfolgt die Autorin den Lebensweg der schönen Kaiserin. So wird das Lebensbild dieser ungewöhnlichen Frau, die von einem Kaiser über alles geliebt wurde, zum packenden Zeitgemälde einer faszinierenden Epoche der österreichischen Geschichte.

Erster Teil

1. Sissy kommt zur Welt

Es war das Jahr 1837, ein düsterer Himmel hing über der bayrischen Königsstadt. Es schneite nicht, war aber bitterkalt, das Jahr ging schon zur Neige. Durch die Straßen der Residenzstadt München eilten geschäftige Menschen, Männer und Frauen, in dicke Mäntel und Pelze gehüllt und mit vor Kälte geröteten Wangen. Viele von ihnen waren mit großen und kleinen Paketen behangen, und die Vorfreude auf den brennenden Lichterbaum, unter welchem der Inhalt der Päckchen das Entzücken der Beschenkten hervorrufen würde, leuchtete aus ihren Augen. Denn es war der Heilige Abend, und für die Kinder war das Christkind unterwegs ...

Im Palais der Wittelsbacher in der Münchener Ludwigstraße aber wartete man auf eine Bescherung besonderer Art. Es herrschte ein nervöses Kommen und Gehen, und im ersten Stockwerk ging alles bis herab zur Dienerschaft nur auf Zehenspitzen durch die Gänge.

Eben hielt eine Droschke vor dem Portal, und eine dickliche, der Kälte wegen gänzlich vermummte Frauensperson kletterte schnaufend ins Freie. Der livrierte Türsteher stürzte herbei und half der Frau, eine umfängliche Tasche in Empfang zu nehmen, welche ihr der von seinem Bock gekletterte Droschkenkutscher aus dem Inneren des Gefährtes herausreichte.

„Na endlich, Frau Sirninger", begrüßte sie der Portier erleichtert. „Drin sind schon alle aus dem Häusl! Haben S' Ihnen denn net ein bissel beeilen können?"

„Beeilen? Heut', am Heiligen Abend? Ich hab' Kinder und einen Mann!" erwiderte die also Gerügte empört.

„Na, die Frau Herzogin kann sich den Tag schließlich net aussuchen, net wahr? Das muß man halt nehmen, wie's kommt und wie's der Himmel will", versetzte der Portier. „Gehn S' nur schnell rauf, man wart' schon sehnsüchtig!"

„Auf mich warten immer alle sehnsüchtig", wehrte Frau Sirninger schmunzelnd ab. „Aber zu spät kommen bin ich noch nie, meistens is' noch Zeit g'nug. Also regen S' Ihnen net auf, Herr Steinpichler, ist schließlich net das erste Mal, daß mich die Frau Herzogin rufen laßt."

Resolut nahm sie die Ledertasche wieder an sich, und Steinpichler ließ sie ein. Er wagte keinen weiteren Widerspruch, und abgesehen davon, hatte Frau Aloisia Sirninger ja auch ganz recht.

Die Einfahrt war erleuchtet, der Aufgang zur Linken wies auf den steinernen Treppenstufen viele feuchte Trittspuren auf. Die Sirninger hatte nichts anderes erwartet, dennoch seufzte sie mitleidig. Man war eben in einem herzoglichen Haus, in welchem die Tradition selbst zu Zeiten regierte, wo sie hätte besser der Vernunft Platz machen sollen.

Die beiden Linien der Wittelsbacher hatten nun seit beinahe siebenhundert Jahren in Bayern das Sagen. Dieses Palais hatte der König erbauen lassen; nun residierte darin Herzog Max in Bayern aus der Birkenfelder Linie. Und seine Gemahlin, die resolute Herzogin Ludovica, war ausgerechnet heute in die Wehen gekommen. Sie hätte sich nach Frau Sirningers Ansicht recht gut noch ein paar Tage Zeit lassen können, beispielsweise bis nach dem Stephanitag. Aber wie schon der Portier Steinpichler bemerkt hatte, die Frau Herzogin hatte sich's eben nicht aussuchen können, und so würde denn das kleine Erdenwürmerl, das da ans Licht wollte, ein richtiges kleines Christkindl werden.

Seufzend blieb die Hebamme auf dem Treppenansatz stehen, um kurz zu verschnaufen. Ihre Tasche, in welcher sie alle Utensilien, die sie benötigte, mit sich führte, wog nicht gerade leicht. Glücklicherweise überholte sie eben den Diener Ferdinand.

„Ferdinand, laufen S' doch net an mir vorbei, helfen S' mir ein bissel, ich bin ja reinweg ganz außer Atem!"

„Jösses, die Frau Sirninger!" erbarmte sich Ferndinand augenblicklich und riß ihr förmlich die Hebammentasche aus den Händen. „Kommen S' nur gleich, der Doktor ist schon da, der Frau Herzogin geht's miserablich, die ganze hochwohlgeborene Sippschaft macht's ganz nervös."

„Kein Wunder, Ferdinand", sagte sie schnaufend und stapfte nun eilig neben ihm die restlichen Stufen der Feststiege empor, die mit Tannenreisern geschmückt war, welche einen festlichen Duft verströmten, „Ich bin heilfroh, daß ich net als Herzogin zur Welt 'kommen bin. Mich hat meine Mutter net in aller Öffentlichkeit gebären müss'n. – Wo ist 'n Seine Hoheit?"

„Beim G'sind' unten, er trinkt grad sein' Kaffee. Der laßt sich net aus der Ruh' bringen. Ich komm' grad von ihm – die Frau Herzogin hat mich g'schickt und ihn fragen lassen, ob er was braucht. Die laßt die Zügel net aus der Hand, net einmal an einem Tag wie heut'."

„Das schaut ihm ähnlich", brummte die Hebamme. „Sitzt beim G'sind' und trinkt Kaffee, während die arme Frau . . ."

„Aber was sollt' er denn machen, Sirningerin? Er kann ihr ja doch net helfen, und's Kind statt ihr zur Welt bringen kann er auch net", verteidigte Ferdinand seinen Herrn. „Der Doktor ist bei ihr, und jetzt kommen auch noch Sie! Und die ganze unnötige G'sellschaft sitzt vorm Paravent und wart', bis es soweit ist. Der Doktor schimpft wie ein Rohrspatz, wenn sich einer untersteht, sich ein Zigarrl anzuzünden!"

Jetzt erreichten sie die Vorhalle. Die Gebärende hatte man in den Roten Salon verlegt, der eine größere Anzahl von Personen fassen konnte. Das Prunkbett – das man eigens zum feierlichen Anlaß aus dem Mobiliendepot hatte kommen lassen – stand hinter einem mächtigen Paravent, dessen einzelne Flügel anmutige Schäferszenen mit herzigen kleine Putten zeigten. Der Paravent gewährte der in den Wehen liegenden Herzogin Ludovica ein kleines bißchen Intimität, denn jenseits dieses Schutzschirms waren an die zwanzig Personen versammelt, die sowohl der herzoglichen Verwandtschaft als auch dem Königlichen Hausministerium angehörten. Der zu erwartende Erdenbürger konnte Thronanspruch erben; es war diese Geburt also ein offizieller Akt ebensosehr wie ein familiäres Ereignis. Ja, letzteres war es sogar erst in zweiter Linie.

Der Leibarzt des Königs, Doktor Reichhardt, saß an der Seite der Leidenden, welche ihr Weh mit Anstand ertrug. Solange es ging, verbiß sie ihre Schmerzen, die freilich in Abständen immer heftiger wurden. Aber bisher war immer noch alles gutgegangen. Sie vertraute den geschickten Händen der Hebamme ebenso wie dem Doktor, und vor allem auch der Hilfe der Heiligen Muttergottes, die sie mit zusammengepreßten Lippen immer wieder in Gedanken anflehte, daß es doch möglichst bald vorüber sein möge.

Das Gemurmel der Wartenden drang an ihr Ohr wie ein fernes Brausen, aber sie blieb sich stets des Umstandes bewußt, daß hier sie die Hausfrau war und als solche Pflichten wahrzunehmen hatte.

Herzogin Ludovica war eine sehr resolute und standesbewußte Person. Ihr Gatte hingegen, der Herzog, war da ganz anders, er war ein vierschrötiger, gemütlicher Geselle, der nichts so sehr haßte wie Standesdünkel und Zeremoniell.

Wäre die Hebamme nicht die Treppe emporgestiegen, sondern hätte sie das rückwärtige Tor der Einfahrt benutzt, welches in den Hof des Palais führte, dann wäre sie vor einer winterlich verschneiten Zirkusarena gestanden. Eine solche samt den Holzbänken für Zuschauer ringsum hätte man normalerweise nicht in einer Residenz eines Herzogs in Bayern vermuten dürfen. Herzog Max hingegen hatte sich hier eine solche bauen lassen. Er ritt höchstpersönlich die Hohe Schule und produzierte andere „Kunststückln" angesichts eines besagte Bänke füllenden, in seiner Zusammensetzung höchst gemischten Publikums, dessen Applaus zu seinen höchsten Genüssen zählte. Es waren etliche seiner Kumpane aus dem Hofbräuhaus darunter, und sie waren keineswegs von Adel; und auch aus dem Künstlerviertel Schwabing kamen durchaus nicht hoffähige Leute zu des Herzogs Privatvorstellungen, der offen zugab, er wäre am liebsten nicht Herzog, sondern Zirkusdirektor geworden, wenn er die Wahl gehabt hätte.

Herzog Max in Bayern war ein, wie man zu sagen pflegte, „leutseliger Herr", und genau das, was seine Gemahlin Ludovica mit schierem Entsetzen erfüllte, machte seine Popularität bei der Münchener Bevölkerung aus. „Müßt's mich halt nehmen, wie ich bin", pflegte er allen jenen zu erklären, die an seiner Lebensweise Anstoß nahmen. Bis auf die Herzogin hatten sich schließlich alle daran gewöhnt, daß Herzog Max eben so war und nicht anders, und selbst der König nahm keinen Anstoß mehr daran, daß Max mit genagelten Bergschuhen und in Lederhosen im Schloß aufkreuzte. Frau Ludovica hingegen gab in gewohnter Hartnäckigkeit noch nicht die Hoffnung auf, ihn zu bessern, so daß er, um ihren steten Nörgeleien zu entgehen, immer häufiger auf die Jagd und auf Reisen ging.

Inmitten der freien Natur fühlte er sich überhaupt am wohlsten, und den Kontakt mit der Landbevölkerung liebte er. So war er denn im wahrsten Wortsinn ein leut-seliger Mann, und daß er die Gesindestuben den Gesellschaftsräumen in seinem Palais vorzog, war die logische Folge davon.

Ludovica liebte er auf seine Art. Sie tat ihm leid, er machte sich Sorgen um sie, sagte sich aber genau wie Ferdinand, daß er ihr jetzt nicht helfen könne und nur die Zahl der im und vor dem Roten Salon herumstehenden Leute vermehren würde. Er trank also seinen Kaffee und suchte sich einzureden, dies sei ein Tag wie jeder andere. Aber das war schwer genug, denn es war eben kein gewöhnlicher Tag, sondern noch dazu Heiliger Abend!

Im Familienzimmer stand ein geschmückter Weihnachtsbaum. Ludovica hatte noch selbst beim Schmücken der Tanne mit Hand angelegt, so gut sie es vermochte. Ein zweiter, kleiner und bescheidenerer Christbaum stand im Erdgeschoß, dort, wo das Gesinde zusammenzukommen und seine Mahlzeiten einzunehmen pflegte. Auf zwei Gabentischen lagen die Geschenke bereit.

Ludovica hatte auf nichts und niemanden vergessen. „Auch nicht beim Kinderkriegen", dachte Herzog Max und ließ diesem Gedankengang einen kräftigen Schluck aus der Kaffeetasse folgen. Und daran schloß er die Hoffnung an, daß es diesmal wieder ein Bub werden möge. Denn Buben konnte es in einem herzoglichen Hause nicht genug geben.

Der Erstgeborene, Prinz Ludwig Wilhelm, war 1831 zur Welt gekommen. Luis, wie er gerufen wurde, war jetzt sechs Jahre alt und verständig genug, um zu wissen, daß heute nicht nur das Christkind, sondern auch der Storch erwartet wurde, doch, ehrlich gestanden, das Christkind mit seinen Geschenken interessierte ihn mehr.

Das zweite Kind, das ihm Ludovica schenkte, war wieder ein Bub gewesen, doch Wilhelm lebte nur wenige Monate, denn war er „ein unschuldig's Engerl 'worden", wie Ludovica zu sagen pflegte, wenn sie in schmerzlicher Erinnerung seiner gedachte. Zwei Jahre nach Wilhelm, 1834, kam Karolin-Therese zur Welt. Sie hatte noch einen dritten Namen:

Helene. Den liebte sie besonders, wohl deshalb, weil er am leichtesten auszusprechen war. Um ihn sich noch mundgerechter zu machen, hatte das kleine, herzige Plappermäulchen ihn zu „Nené" verkürzt. Und „Nené" sollte sie auch bis an ihr Lebensende heißen.

Nené war jetzt fast vier Jahre alt und ein aufgewecktes Kind. Anders als Bruder Luis war sie neugieriger auf das Geschenk des Storches. Was würde er ihr wohl bringen, ein Brüderlein oder ein Schwesterlein?

Nachdem Mama Ludovica sich bisher mit schöner Regelmäßigkeit alle zwei Jahre ins Wochenbett gelegt hatte, ließ sie sich nach Nenés Geburt ein Jahr länger Zeit. Daran mochte wohl eine längere Reise von Papa Max schuld gewesen sein.

Doch nun stand der 24. Dezember 1837 auf dem Kalenderblatt, und es war wieder einmal soweit. Und dieser 24. Dezember fiel außerdem auch noch auf einen Sonntag! Ob das ein gutes Omen war?

„Es hat auf jeden Fall etwas zu bedeuten", brummte Max und tat seinen letzten Schluck Kaffee. Es war halb sechs Uhr abends, ein wenig spät für die Jause und doch zu früh für die Bescherung, die er mit den Kindern würde alleine bestreiten müssen, wenn sich Ludovica Zeit ließ. Denn bevor nicht alles vorüber war, durften die Kinder natürlich nicht zu ihr.

„Weihnachtsabend ohne Mutter", brummte Max fast vorwurfsvoll und schlug ähnliche Gedankengänge ein wie vorhin auf der Treppe Frau Sirninger. Ludovica hätte sich noch ein paar Tage Zeit lassen können. Und damit fühlte er nun auch ein wenig Mitleid für das noch gar nicht geborene Wesen. „Dem fallen ja Geburtstag und Heiliger Abend auf einen Tag z'samm'", räsonierte der werdende Vater. „Net zu beneiden, wegen die Geschenk' . . ." Er, Max, ließ sich gerne beschenken . . .

Um sieben Uhr abends, der Herzog hatte sich inzwischen

nach einem kurzen Besuch im Kreißzimmer in die Bibliothek verkrochen, in der sich, durch Foliantendeckel getarnt,
ein Likörschrank mit besonderen Spezialitäten befand, ließ
ihn die Herzogin durch den Diener Josef wissen, es sei noch
immer nicht soweit mit ihr und dem Kind, doch da es die
gewohnte Stunde der Bescherung sei, möge er die Kerzen
auf den Christbäumen anzünden lassen, sich mit Luis und
Nené zum Gabentisch begeben und dem Gesinde auch in ihrem Namen ein frohes Fest wünschen.

Der Herzog freute sich über die ihm von seiner Gattin zu-
gedachte Meerschaumpfeife. Luis erhielt Trommel und Trom-
pete und eine kleine Ziehharmonika (letztere von Papa), und
Nené war überglücklich über ein richtiges Puppenhaus mit
vielen Zimmern, die allesamt komplett eingerichtet waren.
Dazu kamen noch ein Springreifen und ein Ball von Papa.

Die Päckchen, die das Christkind für Mama gebracht hatte, blieben vorerst noch unberührt.

„Wann kommt Mama sie denn anschauen?" fragte Nené
mit großen Augen. „Und wann sieht sie denn den wunderschönen Weihnachtsbaum?"

„Ja, wann denn? Es wird ja schon spät!" mahnte auch
Luis.

„Ich gehe einmal rasch noch zu Mama und erzähl' ihr, wie
schön hier alles ist!" sagte Papa Max.

„Dann kannst du ihr aber auch gleich ihre Geschenke mitbringen!" riet Nené.

„Die will sie sicher selbst unterm Christbaum auspacken",
tröstete sie der Papa ein wenig verlegen. „Spielt nur inzwischen. Nachher essen wir, ich krieg' langsam Hunger."

Da war es halb acht. Frau Sirninger hatte absolut recht, sie
war auch diesmal nicht zu spät gekommen.

Den Gästen vor dem Paravent wurden Erfrischungen ge-
reicht.

16

2. „Wieder a Madel!"

Die Gesindebescherung war durch die Gäste im Haus und das „große Ereignis" empfindlich gestört. Zwar zeigte sich der Herzog jovial wie gewöhnlich, doch er war nicht bei der Sache. Der Besuch bei seiner Frau hatte ihn besorgt gemacht, obwohl ihm der Arzt versicherte, daß zu Befürchtungen kein Anlaß bestehe.

Ludovica und er waren gleichaltrig, standen nun beide im neunundzwanzigsten Lebensjahr. Eine Frau von neunundzwanzig Jahren war schon nicht mehr die Jüngste, während sich ein Mann dieses Alters in seinen besten Jahren befand. Aber Ludovica war kerngesund, würde sich, wie Max hoffte, noch etliche Male ins Wochenbett legen.

Der Herzog brachte seine beiden Kinder zu Bett. Gemeinsam beteten sie und schlossen besonders die Mama in ihre guten Wünsche ein. Die Geschwister wollten nicht recht einschlafen. Die Bescherung und die damit verbundene Freude über die Geschenke war es nicht allein, was ihre Unruhe bewirkte. Es lag ein großes Geheimnis über diesem Haus und diesem Abend.

Es wurde zehn Uhr, halb elf. Die Luft im Gebärzimmer war zum Schneiden dick, der Raum überheizt, jedermann gereizt. Nach einer kurzen Ruhepause, welche auf eine Phase der Ermattung folgte, setzten die Wehen mit erneuter Heftigkeit ein, und Ludovica stöhnte und schrie schließlich zum Erbarmen. Es war keine leichte Geburt. Der Arzt sorgte sich um die Gebärende, aber die Hebamme behielt die Nerven und schickte Josef, den Herzog zu holen. „Sagen Sie ihm, er soll schnell kommen, jetzt ist es soweit!" Sie wischte der Herzogin den Schweiß von der Stirn, während der Diener hinauseilte.

Zielsicher strebte Josef der Bibliothek zu, wo er den Herzog bei seinem geheimen Likörschrank zu finden hoffte. Er hatte sich nicht getäuscht.

„Königliche Hoheit", begann er gemessen.

Der Herzog schnitt ihm mit einer heftigen Handbewegung das Wort ab. „Sagen Sie schon", rief er ärgerlich, „ist es endlich soweit?"

„Sehr wohl." Josef nickte steif. „Die Frau Herzogin geruht niederzukommen."

„Dann geruhe ich, zu ihr hinaufzukommen", sagte der Herzog erleichtert und machte so große Schritte, daß ihm Josef kaum zu folgen vermochte. „Pfui Deibel", rief er aus, kaum daß er das Zimmer betreten hatte, in dem sich die Herzogin in ihrem Bett wand. „Macht denn hier kein Mensch ein Fenster auf?!" Er wandte sich einem Fenster zu.

„Um Himmels willen, wollen Sie Ihre Hoheit umbringen?" Ein Sekretär trat ihm entgegen.

„Na ja", mahnte der Herzog brummend, „manche Leut' erfrieren halt eher, bevor sie im G'stank ersticken!"

In diesem Moment stieß die Herzogin einen langgezogenen Schrei aus, und dann hielt der königliche Leibarzt das neugeborene Menschenbündelchen in seinen Armen und konstatierte lautstark für die Stenographen, während sich die Hebamme „um die hochwohle Nachgeburt kümmerte":

„Geboren ist am Sonntag, dem 24. Dezember 1837, ein wohlgestalt Menschenkind weiblichen Geschlechtes um zehn Uhr abends und dreiundvierzig Minuten hernach . . ."

Die Gesellschaft vor dem Paravent brach in Beifallskundgebungen aus und gratulierte dem Herzog. Der aber murmelte enttäuscht in seinen Backenbart hinein: „Wieder a Madel!"

Was das eine Freude und ein Gratulieren ringsum – auch wenn es „nur a Madl" war. Die kleine Prinzessin, ein rosiges, etwas runzeliges kleines Bündelchen Mensch, war aber auch

18

von Anbeginn an offenbar schon recht lebhaft. Der königliche Leibarzt hatte es nicht nötig, ihr mit dem obligaten sanften Klaps auf das rosige Hinterteil den ersten Schrei zu entlocken. Den tat sie auch so, und als der Herr Papa sein Prinzeßlein im Arm hielt, tat sie es gleich noch einmal recht kräftig. Der Papa hob sie empor und zeigte sie allen, die sie bestaunen wollten, und sie ließ ihr gar nicht so zartes Stimmchen hören, als wolle sie damit sagen: Seht her, hier bin ich, ihr Lieben! Fröhliche Weihnachten, allesamt!

Max betrachtete das kleine Stimmwunder nun endlich selbst näher, und als sie wieder einmal den Mund auftat, entfuhr ihm ein höchst erstauntes „Sapperlot!". Und dann holte er sich auch gleich den mit der Mutter beschäftigten Doktor herbei und zeigte ihm sein Wunderkind. „Doktor, seh' ich recht oder täusch' ich mich? Gucken S' ihr doch einmal genau in den Mund, wenn sie wieder schreit!"

Der Doktor rückte seine Brille zurecht und tat, wie ihm geheißen. Und als sich das Mäulchen nach einem weiteren kräftigen Lebenszeichen wieder schloß, meinte er: „In der Tat, in der Tat, Eure Hoheit, es ist außergewöhnlich!"

„Nicht wahr, sie kriegt ja bereits einen Zahn! Man sieht's ganz deutlich, wie er durchs Kieferl durchkommt. Mein armes Kind, ja mein, es kommt ja reinweg grad mit Zahnschmerzen zur Welt!"

„Da kann ich aber wirklich nix dafür, Hoheit, und die Frau Gemahlin auch net", versicherte der Leibarzt, als fühle er sich für den Umstand verantwortlich gemacht, daß das kleine Prinzeßlein in bezug aufs Zahnen gewissermaßen seiner Zeit voraus war.

Sicherlich war dieser Umstand eine Erklärung dafür, daß das Kind in der letzten Zeit im Mutterleib reichlich unruhig gewesen und die Geburt ein wenig umständlicher verlaufen war, als es der Mutter lieb gewesen sein mochte.

„Aber wenn sie schon einen Zahn kriegt, dann ist das ja ein Glücksomen", versicherte die weißhaarige Gräfin Hohenstein, indem sie das Baby mit dem Lorgnon in Augenschein nahm. „Sie ist ein Sonntagskind und hat noch dazu einen Glückszahn – und das alles am Heiligen Abend! Sie wird einmal ein ganz besonderer Mensch werden, das läßt sich heute schon voraussagen", versicherte sie dem Vater.

„So", meinte der zweifelnd. „Und woher woll'n S' denn das nachher so genau wissen?"

„Aber, Herzog, das sind doch uralte chinesische Weisheiten", sagte die Gräfin leicht pikiert.

„Ja mein, wir sind aber in München und net in Peking", brummelte Max kopfschüttelnd. „Aber das mit'm Heiligen Abend, da erinnern S' mich wahrhaftig an was."

„An was denn, wenn ich fragen darf?"

„Gewissermaßen an ein väterliches Versäumnis. Bei der ganzen Remasuri hat kein Mensch daran gedacht, verstehen S'? Daß wir nämlich für das Kleine hier noch gar kein Weihnachtsgeschenk haben!"

Die Gräfin schlug lachend die Hände zusammen. „Aber, liebster Herzog, ich glaube, das wird sie ganz bestimmt noch nicht vermissen!"

„Sie vielleicht nicht, aber ich", erklärte Herzog Max ernsthaft. „Und eine Ordnung muß sein! Ich werd' mich gleich morgen früh darum kümmern!"

Schließlich gab er auch noch der erschöpften Mutter einen herzhaften Schmatz auf die Stirn. „Brav warst, Vicka", lobte er. „Auch wenn's nur ein Madl ist, werden wir doch an ihr unsere Freud' haben!"

Seufzend lächelte Mama Ludovica: Nun ja, Taktgefühl hatte er nicht gerade, ihr Herr Gemahl, aber ansonsten war er doch, alles in allem genommen, ein recht braver Kerl.

Das Ärgste war ja nun überstanden. „Heilige Muttergottes, hab Dank und nimm das Kleine in deinen besonderen Schutz!" sandte sie ein Stoßgebet zum Himmel.

Eine halbe Stunde dauerte es immerhin noch, bis der letzte gegangen war und die Wöchnerin ein Hühnersüppchen zu sich nehmen konnte. Und während sie die warme Brühe wohltuend und magenwärmend durch ihre Kehle rinnen spürte, überlegte ihr waches Hirn schon allerhand.

„Wie werden wir sie den nennen, Max?" fragte sie ihren Mann, der jetzt an ihrem Bett saß. „Und die anderen beiden? Schlafen sie und waren sie mit den Geschenken zufrieden?"

„Die zwei schlafen fest", versicherte Max. „Da brauchst dir keine Sorgen net zu machen, Vicka. Und zufrieden waren s' auch – bloß für die Neue haben wir noch nix."

„Brauchen wir doch noch nicht", meinte Ludovica kopfschüttelnd.

„Brauchen wir schon, wo s' doch nicht nur Weihnachten, sondern auch Geburtstag haben tut. Sie soll ihrem Vater net eines Tages vorwerfen können, daß er darauf vergessen hat."

Die Namensgebung war freilich auch so eine Staatsangelegenheit. Für den Fall, daß es ein Bub geworden wäre, hätte sie bereits festgestanden. Doch dieser Wunsch war leider nicht in Erfüllung gegangen. Das kleine Wesen lag jetzt neben der Mutter unruhig in seiner Wiege und machte sich weder über seine Her- noch über die Zukunft irgendwelche Gedanken. Aber es war eben kein Kind wie alle anderen. Sie war eine Wittelsbacherin.

Der Herzog fühlte jetzt Bettschwere in den Gliedern. Ganz verschwommen tauchte in seinem Hirn die Vision seines Stammtisches im Hofbräuhaus auf. Den wollte er morgen zum Frühschoppen aufsuchen. Seine Kumpel waren ja auch schon neugierig, und sie waren ihm fast noch wichtiger als die hochg'schraubte G'sellschaft von heute abend.

„Gute Nacht, Vicka", sagte er noch, „und bleib g'sund, wir brauchen dich alle."

Das kam ihm ehrlich von der Seele. Auch hochgeborene Mütter starben am Kindbettfieber. Dieses Fieber war eine rätselhafte Krankheit, die junge Mütter grausam dahinraffte, gerade wenn ihre Neugeborenen sie dringend brauchten. Die Angst vor dem Fieber begleitete das Kinderkriegen bei arm und reich, und niemand schien davor gefeit zu sein. Man konnte nur hoffen, daß es einen verschonte.

Anderntags hörte der Herzog mit seinen Kindern die Feiertagsmesse in der Hauskapelle. Danach, als er sich vom guten Befinden seiner Ludovica überzeugt und ihr eine kostbare Halskette als Geschenk überbracht hatte, hielt es ihn wirklich nicht länger zu Hause. In seinen einfachen Lodenmantel gehüllt, stapfte er los in Richtung Hofbräuhaus.

Wie ein Magnet zog ihn die populäre Gaststätte an, wo in einem sogenannten „Extrazimmer" ein Tisch für den Herzog und seine Runde reserviert war und wo er bereits erwartet und mit lautem Hallo willkommen geheißen wurde.

„Ein Madl ist's 'worden, damit ihr's nur gleich wißt!" rief er zur Begrüßung. „Und einen Zahn hat's auch schon! Sie wird eine Weibsperson mit Biß."

Alle lachten, und der Herzog nahm gemütlich Platz. Schon wurde ihm auch ein Maßkrug serviert, in dem das Bier überschäumte und der auf das Wohl der Neugeborenen geleert wurde.

Die Runde bestand aus einem Apotheker, einem Gymnasialprofessor, einem Kunstmaler, einem Fuhrwerksbesitzer, einem Holz- und Kohlenhändler, einem Tierarzt und einem Kaufmann – sie waren die „guten sieben" des leutseligen Herzogs, allesamt Angehörige des sogenannten guten Bürgerstandes. Bis auf den Professor waren sie auch durchaus wohlhabende Leute, aber dessenungeachtet nahm Professor

Gutenbrunner doch eine Sonderstellung ein, weil er eben ein „Gstudierter" war.

„Weiß es schon der König?" fragte denn auch Gutenbrunner als erster.

„Ich glaub', der hat's sogar schon vor mir und vor der Ludovica g'wußt", sagte der Herzog grinsend. „Im Ernst, wenn er das Protokoll von gestern abend schon g'lesen hat, dann weiß er alles. Womöglich auch, daß die Kleine schon ein Zahnderl kriegt. Jetzt kommt's nur noch darauf an, mit was er sich einstellt und ob er die Spendierhosen anzieht."

„Das woll'n wir doch hoffen", erklärte der Kaufmann. „Wir – die Runde, mein' ich – werden uns jedenfalls erlauben . . ."

„Ich hab' ein Problem", unterbrach ihn der Herzog, während Ober Max die zweite Runde Bier sowie das obligate G'selchte mit Kraut und Knödeln auftrug.

„Was hast denn für ein Problem?" fragte der Kaufmann.

„Es war doch gestern noch Heiliger Abend, wie sie auf d' Welt 'kommen ist", erklärte der Herzog und langte kräftig zu. „Und ich hab' doch kein G'schenk für sie g'habt, und für einen ordentlichen Vatern g'hört sich das net. Ich weiß reinweg net, was ich da machen kunnt."

Ein allgemeines „Ahhh!" entrang sich der verständnisvollen Runde.

„Net wahr?" mampfte der Herzog hervor und sah sich hilfesuchend im Kreise um.

3. Die ersten Erdentage

„Hm", brummte schließlich der Fuhrwerksunternehmer. „Mir fallt grad ein, auf mein' Dachboden steht seit Jahr und Tag . . ." Er stockte.

„Was denn?" fragte der Herzog, hellhörig geworden. „Red nur grad heraus!"

„Ein Hutschpferd", sagte der Fuhrwerker zögernd. „Ein Hutschpferd hätt' ich von meinem Buben, wie er noch klein war. Jetzt braucht er's nimmer. Jetzt hutscht er sich auf'm Stiefelknecht."

Die Runde lachte.

„Was gibt's da z' lachen?" Der Herzog schüttelte den Kopf. „Ein Hutschpferd . . . Wär' gar net schlecht, als Vorbereitung für das Pony, das sie g'wiß eines Tages von mir kriegt."

„Aber jetzt kann sie doch noch kein Hutschpferd brauchen", wandte der Professor zweifelnd ein.

„Warum nicht?" wandte der Herzog ein. „Mit'm Reiten kann man gar net früh genug anfangen. Alois, ich nehm' es!"

„Aber es wird ganz staubig sein", sagte der Fuhrwerker. „Und vielleicht hat's auch da und dort einen Knacks."

„Dann bringen wir's zum Tierarzt! Wozu haben wir einen in unserem Kreis", sagte der Herzog lachend.

„Da wär' aber besser ein Tischler", wandte der Tierarzt ein. „Der kennt sich besser aus mit'm Leim."

„Ich nehm' das Pferd", zeigte sich der Herzog entschlossen. „Ganz egal, was meine Vicka dazu sagt!"

„Auslachen wird s' dich", prophezeite der Professor.

„Ist mir Wurscht", erklärte der Herzog, „Hauptsach', die Kleine kriegt was!"

Die Gattin des Fuhrwerksunternehmers Alois Strampfer –

man rief sie Gundl, obwohl sie doch auf den schönen Namen Kunigunde getauft worden war – fiel aus allen Wolken, als eine gute Stunde später die achtköpfige Herrenrunde einschließlich Seiner Hoheit, des Herzogs Max in Bayern, gleich einer Räuberbande in ihr Haus einfiel und kurz darauf auch noch den Dachboden auf den Kopf stellte.

„Ja, meine Herren, seids denn allesamt narrisch 'worden?!" rief sie, die Hände in die drallen Hüften gestemmt. „Ja mein, was soll denn dös nachher? Alois, bist denn reinweg übergeschnappt? Ja, Hoheit, was woll'n denn Sie auf unserm Dachboden droben, und noch dazu am Heiligen Christtagmorgen? Den ganzen Schneedreck von der Straßen tragt's ihr mir durchs ganze Haus und die Treppen hinauf, als ob ich reinweg net putzt hätt' für die Feiertäg, kurutzitürkenumeinand?"

„Weibi, halt die Pappen", bat der gute Alois zärtlich. „Wir kommen nur ums Roß."

„Um ein Roß? Um was denn für ein Roß? Das einzige Roß im Haus bist du, und dich braucht man g'wiß net suchen, schon gar net auf'm Dachboden, höchstens im Wirtshaus, von wo ihr grad alle miteinander herkommen seid!"

„Weibi", sagte Alois besänftigend, „es geht um das Hutschpferd von unserm Ferdinand. Bei den Dragonern braucht er's net. Und deswegen kriegt 's hölzerne Roß jetzt das neuche Töchterl von der Hoheit, das was gestern nacht auf d' Welt 'kommen ist."

Frau Gundl verschlug es daraufhin zur Erleichterung ihres Gatten die Sprache.

„Ja mein", brachte sie schließlich heraus, „lauter narrische Mannsleut' halt!", und verschwand kopfschüttelnd in ihrer Küche, wo schon ein festtägliches Mittagsmahl brutzelte.

Das Schaukelpferd war zwar staubbedeckt und spinnwebverhangen, aber sonst leidlich erhalten. Der Kunstmaler

Alex Hinteracher erklärte sich bei seinem Anblick bereit, die Farben in künstlerischer Manier aufzufrischen. „Damit es wieder wie neu ausschaut."

„Das möchst wirklich für meine Kleine tun, Alex?" fragte der Herzog gerührt.

„Aber freilich! Ich bring's gleich selber in mein Atelier. Die Farben müssen nachher freilich noch a bissel trocknen, gelt, aber morgen hat s' es, das Pferd. Ich komm damit zu dir, Hoheit."

„Da stellen wir uns auch mit ein", erklärte Magister Felix Stangl, seines Zeichens Hofapotheker „Zur Himmlischen Dreifaltigkeit".

„Ja, wann denn?" wollte sich Herr Professor Gutenbrunner vergewissern.

„Sagen wir, um halb elf?" fragte Hinteracher. „Hoheit, ist's dir so recht?"

Es war dem Herzog recht.

Daheim fand er Ludovica in einer den Umständen angemessenen halbwegs guten Verfassung. Sie fieberte ein wenig, aber nach Ansicht des Doktors sei dies ganz normal und habe nichts zu besagen. Und die noch namenlose kleine Prinzessin schlief in der gleichen Wiege, in der schon vorher ihre Geschwister geschlafen hatten, als sie noch so klein gewesen waren wie sie. Die Wiege stand neben dem Bett der Mutter, die hin und wieder einen zärtlichen Blick darauf warf.

„Wie wird sie wohl heißen?" Diese Frage bewegte sie noch immer.

„Darüber wird wohl dein Bruder Ludwig, mein königlicher Herr Vetter und Schwager, befinden", meinte Herzog Max nachdenklich.

In der Tat war Ludovica eine Stiefschwester König Ludwigs I. Ihr hatte dieser quasi als Hochzeitsgabe dieses Palais errichten lassen, in dem sie in München die Wintermonate zubrachten. Die verwandtschaftlichen Verhältnisse waren reichlich kompliziert. Max und Ludovica waren nämlich auch noch Cousin und Cousine, und für einen Außenstehenden war es mitunter recht schwer, die einzelnen verwandtschaftlichen Konstellationen innerhalb der beiden Wittelsbacher Erblinien – die der Birkenfeld-Zweibrücken und jene der Birkenfeld-Gelnhausen – auseinanderzuhalten.

Beide Linien waren Nachkommen aus der Ehe des Pfalzgrafen Christian von Birkenfeld mit Magdalene von Zweibrücken. Dieser im Jahre 1630 geschlossene Ehebund bildete den Anfang. Der Pfalzgraf Christian allerdings war einer aus dem Wittelsbacher Geschlecht, das seine Vorfahren bis ins elfte Jahrhundert zurückverfolgen konnte.

Die Wittelsbacher waren Herzöge, Kurfürsten, Gelehrte und Künstlernaturen. Maximilian I. Joseph, Ludovicas Vater, war von Napoleon 1806 zum König gemacht worden; Napoleon brauchte einen Verbündeten und Vasallen. Doch der große Korse hatte nicht mit der Wittelsbachischen Bayernschläue gerechnet; während er selbst vom Wiener Kongreß in Acht und Bann getan wurde, gelang es Maximilian I. Joseph, seine Königswürde zu behalten; auch Metternich konnte einen Verbündeten gut gebrauchen! Maximilian I. Joseph starb 1825, und nach ihm regierte nun sein Sohn, Ludovicas Stiefbruder, als König Ludwig I.

Ludovica war die siebente Tochter dieses ersten bayrischen Königs, der es nach und nach verstanden hatte, alle ihre Schwestern in „erste Häuser" zu verheiraten. Elisabeth war Königin von Preußen und Maria Königin von Sachsen geworden. Karoline wurde die Gattin Kaiser Franz' I. von Österreich, und Amalia heiratete nach Italien; ihr Gatte, Eugène de Beauharnais, war Napoleons Stiefsohn und von diesem eingesetzter Vizekönig. Nur Ludovica war es bestimmt, einen „Herzog in Bayern" – ihren eigenen Cousin – zum Ehemann zu bekommen, der seinerseits bei der Eheschließung versicherte, wie willkommen sie ihm sei.

„Denn", so erklärte er, „ich kenn' ja die Vicka schon von klein auf, und so brauch' ich mich net erst an ein fremdes Frauenzimmer zu gewöhnen!"

Kurfürst Max Joseph, dem Napoleon im Jahre 1806 als Maximilian I. Joseph die Königswürde verlieh, nutzte die Gelegenheit, seinen Cousin Herzog Wilhelm von Birkenfeld-Gelnhausen, mit dem ihn eine enge Freundschaft verband, besser zu „etablieren". Jedoch sollten seine Nachkommen fortan den Titel „Herzöge in Bayern" tragen, während der König seiner eigenen, älteren Linie den Titel „von Bayern" vorbehielt.

Insgesamt zeugte der erste Bayernkönig innerhalb zweier Ehen zwölf Kinder. Er war der Großvater mütterlicherseits des kleinen Kindes in der Wiege an der Seite Ludovicas, der nunmehr regierende Ludwig I. dessen Stiefonkel.

Am Stephanitag kamen dann tatsächlich des Herzogs Freunde aus dem Hofbräuhaus mit dem frisch lackierten Schaukelpferd, welches der Maler Alex Hinteracher stolz präsentierte. Die ganze Herrenschar stellte sich vor der Herzogin und der Wiege auf, in welchem das kleine Prinzeßchen schlummerte.

Ludovica fühlte sich nicht sonderlich; es ging ihr schlechter als tags zuvor, aber diese „Glückwunschcour" brachte sie doch zum Lachen. Hatten die Herren doch auch ihr, jeder einzelne von ihnen nach seinem Vermögen, Blumen mitgebracht.

„Wie soll ich Ihnen danken, meine Herren?" sagte sie gerührt. „Sie sind Freunde meines Mannes und daher auch die meinen. Was das Geschenk anbetrifft, so wird sich meine Tochter sicherlich daran erfreuen – zu gegebener Zeit. Es beweist jedenfalls Ihren Weitblick, meine Herren."

Der Professor biß sich auf die Lippen, und auch der Herr Magister empfand diese Dankesworte peinlich, die anderen Herren aber verabschiedeten sich frohgemut mit Handkuß, nicht ohne die beschenkte Kleine bewundert zu haben.

„Sie ist ja reinweg dem Papa wie aus dem Gesicht geschnitten", fand der Holz- und Kohlenhändler beim Hinausgehen. „Die gerat' ihm ganz sicher nach!"

„Das will ich nicht hoffen", bemerkte Ludovica halblaut.

„Na", sagte daraufhin der Tierarzt, „die Natur lehrt uns die Wandlungsfähigkeit alles Äußerlichen. Eines Tages wird sie gewiß so schön sein wie ihre Frau Mutter Herzogin!"

Der Herzog fand es nunmehr für angemessen, seine Herrenrunde hinauszukomplimentieren und zu einem Schnäpschen in seine Zimmer einzuladen. Als sie allesamt gegangen waren, entrang sich Ludovica ein Seufzer der Erleichterung. „Was hast du dir bloß für einen Vater ausgesucht, arme Kleine", seufzte sie.

Doch schon ein paar Jährchen später waren gerade diese beiden ein Herz und eine Seele.

Patin wurde Ludovicas Schwester, Preußens Königin Elisabeth. In der königlichen Schloßkapelle wurde das Kind unter großer Assistenz auf die Namen „ Elisabeth Amalie Eugenie" getauft. Doch es fiel niemandem ein, sie auch tatsächlich so zu rufen. Es blieb beim einfachen „Sissy".

Als der Frühling kam, waren die Sorgen um Ludovica und das Kind durchgestanden. Die Mutter wie auch Sissy hatten sich gut erholt. Als der Schnee von den Dächern Münchens troff und allenthalben in den Straßen und Gassen die Baulust König Ludwigs lärmend vernehmbar wurde, fühlte sich Herzog Max tagtäglich weniger wohl. Es hielt ihn nicht in dem Häusergewimmel. Von seinen Vorfahren hatte er den Hang zum Wandern geerbt. Fing erst die Sonne an, so richtig zu scheinen, und sprossen das Gras und die Blumen wieder, erwachte sein unruhiges Wittelsbacher-Blut. Ludovica bemerkte es mit Sorge.

„Ich bin reif fürs Land", versicherte ihr Max. „Mich hält es nicht länger hier in der Stadt."

„Du willst doch nicht etwa schon wieder auf Reisen gehen?"

„Warum nicht? Griechenland, Ägypten, das wäre jetzt wohl das Richtige."

„Griechenland und Ägypten! – Und was wird aus uns? Die Kleine ist jetzt drei Monate alt. Sie braucht die Mutter. Eine Amme ist kein Ersatz. Nein, Max, ich könnte dich diesmal wirklich nicht begleiten."

„Mußt du auch nicht, Vicka. Schließlich haben wir Possi. Auch die kleine Sissy gehört jetzt aufs Land. Die Luft in der Stadt tut ihr gewiß auch nicht gut. Man hört und liest von vielen kleinen Mädchen, die die Schwindsucht haben. Das kommt von dem Mief zwischen den Häusern. Und vom Staub! München erstickt im Staub. Mein königlicher Herr Cousin und Schwager läßt halb München niederreißen und wieder aufbauen. Das geht nicht ohne Dreck und Staub ab. Ich will nicht, daß unsere Sissy was abkriegt davon!"

„Ach, Mann, es geht dir ja nicht um Sissy und um die anderen Kinder! Ich kenne dich, in dir steckt ein Zigeuner. Das letzte Mal, als ich mit dir reisen mußte, war ich schließlich fast am Ende meiner Kraft, du aber wolltest und wolltest immer noch weiter. Bis heute frage ich mich: Wohin?"

„Wohin?" Max sann ein wenig nach. „Ich glaube, das wirst du nie begreifen, Vicka. Eben immer dorthin, wo man gerade nicht ist! Die Flüsse entlang, über Hügel, Täler, Berge, durch Wälder und über Meere – immer so dahin."

„Aber warum denn nur bloß, Mann, kannst du mir sagen,

30

warum?! Ich begreife das nicht. Man kann es doch viel schöner und gemütlicher zu Hause haben!"

„Ach, Vicka, zu Hause, das ist nicht dasselbe", sagte er versonnen. „Was das Zuhause ist, das hat man. Aber anderswo lockt vielleicht das große Glück, wartet das Geheimnis, warten auf dich alle Wunder dieser Welt, die der Herrgott geschaffen hat – auch für dich und mich, Vicka. Und auch für unsere kleine Sissy . . ."

Und es sollte sich in einigen Jahren erweisen, daß der Holz- und Kohlenhändler Alfons Löbl mit seiner Prophezeiung, das Kind gerate dem Vater nach, recht gehabt hatte.

4. In der Schönheitsgalerie

„Servus, Ludwig!"

„Servus, Max. Na, wie geht's meiner Schwester?"

„Dank' der Nachfrag'. Allweil ganz gut geht's ihr."

„Und meiner kleinen Nichte?"

„Auch gut. Schreien tut's halt alleweil. Kriegt einen Zahn nach dem andern. Früh dran ist's damit! Hat ja schon bei der Geburt einen heraußen g'habt. Sonst ist's recht herzig und bakschierlich. Kannst sie dir ja anschaun kommen, wennst Lust hat. Oder die Vicka kommt halt mit'm Kinderwagen zu dir, damit dir die Sissy ihre Reverenz macht – dem Herrn Onkel König halt. G'hört sich ja wohl so, oder?"

Der Herzog Max in Bayern hielt seinem königlichen Schwager gemütlich die Rechte entgegen, und der drückte sie ganz formlos, wie eben unter Verwandten, die einander auch freundschaftlich zugetan sind. Sie trafen einander im königlichen Arbeitszimmer. Max hatte die Residenz aufgesucht und sich dort ganz ungezwungen und ohne sich um irgendwelche vorherigen Anmeldungen und Formalitäten zu kümmern, einfach in das Zimmer begeben, in welchem König Ludwig I. hinter seinem Schreibtisch saß.

Doch, angeklopft hatte er schon vorher an die Flügeltür, aber nicht etwa zaghaft, das stünde ihm nicht an, sagte er sich. Es war ein lautes, selbstbewußtes Pochen, das sagen wollte: Jetzt komme ich!

König Ludwig kannte diese Art seines Schwagers, sein Kommen anzuzeigen, gut und schickte augenblicklich den Finanzminister aus dem Zimmer. Der ging ihm ohnedies auf die Nerven, und die Ankunft seines Schwagers war ihm daher recht willkommen. Als sich die Tür öffnete und der Minister mit betretener, finsterer Miene und einer wie geistesabwesend wirkenden Verbeugung an Max vorbeieilte, hatte ihm dieser nur kopfschüttelnd nachgeblickt und war dann eingetreten.

„Der ärgert dich wohl wieder, gelt?" fragte er den Schwager, nachdem sie einander begrüßt hatten.

„Ach, der soll mir doch den Buckel runterrutschen", fand der König, während sich seine Miene langsam erhellte. „Jetzt hat er sich doch tatsächlich hinter die Theres' gesteckt."

Therese, eine geborene Prinzessin von Sachsen-Altenburg, war König Ludwigs I. Gemahlin und also Königin von Bayern. Jetzt, im fünfundvierzigsten Lebensjahr, hatte sie mit ihrem ebenso kunst- wie freisinnigen Gatten ihre liebe Not. Der König, jetzt einunfünfzig und, wie er zu sagen pflegte, ein Mann in den allerbesten Jahren („Weil die besten halt schon fast vorbei sind, sind halt bei mir die allerbesten nachgekommen, verstehst?"), gab ihr einiges aufzulösen – und nicht nur ihm.

König Ludwig war im Grunde ein jovialer Schöngeist. Jede Art von Schönheit zog ihn magisch an, nicht nur die weibliche, diese jedoch vor allem, sehr zum Leidwesen der Königin. Der König baute und krempelte seine Residenzstadt München völlig um; denn er liebte, sehr zum Leidwesen des eben fortgegangenen Finanzministers, die Architektur. Der König liebte schöne Kläge und schöne Stimmen und hatte Sinn für die Schönheiten der Natur – was der prächtige Park bewies, den er sich hatte anlegen lassen. Alle diese Liebhabereien kosteten eine Menge Geld, und vergeblich riet die weit realistischer eingestellte Königin zur Sparsamkeit. Am wenigsten kosteten noch die Versuche des Königs, sich selbst auch als Dichter zu betätigen. Dazu genügten Papier, Tinte und Feder, und die wollte sie ihm gerne zugestehen, denn „der Mensch soll schließlich seine Freude haben, auch ein König".

Daß die Königin solcherart ihrem Gatten zugestand, auch ein Mensch zu sein, hinderte sie jedoch keineswegs daran, seinen Schönheitssinn im Hinblick auf das Weibliche weniger zu tolerieren, besonders seit sie selbst ihm in dieser Hinsicht nicht mehr allzuviel zu bieten hatte. Der König indessen, nach eigenen Worten „in den allerbesten Jahren", tat sich in dieser Hinsicht keinen Zwang an. Ein besonders lieber Aufenthalt in seinem Schloß war ihm denn auch seine „Schönheitsgalerie".

„Gehn wir rüber?" fragte er denn auch Max.

„Hast recht, gehn wir rüber", war dieser sogleich damit einverstanden.

Der König ging der Bilder wegen, für Herzog Max hingegen hatte der Raum eher wegen eines chinesischen Lackschranks seinen Reiz, in welchem sich allerhand alkoholische Köstlichkeiten befanden. In einem bequemen Fauteuil, in den Anblick all der Schönheiten versunken, die seine Maler hier für ihn porträtiert hatten, und mit einem Gläschen in der Hand, wurde der König zum richtigen Genießer.

Solange die schönsten Frauen der Epoche, die zu malen König Ludwig I. seine besten Maler beauftragt hatte, bloß hier an der Wand hingen, hätte die Königin gegen diesen Spleen noch nicht allzuviel einzuwenden gehabt. Weit weniger hingegen war sie damit einverstanden, daß der Herr Gemahl die Gelegenheit der Sitzungen vor der Staffelei dazu benutzte, sich mit den Modellen persönlich anzufreunden.

Zu diesen Modellen gehörten sowohl adelige Fräuleins, Prinzessinnen aus der Verwandtschaft, aber auch Schauspielerinnen und Sängerinnen seines Theaters sowie ganz einfache Bürgermädchen. Zum gegenwärtigen Zeitpunkt malte sein Hofmaler Stieler gerade die Tochter eines Schuhmachermeisters in Öl, worüber sich Ihre Majestät besonders echauffierte – hatte Meister Stieler doch auch ihr eigenes Krönungsbild gemalt . . .

Auch der Maler Kaulbach profitierte vom Schönheitsdurst seines Königs, wie sich an den Signaturen seiner Bilder in der Galerie erwies. Max gedachte heute jedoch eher vom königlichen Durst zu profitieren und ein bißchen vom Inhalt der Flaschen in seine eigene Kehle rinnen zu lassen. War Max im Haus, wurde mitunter aus der Kunstbetrachtung eine Wein- und Likörverkostung, und auch die neu errichtete Pinakothek hätte Max lieber als Vinakothek gesehen. Was Architektur betraf, genügte ihm übrigens das gute, alte Hofbräuhaus.

Als sie den „bewußten Raum" betreten hatten, erklärte Max – was eigentlich Sache seines Schwagers gewesen wäre – einem Lakaien, daß die beiden Herren nicht gestört zu werden wünschten, schloß eigenhändig die Flügeltür und ließ sich dann in einen der beiden Fauteuils fallen, die gleich neben dem chinesischen Lackschrank standen, der die Köstlichkeiten enthielt.

Der König öffnete bereitwillig und überließ seinem Schwager die Auswahl. Der griff sich eines der funkelnden Kristallgläser und bediente sich formlos, schenkte auch dem König ein, und die Freunde stießen an und ließen die Gläser hell erklingen.

„Auf dein Töchterl", sagte Ludwig. „Wer weiß – falls ich's erleb' –, vielleicht hängt sie eines Tages auch hier in der Galerie an der Wand."

„Na, im Moment schaut's noch net danach aus", stellte Max fest.

„Was nicht ist, kann ja noch werden", meinte der König optimistisch. „Weißt, Max, die Bilder hier – ich glaub', ich muß wohl erst g'storben sein, bis die Leut' richtig erkennen werden, was die Galerie für einen Wert hat. Net nur in bezug auf die Gemälde selbst. Das ist mehr! Das ist ein – wie soll ich's sagen? –, ein Stück von der Zeit, in der wir jetzt leben. Schönheit vergeht, und Frauenschönheit besonders. Da brauchst dir nur meine Alte anzuschaun. War ganz fesch, die Theres', wie ich sie g'heirat' hab'. Wirklich! Und heut'? Was ist aus ihr g'worden! Und all die Mäderln auf den Bildern, wie werden die eines Tages ausschauen? Aber das hier, das ist, als hätt' ich die Zeit – ihre und unsere Zeit – festgehalten für die Ewigkeit . . ."

„Prost, Ludwig", sagte Max realistisch und nahm einen Schluck. „Wir zwei hätten im alten Griechenland leben sollen. Heutzutag' versteht uns keiner."

Ludwig war ein Griechenfreund. So sehr, daß er seinen zweitgeborenen, noch unmündigen Sohn Otto den Griechen, nachdem diese ihren Befreiungskampf gegen die Türken siegreich zu Ende geführt hatten, zum König gegeben hatte. Seit fünf Jahren regierte Otto in Athen – und sandte von dort gemalte Bilder schöner Griechinnen seinem Vater für dessen Sammlung nach München . . .

Herzog Max hatte nicht zufällig das Gespräch auf Griechenland gebracht. „Ich zieh' demnächst wieder los, Ludwig", kündigte er an. „Ich möcht' gern den Otto aufsuchen und schaun, wie's ihm geht. Und dann zigeuner' ich noch ein bissel da unten an der Küste und auf den Inseln herum. Daheim halt's mich net. Die Vicka geht mit den Kindern einstweilen nach Possi."

Der Herzog hatte vor wenigen Jahren ein altes, in schlechtem Zustand befindliches Schloßgebäude am Starnberger See erworben. Schloß Possenhofen, in der Familie zärtlich „Possi" genannt, war inzwischen zu einem urgemütlichen, zauberhaften Landsitz geworden, und der herrliche Naturpark am Seeufer, die landschaftlich reizvolle Umgebung hatten es Max und seiner Familie besonders angetan. Die könig-

36

liche Schatulle hatte zu den Kosten der Renovierung auch einiges beigetragen, denn der König wollte es seiner Schwester Ludovica an nichts fehlen lassen. Er kam selbst gern gelegentlich zu Besuch nach „Possi" und fühlte sich dort wohl. Er war mit dem Kauf und der Renovierung sehr einverstanden gewesen.

„Das ist recht, Max", sagte er denn auch. „Und was deine Reise nach Griechenland angeht, so würd' ich wünschen, ich wär' an deiner Stelle oder könnte wenigstens mit dir mit. Aber wenn ich fahr', dann wird's ein offizieller Staatsbesuch, und die ganze Freud' ist damit auch schon dahin. Außerdem kann ich ja net weg von München, wie du weißt. Die Engländer haben eine neue Königin, soll ja recht ein lieb's Madel sein, die Victoria, ich würd' sie gern malen lassen, und in Paris sitzt der Louis Philippe auf einem Thron, der immer mehr wackelt. Die Preußen mit ihrem Zollverein machen auch unruhiges Blut, und die Ungarn machen dem Kaiser Ferdinand zu schaffen. Unruhige Zeiten, mein lieber Schwager! Da kann unsereins net ans Spazierenfahren denken."

„Ach was, nach einem Krieg schaut's nirgendwo aus. Seit der Napperl nimmer ist, ist eine Ruh' in Europa."

„Jetzt ist es auch schon fast siebzehn Jahr', daß der Napoleon g'storben ist", sagte der König nachsinnend und nippte an seinem Glas. „Der hat viel Unruh' 'bracht über die Welt."

„Und was hat er jetzt? Still ist er, ganz still", wurde nun auch Max zum Philosophen. „Sein Leben möcht' ich net gelebt haben. Krieg, nix wie Krieg. Keine Ruh' hat er 'geben, sich selber auch net. Fast nix wie Feldlager und Kanonendonner in den Ohren."

„Ja, so war er halt", sagte der König nickend.

„Da ist mir eine andere Art von Musik schon lieber. Ein Walzer, zum Beispiel. Soll ja der Strauß extra nach London g'fahren sein, um der Victoria zur Hochzeit das Walzertan-

zen beizubringen – damit sie's mit dem Albert z'sammen-
bringt, auf'm Hochzeitsball."

„Aber ohne den Napperl wär' halt kein Wittelsbacher König 'worden", spann Ludwig den Napoleon-Faden fort.
„Müssen ihm eigentlich dankbar sein, allem zum Trotz."

„Ja, ja, ist schon war, Ludwig. Aber hätten seinetwegen
gar so viele Leut' sterben müssen? Rußland hat er erobern
woll'n! Als ob das schon jemals einer fertiggebracht hätt'.
Und zum Schluß Waterloo, das war seine Katastrophe, und
weißt, was ich hab' sagen hören? Seine Mutter hat angeblich
g'sagt, daß er die Schlacht nur verloren hat, weil er ihr net
g'folgt hat. Er hätt' sich nämlich wärmere Unterhosen anzie-
hen soll'n."

„Geh, hör auf, Max!" sagte der König lachend. „Du, ich
glaub', ich muß jetzt überhaupt wieder weitertun. Mit dir zusammen wär's ja viel lustiger, aber es geht halt net, ich muß
wieder ein bissel regieren . . .

„Sein Sohn, der arme Reichstadt, ist ja auch schon fünf
Jahr' tot. Aber daß er umbracht 'worden sein soll in Wien,
net wahr is's. Bloß a blödes Gered' von den Franzosen."

„Auf der Lunge hat er's g'habt, der arme Teufel. Hätt'
aber ohnedies keine Chance g'habt auf den Thron in Versailles. Man hätt's net zulassen", fand der König, der sich jetzt
anschickte, das Gespräch zu beenden, während Max sein
Glas Wein erst noch zu leeren gedachte. „Die Sophie", fügte
er hinzu, „war ja ganz unglücklich über seinen Tod. Muß
reinweg einen Narren an dem Burschen gefressen g'habt haben. Was man so hört halt aus Wien."

Sophie war die um drei Jahre ältere Schwester Ludovicas,
also eine Schwester König Ludwigs wie sie. Sissys Vater
konnte zu diesem Zeitpunkt noch nicht ahnen, welche wichtige Rolle diese ferne, im Wiener Kaiserschloß Schönbrunn
lebende Schwägerin dereinst noch im Leben seiner Tochter

spielen würde. Sophie war mit dem österreichischen Thronfolger, dem Erzherzog Franz Karl, verheiratet und hatte alle Aussichten, nach dem Tod Kaiser Ferdinands I. Kaiserin von Österreich und Königin von Ungarn und Böhmen zu werden – also eine der mächtigsten Frauen des Kontinents.

Für Max und Ludwig war sie allerdings nichts als eine Schwester beziehungsweise Schwägerin. Max nannte sie im Gespräch mit seiner Vicka oft sogar bloß „Sopherl". Das Gerücht von einem „Pantscherl" zwischen der feschen, jungen Gattin des Thronfolgers und dem Sohn Napoleons war bis nach München gedrungen. „Ich habe die Ahnung, daß der am Tag meiner Niederkunft sterben wird", war in Sophiens erschütterndem Brief zu lesen, den sie am 21. Mai 1832 an ihre Mutter nach München geschrieben hatte. Tatsächlich lebte der Todkranke noch zwei Wochen und starb in den Armen seiner Mutter Marie Louise, die erst kurz zuvor in Wien eingetroffen war. Sie war nach der Scheidung von Napoleon die Ehe mit dem Grafen Neipperg eingegangen und hatte damit eine schon lange bestehende Beziehung legalisiert. Sophies zweitgeborener Sohn, Maximilian, aber, der am 6. Juli geboren wurde und seinen Namen zum Gedächtnis an Sophies Vater, den ersten König Bayerns, erhielt, galt nach der hartnäckig sich haltenden allgemeinen Meinung als heimlicher Napoleonide. Erst seine sich später entwickelnde „Habsburgerlippe" wies ihn als rechtmäßigen Sohn des Thronanwärters Franz Karl aus.

Max hatte nun endlich sein Weinglas geleert. „Also, dann verabschied' ich mich halt", hielt er dem Schwager die Hand hin.

„Gute Reise, Max, und komm g'sund wieder. Frau und Kinder brauchen dich", ermahnte ihn der König und ergriff die dargereichte Hand.

So gingen sie auseinander – für längere Zeit.

5. Possi

Zwischen München und Schloß Possenhofen lag eine Entfernung von etwa dreißig Kilometern. Zwar begann man damals bereits Eisenbahnen zu bauen, welche diese Strecke – mit nach zeitgenössischer Meinung „atemberaubender Geschwindigkeit" – in einer guten Stunde zurückzulegen vermocht hätten. Vorläufig war man jedoch noch auf Beförderungsmittel anderer Art angewiesen. Und dann war dies schon eine kleine Reise, für welche, wenn man unterwegs auch noch Rast und Einkehr einlegen wollte, ein Zeitaufwand von etwas mehr als drei Stunden zu veranschlagen war.

Hatte sich Herzog Max von seinem Schwager verabschiedet und ihm angekündigt, daß er dessen Sohn Otto besuchen wolle, so wurde es damit nichts, als er in Griechenland war. Der Herzog verlor sich zwischen den imposanten Trümmern einer gewaltigen Vergangenheit, deren steinerne Relikte er bewunderte. Er streifte die Küste entlang und setzte zu Inseln über, die ein tiefblaues Mittelmeer umbrandete. Er ließ sich Zeit damit und verschob seinen Besuch im Königsschloß von Athen von einer Woche zur anderen. Er war glückselig in seiner Reiselust und wußte zudem seine Lieben daheim in einem anderen Paradies – Possenhofen.

Und Possi war wirklich ein Paradies, vor allem für die Kinder. Freilich, Luis hatte weniger davon, weil er bereits Unterricht erhielt und manche Stunde des Tages mit seinen Lehrern über Büchern zubringen mußte, während draußen die Sonne auf satte, blühende Wiesen herunterlachte. Draußen saß Mama Ludovica, die Wiege mit der kleinen, quäkenden Sissy neben sich, während sich Nené auf einer Schaukel vergnügte, die Papa Max höchst eigenhändig zwischen zwei alten Bäumen angebracht hatte.

In sehr großen Abständen langten Briefe aus Griechenland ein. Über längere Zeiträume ließ Max überhaupt nichts von sich hören, aber Ludovica sorgte sich nicht um ihn. Max war ein Mann, der sich in vielen Lebenslagen zu helfen wußte.

Die kleine Sissy blinzelte gelegentlich durch den Spalt der Vorhänge ihrer Wiege, mit denen diese sorgsam zum Schutz gegen Insekten und allzu grelle Sonne überspannt war, in das ringsum lachende Grün und entwickelte sich immer mehr zu einem rundlich-pausbackigen Kind. Vorerst sah es wirklich nicht danach aus, als würde, wenn sich ihr Äußeres weiterhin so gestaltete, wie es den Anschein hatte, ihr Konterfei jemals die Schönheitsgalerie ihres königlichen Onkels zieren. Viel eher war anzunehmen, sie werde dereinst ein gesundes, bäuerliches, ungeschlachtes und robustes Mädchen sein, für welches einen Freier zu finden gar nicht leichtfallen würde. Aber als vermögendes Wittelsbacher Prinzeßlein mochte sie letztlich doch eine verlockende Partie abgeben.

Ludovica machte sich in dieser Hinsicht vorerst gar keine Gedanken. Die Führung des Haushaltes von Possenhofen nahm sie in Anspruch. Ein Schloß war etwas anderes als ein Haus in der Stadt. Zudem gab es hier eine Menge Tiere, Pferde, Enten, Hühner, dazu einen Gemüsegarten, welcher die Bewohner mit vitaminreicher Nahrung versorgte. Und auf etlichen Bäumen reifte das Obst.

Das Schloß beherbergte außer der Herzogin und den Kindern noch Gesinde, welches das ganze Jahr über hier und teils auch in der Ortschaft wohnte. War man erst im Frühjahr wieder herausgezogen, dann zeigte sich regelmäßig, was während der Abwesenheit von diesen Leuten nicht besorgt worden war. „Wenn ich nicht immer überall selbst hinterher bin, dann g'schieht überhaupt nix!" Vorwürfe dieser Art bekam der Schloßverwalter Oberhuber regelmäßig zu hören, sobald die Herzogsfamilie wieder im Lande war. Er hatte sich allerdings schon so daran gewöhnt, daß es ihm nichts mehr ausmachte, und außerdem war es ja auch gar nicht so arg mit den beanstandeten Versäumnissen.

Da hatte halt der Frühlingssturm ein paar Äste geknickt, und das Holz hatte noch nicht fortgeräumt werden können. Oder es war bei einem Wirtschaftsgebäude eine Schindel kaputt, wodurch es ins Gerätehaus hineinregnete. Ein Fenster hätte frisch verglast und verkittet werden müssen, und obwohl man mit der Ankunft der Herrschaft gerechnet hatte, waren die Zimmer nicht genug durchgelüftet, und in den Ställen herrschte nicht die anbefohlene Sauberkeit.

Um alle diese Dinge kümmerte sich nie der Herzog selbst, auch wenn er anwesend war. Seine Frau hatte, wie es der Brauch war, „die Schlüsselgewalt", und das bezog sich nicht nur auf den Weinkeller. Hier hatte die Anzahl der Flaschen des gelagerten Rebensaftes zu stimmen, über welche Ludovica genau Buch führte. Ob Köchin oder Dienstmagd, Pferdeknecht oder Gärtner, Hüterbub fürs Geflügel oder anderlei Gesinde – Ludovica hielt sie in ihrer resoluten Art allesamt in Trab und erwies sich als eine gute und sparsame Hausfrau und Wirtschafterin.

Mit der Zeit fand sie es überhaupt für entbehrlich, eine eigene Köchin zu beschäftigen, und entließ die Frau aus dem Dorf, die daheim ohnedies einen Mann und vier Kinder zu versorgen hatte. Ludovica kochte selbst gut und gern. In München rümpften zwar manche die Nase darüber, aber in Possi genierte sie sich überhaupt nicht, wenn man sie am Herd stehen und in der Pfanne rühren sah. Im Gegenteil, es verschaffte ihr bei der ländlichen Bevölkerung Achtung, und demgemäß begegnete man ihr auch mit Ehrfurcht und Respekt.

Wenn das Posthorn erklang und die gelbe Postkutsche in

den Schloßhof einfuhr, der von vier mächtigen alten Türmen flankiert war, dann bedeutete das allemal Nachricht aus München, vielleicht auch von Papa Max aus Griechenland oder von irgendwelchen Verwandten aus nah und fern. Diesmal kam ein Brief von Schwester Sophie aus Wien.

Der Verwalter Holzhuber, welcher die Post entgegengenommen und die seine eigene Tätigkeit betreffenden, meist geschäftlichen Briefe von der Privatkorrespondenz getrennt hatte, brachte den Brief der Erzherzogin selbst zu Ludovica, von der er noch einige Weisungen, die Tierhaltung betreffend, zu erhalten hatte. Nachdem er wieder gegangen war, um die Aufträge ausführen zu lassen, setzte sich Ludovica zu Sissy, die in der Wiege schlief, und öffnete den versiegelten Brief aus Schönbrunn.

Sophie schrieb, sie finde das Leben am Wiener Hof im Vergleich zu ihren vergangenen Münchner Mädchentagen fade und langweilig. Seit dem Tode des Herzogs von Reichstadt kümmere sie sich nur noch um die drei Buben, den Franzl, den Maxi und den Jüngsten, Karl Ludwig, um vier Jahre älter als Sissy.

„Unsere Eltern, liebe Schwester, haben sich schon früh über unsere spätere Verheiratung Gedanken gemacht. Du und Dein Max seid einander versprochen worden, als ihr noch Kinder waret. Zwar mag es jetzt noch nicht dringlich erscheinen, aber erscheint es doch als ein Wink des Schicksals, daß ich bisher mit lauter Buben gesegnet bin, während bei Dir Mädchen heranwachsen. Gott verhüte, daß es noch mehr werden, aber beim Temperament deines Max ist leicht alles möglich. Er holt ja dann alles nach, wozu er auf Reisen in bezug auf Dich keine Gelegenheit hatte.

Was machst Du, wie geht es Dir? Es wäre schön, wenn wir einander wieder einmal treffen würden. Wien hat jetzt einen

Bahnhof bekommen. Man soll von hier aus eines Tages bis nach Böhmen fahren können. Glücklicherweise nicht nach München. Da ist mir eine Kutsche schon sicherer. Schreibe mir, wie es Dir geht und wie es Deine Kinder so haben. Und vielleicht findest Du auch Zeit in der angedeuteten Richtung; es braucht ja noch nichts entschieden zu werden, wir müßten es ja auch erst noch mit unseren Männern ausmachen. Aber es wären doch in der ferneren Zukunft die vorteilhaftesten Ménagen möglich."

Mit schwesterlichen Küssen und Grüßen schloß der Brief, von dem Sophies erzherzoglicher Gatte augenscheinlich keine Ahnung hatte. Aber so war sie nun einmal, diese Schwester Sophie: sehr hübsch, lebenslustig und eine geschickte Taktikerin. Eines Tages würde sie wohl eine respektable Kaiserin abgeben.

Ludovica warf einen Blick auf das selig und ahnungslos schlummernde Würmlein in der Wiege, faltete den Brief zusammen und schob ihn in das Täschchen, das sie stets mit sich führte. Sophie, Sophie, dachte sie unter Kopfschütteln. Aber sie hat recht, meine Schwester, ich habe Mädchen, und sie kriegt lauter Buben. Sie findet, dies sei ein sonderbarer Wink des Schicksals. Vielleicht ist es wirklich so. Wird eines meiner Mädchen eines Tages nach Wien heiraten? Nené etwa? Sie ist jetzt im fünften Jahr. Und Sophies Ältester, der Franzl, ist vier Jahre älter als sie . . .

Ludovica runzelte die Stirn und dachte nach. Der Gedanke ihrer Schwester gewann Raum in ihrem Hirn und nahm schließlich von ihr Besitz.

Ferdinand ist nicht mehr der Jüngste, sann sie. Nach ihm kommt Sophies Mann Karl Anton auf den Thron, und nach diesem erbt ihr Ältester, der Franzl, das Reich. Sophie hat absolut recht mit der Ménage!

44

„Ja, sie hat recht!" rief sie und sprang auf.

Sie warf keinen Blick mehr auf die Wiege, ihre Augen suchten Nené, die vergnügt auf ihrer Schaukel saß und gänzlich unbeaufsichtigt immer mehr an Höhe zu gewinnen suchte, was ihr offensichtlich richtig Spaß machte.

„Nené!" rief Ludovica entsetzt. „Nené! Sofort hörst du auf damit!"

Erschrocken hielt das Mädchen inne und ließ die Schaukel ausschwingen.

„Komm hierher, Nené!" rief die Mutter. „Wie kannst du nur! Es könnte dir etwas passieren! Unterlaß das künftig gefälligst, hast du verstanden!"

„Aber Mama!" rief Nené verwundert zurück. „Was ist denn?"

„Du bist unvorsichtig, das ist's. Ein Seil kann reißen, du kannst von der Schaukel fallen! Es kann ein Unglück geben! Du mußt mehr auf dich achten, mein Kind! Und wie siehst du auch wieder aus! Du hast offenbar wieder von den Himbeeren genascht, dein Mund ist ganz verschmiert davon! Geh zum Brunnen und wasch dich!"

Von den lauten Worten war die kleine Sissy erwacht und quäkte ärgerlich. Nené konnte die plötzlich erwachte Besorgnis ihrer Mutter ganz und gar nicht begreifen. Daß die sicheren, festen Seile, mit denen Papa die Schaukel an den Bäumen befestigt hatte, jemals reißen könnten, war ihr noch nie in den Sinn gekommen. Und wenn Papa da war, schubste er sie manchmal auf dieser Schaukel noch viel höher, als sie es jemals allein vermocht hatte.

Was hatte Mama bloß? Sie begriff es nicht, aber sie war ein folgsames Kind. Das mit den Himbeeren stimmte überdies. Sie ging gehorsam zum Brunnen und wusch sich. Plötzlich stand die Mutter hinter ihr und legte ihr zärtlich die Hand auf die Schulter.

„Ich hab's nicht bös gemeint, Nené", sagte sie, und es klang wirklich wie eine Entschuldigung.

Nené schaute auf und sah die Blicke ihrer Mutter mit einem merkwürdig forschenden Ausdruck auf sich ruhen. Es war ein Blick voller Liebe und Zärtlichkeit, und es lag auch ein fragender Ausdruck darin.

„Mama, was ist denn?" fragte sie noch einmal.

„Nichts, mein Kind", sagte Ludovica. „In ein, zwei Jahren, wenn du größer bist und dazu noch Gelegenheit ist, kannst du auf der Schaukel hoch fliegen, jetzt aber mußt du vorsichtig sein, wenn niemand dabeisteht", versuchte sie eine Erklärung.

„Aber warum soll ich denn in zwei Jahren keine Gelegenheit mehr dazu haben?" fragte Nené, denn das Wort „Gelegenheit" hatte sie sehr wohl herausgehört.

„Nun, das kann man jetzt noch nicht wissen", sagte die Mutter und strich ihr übers Haar. „Sei ein wenig vorsichtiger, das ist alles."

„Dann laß doch den Luis mit mir spielen. Er kann ja auf mich aufpassen", schlug das Mädchen vor. „Warum muß er denn immer über den Büchern sitzen? Das macht ihm doch gar keinen Spaß!"

„Luis muß lernen, mein Spatz. Und du mußt es auch – bald schon, und nicht weniger als er. Alle Kinder müssen lernen."

„Sissy auch?"

„Auch sie wird es eines Tages müssen. Kleine Prinzen und Prinzessinnen müssen es ganz besonders!"

„Ach, Mama, weshalb muß ich ausgerechnet eine Prinzessin sein!" klagte Nené und brachte Ludovica damit zum Lachen.

„Andere Kinder beneiden euch darum", sagte Ludovica.

„Aber andere Kinder müssen nicht so viel lernen und dürfen viel mehr spielen", wandte Nené ein.

46

„Man kann sich leider nicht aussuchen, als was man geboren wird", sagte Ludovica. „Es ist nun einmal so. Man muß es nehmen, wie's das Schicksal will. Das bestimmt alles der liebe Gott."

Und sie nahm ihr Kind bei der Hand und schritt mit ihm zum Seeufer hin. Dort blieb sie stehen und schaute an seiner Seite auf das Wasser hinaus, als blicke sie in eine ferne Zukunft.

Daß Sissy allein und ohne Aufsicht am Rand der Parkbüsche in ihrer Wiege lag, hatte sie im Augenblick ganz vergessen.

6. Papa macht Geschenke

Unmerklich hatte sich das Leben Helenes geändert, unmerklich auch die Einstellung der Mutter dem Kinde gegenüber. In einem Brief nach Wien war Ludovica vorsichtig auf die Anregung ihrer Schwester eingegangen. Es handle sich um eine ausgesprochene Frauensache, befand Sophie in ihrem Antwortschreiben. Heiratssachen wären fast immer durch die Mütter geregelt worden, und die Männer hätten sich zu ihrem Vorteil fast stets der weiblichen Diplomatie gefügt. Stände also, so schrieb Sophie, in dieser Hinsicht eine Habsburgisch-Wittelsbachische Alliance ins Haus, dann wäre dies wohl auch von seiten der Väter nur zu begrüßen.

Ein anderer Brief aber ließ nun schon seit Wochen auf sich warten. Max ließ die längste Zeit nichts mehr von sich hören. Als es zu herbsteln begann und sie sich schon die Rückkehr nach München überlegte, begann Ludovica sich um ihren Mann Sorgen zu machen. Sie wandte sich schriftlich an ihren Bruder, den König, und fragte an, ob vielleicht dieser inzwischen von Max eine Nachricht erhalten habe. Die Antwort kam prompt: Nein, er, Ludwig, wisse nichts über Max zu berichten und habe seinerseits angenommen, Ludovica wüßte mehr. Also auch hier war nichts über seinen Verbleib bekannt! Und dies war um so beunruhigender, als König Otto von Griechenland gleichfalls keine Ahnung hatte: In Athen hatte sich der Herzog jedenfalls bisher nicht blicken lassen.

Was war geschehen? War er krank, verunglückt, womöglich gar von Räubern überfallen, verschleppt oder sogar getötet worden?! Otto machte sich erbötig, in seinem Lande Erkundigungen einziehen zu lassen, vorerst noch inoffiziell. Gegebenenfalls, wenn etwa ein begründeter Verdacht auf ein Verbrechen vorläge, müßte natürlich die Polizei eingeschaltet werden.

Auch die Kinder, bis auf Sissy natürlich, fragten schon, wo Papa denn heuer bleibe. Immer hatte er mit ihnen im Sommer in Possi seine Späße getrieben, mit Luis hatte er Wanderungen unternommen, und der Bub war immer heilfroh gewesen, wenn Papa in eine anstrengende Unterrichtsstunde geplatzt war und mit einem „Aus is's!" das Büffeln abrupt beendet hatte. Dann waren Vater und Sohn hinaus in den Wald, in die freie Natur gezogen, und im vorigen Jahr war sogar schon die kleine Helene mitgenommen worden. Er hatte sie sich einfach auf seine breiten Schultern gesetzt und „buckelkraxen" getragen.

War das ein Spaß gewesen mit Papa! Mama Vicka hatte freilich immer gegen solche Sitten gewettert und geschimpft; besonders mochte sie es überhaupt nicht leiden, wenn der Unterricht des Buben darunter litt und seine Stunden zu kurz kamen. Aber Max hatte für solche Einwände kein Verständnis. „Die Kinder müssen frische Luft haben", war seine geharnischte Erwiderung. „Denk an die armen Hascherln, Vicka, die an ihren Lungen zugrund' gehen. Das lass' ich bei unseren Kindern net zu!"

Dagegen war freilich nichts zu sagen. Im Grunde war sie ihrem Mann ja auch nicht gram deswegen. Heuer aber war sie böse auf ihn, weil es derlei Meinungsverschiedenheiten nicht gab und er sie und die Kinder in diesem gesegneten schönen Sommer in so unbegreiflicher Weise vernachlässigte.

Steckte womöglich gar ein Frauenzimmer dahinter? Das fehlte gerade noch, daß sich Max derart vergaß! Es genügte durchaus, wenn Ludovicas Bruder die „Sammlungen" für seine Schönheitsgalerie fortsetzte.

Da, endlich, eines Tages, als Vicka schon daran dachte, wieder an Ludwig und Otto zu schreiben, brachte der Postillion einen Brief. Papa Max befand sich in Kairo! Wie aber, um alles in der Welt, war er bloß dorthin gelangt?! Fieberhaft überflog Ludovica das Geschriebene. Und dann las sie es gleich noch ein zweites Mal, um sich zu vergewissern, daß sie nicht träume.

„Liebe Vicka!

Hier in Ägypten ist es sehr heiß, und der Nil ist schmutzig und voller Krokodile. Ich würde Dir nicht raten, hier baden zu gehen; ich tue es jedenfalls nicht, trotz der Hitze.

Ich habe dir doch bei meiner Abreise versprochen, Dir und den Kindern von meiner Reise Geschenke mitzubringen. Ich habe aber in Griechenland nichts gefunden, nichts Originelles jedenfalls. Schals und Teller hast Du genug, und ein Stück von einem altgriechischen Tempel kann ich unmöglich mit nach München schleppen, obwohl es sehr schön und interessant wäre. Ich frage mich aber, ob Du und die Kinder damit etwas anfangen könntet. Höchstens mein Waldi, der Hund, hätte mit einer Säule eine Freude. Aber des Dackels wegen tue ich mir so einen Transport nicht an.

Ich habe in Griechenland einen Wirtssohn aus Wien getroffen und einen italienischen Maler. Zu dritt sind wir durch das schöne Land getippelt, zu Fuß, das war am allerschönsten. Da sieht man erst so richtig das Land und die Leut'. Das hat mich auf die Idee gebracht, Geschenke mit heimzubringen, die auf ihren eigenen Beinen laufen können, so daß ich nichts zu schleppen brauch'. Und schließlich war es ja nur noch ein Katzensprung hinüber nach Afrika, wo man so was zu kaufen kriegt; der Maler und der Wirtssohn waren von meiner Idee ganz begeistert. Vicka, ich sag' Dir schon jetzt, daß kein Mensch in ganz München jemals so was geschenkt gekriegt hat, was ich jetzt mit heimbring'. Nicht einmal Dein Bruder, der König.

Mehr verrat' ich aber vorläufig wirklich nicht. Ich freu'

mich schon jetzt auf Dein Gesicht und die Gesichter all der anderen. Ihr werdet Augen machen!

Jetzt mach' ich mich mitsamt den Geschenken auf den Weg.

Dein Max"

Ludovicas erstes Empfinden war natürlich Freude und Erleichterung darüber, daß sie nun wenigstens Klarheit darüber hatte, daß ihr Mann, der Vater ihrer Kinder, heil und gesund war und sie ihn allem menschlichen Ermessen nach bald wieder daheim haben würde, wenngleich es von Kairo nach München eine ganz schöne Wegstrecke war. Dann aber freilich fragte sie sich, was es denn wohl mit den von Max angekündigten Geschenken auf sich haben mochte.

Max hatte seinen Lieben offenbar eine ganz besondere Freude machen wollen. Fast las es sich so, als wäre er eigens zu diesem Zweck nach Kairo gereist, denn das, was er heimbringen wollte, war in Griechenland nicht zu kaufen gewesen. Um was handelte es sich?

Ende September verließ die herzogliche Familie ihren Sommersitz. Der Abschied von dem lieben alten Haus und den vertrauten Personen, aber auch von den Tieren fiel auch heuer wieder schwer, besonders den Kindern. Doch in die Abschiedstränen fiel bereits die Vorfreude auf München und die Neugierde. Luis und Helene waren ebenso gespannt wie Ludovica, was es mit den Geschenken, die der Herzog von der Reise mitbringen wollte, für eine Bewandtnis habe. War er vielleicht gar schon selbst in München eingetroffen und erwartete sie? Und wenn nicht, vielleicht wußte „Onkel König" bereits mehr?

Natürlich war er noch nicht in München. Das Palais in der Ludwigstraße öffnete sämtliche geschlossen gewesenen

Fenster, um frische Luft einzulassen, und es wurde erst einmal überall kräftig Staub gewischt. Es war dasselbe Lied wie in Possenhofen.

Schon am zweiten Tag machte sich Ludovica auf in die Residenz. Sie wurde von der Königin empfangen; Ludovicas Bruder hatte gerade eine Sitzung mit seinem Ministerrat.

„Du weißt doch, meine Liebe, daß dein Mann ganz gewaltig spinnt", eröffnete ihr Königin Therese mitleidig. „Natürlich haben wir auch so einen ominösen Brief aus Kairo erhalten. Mein Mann hat dir sogar nach Possenhofen geschrieben, aber offenbar haben du und der Brief einander überkreuzt. Man wird ihn euch sicher hierher nachschicken."

„Aber was schreibt denn mein Mann über diese rätselhaften Geschenke?" wollte Ludovica wissen und nahm einen Schluck von dem Kaffee, den die Königin für sich und ihre Besucherin hatte kommen lassen.

„Mein Mann hat gelacht. Was wird es schon sein", hat er gesagt. „Ich weiß, worum es sich handeln wird", hat er gesagt.

„Nun, worum denn? Spann mich doch nicht auf die Folter!" bat die Herzogin voll Ungeduld.

„Worum? Um Kamele natürlich! Du weißt doch, Max hat eine besondere Vorliebe für den Zirkus. Ich bin sicher, er kommt mit Kamelen an und gibt in seiner Arena mit den Viechern eine Vorstellung!"

„Kamele?" sagte Vicka enttäuscht. „Ja, das kann es sein. Daß ich nicht gleich daran gedacht habe! Kamele! Die hat tatsächlich in München sonst kein Mensch."

„Eben! Und das schreibt er ja auch. Kamele hat in München dann nur der Herzog Max, und die dressiert er sich für seinen Privatzirkus."

„Das sähe ihm ähnlich. Aber er schreibt doch von Geschenken für mich und die Kinder!"

„Nun, er kann euch ja bei der Zirkusvorstellung auf den Kamelen reiten lassen", meinte die Königin lachend. „Aber dazu müßt ihr uns einladen! Das lassen wir uns nicht entgehen, Vicka!"

Ludovica war gekränkt. „Damit würde er uns der Lächerlichkeit preisgeben", ereiferte sie sich. „Das kann er uns unmöglich antun."

„Aber geh, Vicka! Es lacht doch ohnehin stets halb München über ihn!"

Ludovica lief rot an. „Nun, mein Mann mag seine Schrullen haben, das gebe ich zu. Aber er ist deswegen noch lange nicht lächerlich. Schließlich lacht man in München auch über die Schönheitsgalerie von deinem Ludwig", versetzte sie spitz.

„Erlaube!" verwahrte sich die Königin.

„Aber deswegen mögen und achten die Münchner ihren König trotzdem", fügte Ludovica besänftigend hinzu. „Wenn Max hingegen auf einen so grotesken Einfall käme – es wäre das Ende unserer Ehe. Das kann er mir und den Kindern nicht antun, das nicht! Ich könnte es ihm nicht verzeihen."

Sie dachte dabei weniger an sich als an ihre Tochter Helene. Für eine künftige Kaiserin von Österreich mochte sich ein solcher Vater nicht schicken. Eine Kronprinzessin konnte sich keinen Vater leisten, der sie im Zirkus auf Kamelen reiten ließ!

Von diesen Gedankengängen ahnte die Königin natürlich nichts. Die Zeit war noch nicht reif, um das bayrische Königspaar mit diesen Plänen zu konfrontieren und sie in die Vorgänge solcher Heiratsdiplomatie mit einzubeziehen. Geschehen mußte es freilich einmal, eines fernen Tages. Denn die königliche Erlaubnis war zwar nur eine Formsache, aber notwendig.

Die Herzogin suchte nach Beendigung der Audienz die Schloßkapelle auf.

„Mutter des Herrn", betete sie inbrünstig, „verhilf meinem Max zu so viel Verstand, daß er das nicht tut! Wundertätige Mutter, laß es etwas anderes sein, irgend etwas anderes, aber nur keine Kamele!"

Die wundertätige Mutter lächelte verständnisvoll von ihrem Altar herab. Wenn nicht sie, wer sonst sollte denn wohl Verständnis für die Sorgen einer Mutter haben! Und sie erfüllte Mama Ludovicas heißen Wunsch und schenkte ihrer Bitte Gewährung.

Als sie sich bei ihrer Rückkehr dem Palais Wittelsbach näherte, bemerkte sie schon von weitem eine Art Volksauflauf. Mehrere Kutschen hielten vor dem Eingang, und allerlei wurde abgeladen. Es handelte sich um Kisten und Koffer. Kisten und Koffer allerdings waren nichts derart Ungewöhnliches. Die Münchner liefen zwar seit eh und je immer gern neugierig zusammen, wenn es irgendwo etwas zu sehen und zu bestaunen gab, und selbst die Ankunft einer kleinen Kutschenkolonne war schon ein kleiner, bescheidener Anlaß. Diesmal aber war es gewiß mehr.

Ludovica sah, wie die Leute kopfschüttelnd und murmelnd auseinandergingen und ihr Platz machten. Sie schlüpfte durch das Tor, bevor dessen Flügel geschlossen wurden. Dann sah sie auch schon Max, der ihr mit ausgebreiteten Armen entgegeneilte.

„Vicka!" rief er voll Wiedersehensfreude aus. „Was sagst zu meiner Überraschung?!"

Dabei deutete er auf vier kleine, kohlrabenschwarze Negerbüblein, die ihr in ihren afrikanischen Gewändern mit großen Kulleraugen furchtsam entgegenblickten.

7. Vier kleine Negerlein

„Ja mein, wo kommt denn ihr her?" Ludovica schaute fragend bald auf die Negerknaben, bald auf ihren Max. „Was sind denn das für welche, und woher hast denn die?"

„Vom Sklavenmarkt in Kario", informierte der Herzog seine Gattin stolz. „Direkt auf'm Sklavenmarkt hab' ich's kauft, viere auf einmal waren billiger. 's war quasi ein Okkasionsverkauf. Sie sind alle recht gut beieinand' und waren gar net teuer."

„Die Theres' hat recht, du spinnst", stellte Ludovica fest. „Ja, was machen wir denn nachher mit vier ausgewachsenen Negern, wenn die größer werden?"

„Ich glaub' gar, du hast keine rechte Freud' damit", konstatierte der Herzog stirnrunzelnd. „Neger kann man immer brauchen. Die kosten ja nix wie Kost und Quartier und kommen billiger als unser Hausknecht in Possenhofen. Und schwarz sind s' außerdem. Da siehst sie gar net in der Nacht."

„Ja eben! Da tut man sich ja reinweg erschrecken, wenn man ihnen begegnet! Wie die reinsten G'spenster! Und was essen s' denn überhaupt?"

„Ja was denn schon? G'selchtes, Kraut und Knödel halt, und Weißwürscht. An die müssen sie sich halt g'wöhnen. Bratene Heuschrecken, wie bei ihnen daheim, gibt's bei uns nicht. Aber da brauchst dir keine Sorgen net z'machen. Und ans Münchner Bier und an unsere Brezen werden sie sich auch g'wöhnen. Kamelmilch haben wir halt keine nicht."

„Na, wenigstens hast keine Kamel' heimbracht", stellte Ludovica nun doch einigermaßen erleichtert fest. „Aber wie red't man denn mit ihnen? Verstehn die einen überhaupt. Und wie steht's denn mit der Religion?!"

„Ja mein, Heiden sind's halt. Ihre Seel' ist so schwarz wie die Haut", erklärte der Herzog düster.

„Siehst es, da hast es!" rief die Herzogin. „Und das erlaub' ich net! Denk an unsere Kinder!"

„Na, grad an die hab' ich ja 'dacht", erwiderte der Herzog kopfschüttelnd. „Was glaubst, wie die sich freuen werden, wenn sie die kleinen Negerbuberln zum Spielen haben werden. Da lernen s' doch gleich, daß es auch andere Arten von Leut' gibt auf der Welt."

Die Herzogin nahm einen entschlossenen Ausdruck an. „Das mit der Religion geht nicht! Ich lass' mir meine Kinder net von kleinen Heiden verderben!" rief sie.

„Ui jegerl", sagte der Herzog seufzend. „Kaum bin ich z'Haus, geht's auch schon wieder los! Jetzt weiß ich erst so recht, daß ich wieder daheim in München bin!"

Er übergab die Negerknaben dem herbeigeeilten Haushofmeister. Die Kinder sollten Nahrung, ein Bad und frische Kleidung erhalten, und vor allem auch ein Zimmer, in welchem sie würden wohnen können. Inzwischen folgte er seiner Ludovica bis in sein Arbeitszimmer, wo sie ihn angesichts seines Schreibtisches zur Rede stellte.

„Vor allen Leuten konnt' ich dir das net sagen: Aber was hast du dir denn dabei gedacht, vier kleine Heiden in ein katholisches Haus zu bringen? Willst vielleicht, daß wir womöglich noch exkommuniziert werden? Und was haben die denn für Sitten? Stammen die womöglich gar von Menschenfressern ab?"

„Vicka", versuchte sie der Gatte zu beruhigen, „du brauchst g'wiß keine Angst zu haben, daß du eines Tages aufwachst und bist in einem Negermagen drin. Die tun dir nix, die sind froh, wenn wir ihnen nix tun. Wie die armen vier Hascherln da droben g'standen sind auf die Bretteln und der Sklavenhändler nach einer Kundschaft Ausschau g'halten hat – also wie s' so verzweifelt dag'standen sind, weil s' net g'wußt haben, an was für einen Herrn sie kommen mögen, da haben s' mir halt leid getan. Ich glaub', daß das eine Christenpflicht g'wesen ist! Sind ja auch Menschen, können ja nix dafür, daß sie schwarz auf die Welt 'kommen sind."

„Aber, Max ..."

„Nix da, Vicka! Hat net unser Herr Jesus g'sagt: Lasset die Kleinen zu mir kommen? Von Negern, Weißen oder Chinesen hat er dabei nix erwähnt. Also hab' ich auch g'sagt: Lasset sie kommen. Und jetzt sind s' da."

„Ja, jetzt sind s' da!" rief die Herzogin. „Und wer hat das Gfrett mit ihnen? Ich, du herzoglicher Bamschabl! Aber das eine sag' ich dir: Heiden duld' ich keine in unserem Haus. Gleich morgen suchst den Schloßkaplan auf. Der Pfarrer muß her, 'tauft müssen s' werden!"

„Du, Vicka, das ist eine gute Idee!" Der Herzog war entzückt. „Was glaubst, was das für ein Aufsehen gibt, wenn im Schloß vier Neger 'tauft werden. Das ist nämlich auch noch net dagewesen!"

„Dir ist wohl net zu helfen", gab es die Herzogin lachend auf.

Um es gleich vorwegzunehmen: Die vier kleinen Negerlein wurden ein absoluter Erfolg. Nachdem sie unter allgemeiner Anteilnahme von ganz München nach christlichem Ritus getauft und hernach feierlich in die Christengemeinschaft aufgenommen worden waren – die Gazetten unterrichteten ihre Leser ausführlich darüber –, befand man allgemein, die herzogliche Familie habe gut daran getan, vier Negersklaven zu befreien und der Zivilisation zuzuführen. Der Herzog selbst sah sich im Hofbräuhaus als mutiger Abenteurer und aufrechter Chist gefeiert, und mochten auch von den Geschichten, die er über seine Abenteuer auf dem krokodilverseuchten Nil erzählte, nicht alle ganz der Wahrheit entsprechen, so legte doch die Existenz der Negerkinder Zeugnis für ihn ab.

Über ihre Namensgebung herrschte in der Familie zunächst Uneinigkeit. Luis schlug vernünftigerweise vor, man möge sie Kaspar, Melchior und Balthasar nennen, nach den drei Weisen aus dem Morgenland. Doch nicht zu Unrecht wies Papa Max darauf hin, daß es eben bloß drei und nicht vier Weise gewesen wären, von denen außerdem nur einer mit Sicherheit schwarz gewesen sei. Die Erzieherin Helenes, die Baronin Wulffen, eine äußerst literaturbeflissene Dame, schlug vor, den überzähligen Negerknaben Othello taufen zu lassen. Dagegen wiederum verwahrte sich die Frau Herzogin auf das entschiedenste, habe doch der eifersüchtige Othello die arme Desdemona auf so schändliche Weise erdrosselt.

Auch an Maxens Stammtisch wurde die weltbewegende Frage heftig diskutiert, und die dabei vorgeschlagenen Namen waren noch problematischer. Da machte sich zum Beispiel der Holz- und Kohlenhändler Alfons Löbl für Pankratius, Bonifatius und Servatius stark. Allein auch die Eisheiligen waren ihrer nur drei, und Herzog Max gelangte allmählich zu der Einsicht, daß er um einen Neger zuviel nach Bayern importiert habe.

Der Schloßkaplan hatte vorerst überhaupt keine Vorschläge zu bieten. Er hatte mit den vier Kleinen, die bei ihm im Religionsunterricht standen, seine liebe Not, denn es gab Verständigungsschwierigkeiten sprachlicher Natur, und außerdem wußten die Negerkinder eigentlich überhaupt nicht so recht, was man von ihnen eigentlich wollte.

Die Buben standen im fünften oder sechsten Lebensjahr. Sie waren von einer Gum, einer Raubkarawane, aus dem Sudan verschleppt und auf den Sklavenmarkt nach Kairo zum Verkauf gebracht worden.Ihre Eltern waren höchstwahrscheinlich nicht mehr am Leben. Ein Schicksal, das in jener Zeit viele andere mit ihnen teilten. Die arabischen Raubkarawanen überfielen ganze Negerdörfer, brannten sie nieder und machten gutgewachsene kräftige Kinder, Mädchen, junge Frauen und Männer zu Gefangenen. Manche von ihnen kamen auf dem Marsch durch die Wüste um. Die Bewohner der überfallenen Dörfer – soweit sie nicht rechtzeitig hatten flüchten können – wurden meist niedergemacht oder erlagen ihren bei dem Überfall erlittenen Verletzungen. Insofern hatte der Herzog tatsächlich ein gutes Werk getan, denn das Schicksal der in die Sklaverei Verschleppten war meist kein rosiges, da hatten es die vier Kleinen von Anfang an besser. Sobald sie merkten, daß ihnen kein Leid geschah, ja sie im Gegenteil oft richtig gehätschelt wurden und im Mittelpunkt standen, verloren sie ihre begreifliche anfängliche Scheu und tauten allmählich auf.

Daran hatte auch Luis großen Anteil. Helene empfand anfänglich Furcht vor den kleinen Fremdlingen. Sissy betrachtete die neuen Spielgefährten mit großen, verwunderten Augen und lachte sie an, indem sie ihnen zugleich ihre Patschhändchen entgegenstreckte. Ihr Entzücken über die Negerkinder war offensichtlich. Auch hierin geriet sie offenbar ihrem Vater nach, wie sich zeigte.

Die schwierige Frage der Namensgebung löste der Herzog schließlich durch ein Machtwort auf seine Weise. Er nannte den einen Sepperl, den anderen Pepperl, der dritte wurde Hansl und der vierte Franzl genannt. Diese Namen waren das einzige an ihnen, das nicht afrikanisch war. Denn er ließ ihnen von Herrn Hinteracher entworfene exotische Gewänder schneidern, für welche sein Freund Leitner besondere Stoffe liefern mußte. Der Professor wandte zwar ein, diese „Livreen" sähen eher nach einem Maskenball aus, aber das focht den Herzog nicht an. Die vier machten jedenfalls, nachdem sie eingekleidet waren, einen ganz außergewöhnlichen Eindruck.

Waren Gäste im Haus, hatte die Herzogin Freundinnen

zum Kaffee – und solche kamen schon aus reiner Neugierde jetzt mehr, als sonst üblich –, durften die vier in ihren Kostümen servieren, und dann war sogar Ludovica stolz auf sie.

Das Tauffest wurde zu einem Münchner Ereignis. Mitten in dem Trubel merkte Ludovica, daß sie wieder schwanger war. Seit der Ankunft von Sepperl, Pepperl, Hansl und Franzl war schon wieder fast ein Jahr lang Wasser durch das Bett der Isar geflossen.

Um dem königlichen Herrn Schwager anzuzeigen, daß „wieder was Kleines" unterwegs sei, erschien Max mit dem Kinderwagen samt kleiner Sissy darin im Königsschloß.

„Servus, Ludwig!"

„Servus, Max! Wen bringst denn du da?"

„Deine Nichte Sissy, wen denn sonst? Die will sich halt auch einmal ein bissel bei dir umschauen, gelt?"

„Ja, dann fahrst mit ihr halt ein bissel spazieren im Schloß, gelt? Und fahrst mit ihr in den Hofgarten raus, dort ist 's schön in der Sonn'. Recht lieb schaut s' aus, die Kleine. Rosige Backerln hat s'.“

„Ja, die Vicka schaut halt auf sie. Aber ich hab' so das G'fühl, daß sie der Nené den Vorzug gibt. Das g'fallt mir net.“

„Na, dafür seid ihr zwei ein Herz und eine Seele", konstatierte der König und betrachtete wohlwollend Vater und Tochter. „Gibt's was B'sonderes, daß du zu mir 'kommen bist?“

„Freilich, freilich, 's gibt was. Ohne Grund tät' ich dich net stör'n. Wie steht's denn mit den Finanzen?"

„Warum? Brauchst Geld?"

„Ich? Nein. Ich frag' nur, weil ich wissen möcht', ob du gut bei Laune bist."

„Bis jetzt schon, Max", befand der König. „Ich hoff', du willst sie mir net verderben."

„Nein, g'wiß nicht. Aber nach den vier Negern steht halt bald wieder eine Tauf' in der Schloßkapell'n ins Haus."

„Wie? Doch net etwa wieder die Vicka?"

„Na, wer denn sonst! Hast leicht 'glaubt, ich bin schwanger? Die Vicka sagt, es gibt keinen Zweifel und es wird net lang dauern, und man wird ihr's ansehen . . ."

„Das muß ich aber doch gleich der Theres' erzählen!"

„Ich will dich nicht daran hindern", sagte der Herzog und grinste selbstgefällig. „Die Sissy kriegt bald ein weiteres G'schwisterl. Dann hätten wir vier, für jeden Negerbuben eines. War doch g'scheit von mir, daß ich gleich vier mit'bracht hab'. Net wahr?"

„Untersteh dich und fahr noch einmal nach Kairo auf den Sklavenmarkt, wenn's womöglich noch mehr werden!" drohte der König scherzend und schlug seinem Schwager wohlgefällig auf die Schultern. „Du wärst es doch glattweg imstand'!" Der König lachte.

Und wie davon angesteckt, lachte auch Sissy im Kinderwagen. Sie wußte zwar nicht, weshalb, aber sie lachte mit. Da hob der König sie aus dem Wagen, nahm sie auf seine Arme und küßte sie herzhaft.

Die beiden Männer schieden vergnügt voneinander. Max fuhr mit seiner Sissy in den Englischen Garten und erging sich mit ihr im Sonnenschein.

„Nächstes Jahr sind wir zwei mitsammen in Possi", erzählte er ihr. „Da wirst es fein haben! Da kannst dann schon laufen und springen, gelt? Und mit den kleinen Haserln spielen. Sogar Rehe gibt's bei uns in Possi. Und wenn du erst größer wirst, nimmt dich der Papa mit in den Wald und auf die Berg'! Und am Abend spiel' ich dir dann was vor auf der Zither!"

Er hatte tatsächlich das Gefühl, daß seine Ludovica Helene zu ihrem besondern Liebling erkoren hatte, und begriff nicht, aus welchem Grund. Sie wandte Sissys älterer Schwester ihre besondere Aufmerksamkeit zu. Luis fiel das nicht auf, der war mit seinen Lernaufgaben eingedeckt. Der Herzog empfand ein leises Unbehagen, und rein instinktiv schloß er sich um so enger an Sissy an, weil er das Gefühl hatte, daß Ludovica der Kleinen nicht mehr die gleiche Liebe entgegenbrachte wie ehedem. Und er kannte auch nicht die Gründe, die seine Gattin veranlaßten, die Baronin Wulffen dazu zu drängen, der kleinen Nené besonders in Sachen Benehmen und Etikette besonderen Schliff zu geben.

8. Gackel und Schackel

Sissy war in ihrem zweiten Lebensjahr, als ihr Brüderchen Karl Theodor zur Welt kam. Sein Stimmchen war raumbeherrschend. Er krähe wie ein junger Hahn, fand Papa Max, und deshalb nannte er ihn „Gackel".

Das große Begebnis, daß Sissy, wackelig auf beiden Beinschen stehend, draußen in Possi eines Tages auf den Papa zugestolpert kam, hatte sich inzwischen schon ereignet. Der kniete sich sofort hin und breitete seine mächtigen Arme aus. Lachend und übers ganze Gesichtchen strahlend, bewegte sich das Kind auf diese schützenden väterlichen Arme zu, die sie liebevoll umfingen. Der Herzog drückte sein Prinzeßchen an seine breite Brust, die Tränen standen ihm in den Augen.

Das gab ein Geschmuse! Ludovica, die hinzukam, meinte, nun habe sie ja Grund zur Eifersucht.

„Weißt du, Vicka", fand Max es angezeigt, aus seinem Herzen länger keine Mördergrube zu machen, „jetzt hast ja wieder den kleinen Gackel. Aber bevor der da war, hab' ich so das Gefühl gehabt, du magst die Sissy nimmer so recht."

Vicka hörte sich das mit Erstaunen an und stemmte empört die Hände in die Hüften. „Bist g'scheit, Mann!" sagte sie. „Wie kommst denn auf so was? Ich lieb' sie doch alle, unsere Orgelpfeifen. Wie sie nebeneinanderstehen, sind's mir alle gleich ans Herz gewachsen. Was wär' ich denn auch für eine Mutter, wenn es anders wär'? Da tät' ich mich ja gleich genieren!"

Max nahm Sissy auf seine Knie. „Weißt, Vicka", sagte er, „ich hab' dich beobacht', und es hat mir net recht g'fallen. Immer hat's g'heißen: Nené hin und Nené her. Und da hab' ich mir halt 'dacht . . ."

Der Vicka ging ein Licht auf. „Ein Tepp bist, ein herzoglicher", stellte sie fest und begann zu lachen. Aber dann wurde sie ernst. Es war offenbar Zeit, den Gatten in die schwesterliche Intrige einzuweihen.

„Hör einmal gut zu, Mann", sagte sie und setzte sich neben ihn auf die sonnenbeschienene Gartenbank.

„Jetzt bin ich aber gespannt", stellte Max fest. Immer wenn seine Vicka eine solch konzentrierte Miene aufsetzte wie eben jetzt, mußte man mit einer folgenschweren Eröffnung rechnen.

Aber Vicka suchte nach den richtigen Worten. Es war ja auch eine einigermaßen heikle Angelegenheit.

„So red schon, Vicka", drängte der Herzog. „Was ist mit der Sissy?" Denn um diese ging es ja seiner Meinung nach.

„Mit der Sissy?" fragte Vicka erstaunt. „Mit der Sissy ist nix."

„Nix?" staunte Max. „Was hast den nachher für einen Grund, daß grad die Helen dein b'sonderes Herzbinkerl ist?"

„Das will ich dir ja grad erklären, Max, und du fragst nach der Sissy. Mit der ist nix, aber mit der Helen ist was."

„Ja, was soll denn nachher sein mit der Helen?" Der Herzog konnte absolut nicht verstehen, worauf seine Gattin hinauswollte.

„Du hast an der Sissy einen Narren g'fressen, das sieht ein Blinder. Und darüber hast du wohl vergessen, daß du auch noch eine andere Tochter hast. Nicht ich hab' ein Kind vernachlässigt, sondern du, Max! Dir ist zum Beispiel gar net aufg'fallen, daß die Nené heuer ihren fünften Geburtstag g'habt hat."

„Eben! Sie ist erst fünf, das arme Kind, und du läßt sie von der Wulffen dressieren, als ob sie schon acht oder gar zehn wär'. Ich versteh' das net."

„Reg dich net auf, Max, ich weiß schon, was ich tu'!

Schau, die Nené ist fünf, und der Franzl von meiner Schwester in Wien, der wird neun im August . . ."

„Na, und?" fragte Max begriffsstutzig.

„Ja, kannst dir denn nix dabei denken, Mann?" seufzte Ludovica und richtete ihre Blicke hilfesuchend gegen den Himmel. „Heilige Muttergottes, gib, daß meinem Alten ein Licht aufgeht!"

Ludovica war augenscheinlich gut angeschrieben im Himmel.

„*Nein* . . .!!" kam es gedehnt von Maxens Lippen.

„Aber ja!" rief Ludovica lachend. „Die Sophie und ich haben 's so gut wie abgemacht . . ."

„Ihr seid die richtigen Teufelsbraten, ihr zwei! Hexen seid's!" rief Max.

Und jetzt fing Sissy zu heulen an.

„Na, na, brauchst dich net aufzuregen! So schön ist das auch wieder net, wenn man eine Kaiserin sein muß", tröstete sie Max, hob sie wieder hoch, busselte sie ab und nahm sie wieder auf seine Knie.

„Ach ja, das ist schon was Gutes", widersprach Ludovica. „Wenn alles gutgeht und der Metternich mitspielt – und wir könnten net einsehen, warum er das net tun sollt' –, dann wird eines Tages unsere Nené Kaiserin und Königin . . . Und jetzt verstehst ja wohl auch, warum ich sie jetzt schon dressieren lass'. Es ist dir doch wohl klar, daß das Dutzend Jahrln, das ihr noch zur Vorbereitung bleibt, grad reicht. Da zählt jeder Tag, Max! Sie heirat' ja dann net irgendeinen Provinzfürsten, sondern sie heirat' nach Wien, nach Schönbrunn! Und Wien hat sein besonderes Pflaster, da frag nur die Sophie. Dagegen ist München der reinste Kurort. In Wien machen s' große Politik. Da geben die Großmächtigen einander die Türschnallen in die Hand. Da muß eine Kronprinzessin bereits repräsentieren und Konversation machen können."

„Die arme Nené", sagte Max.

„Alle Augen werden auf sie gerichtet sein! Nicht den kleinsten Fauxpas darf sie sich leisten! Und das ist noch gar nix! Denn aus der Kronprinzessin wird eines Tages die Kaiserin und Königin . . ."

„Unser armes Madel", sagte der Herzog ein zweites Mal.

„Die Helen ist jetzt schon g'scheit, und g'schickt. Wenn sie sich weiter so entwickelt, ist sie wie geschaffen dafür. Es läßt sich jetzt schon erkennen, daß sie einmal sehr hübsch sein wird. Aber die Sissy? Die wird einmal dick und fett, das merkt man jetzt schon. Die paßt aufs Land."

„Das arme Madel", wiederholte der Herzog, wobei er diesmal aber seine Lieblingstochter ansah.

„Die wird trotzdem eine gute Partie machen, das laß nur unsere Sorg' sein", tröstete ihn Ludovica. „Die Sophie und ich kennen uns da aus. Wir werden schon was Geeignetes für sie finden, wenn es eines Tages soweit ist. Jetzt aber geht es um Nené. Und da kann man gar nicht genug auf sie aufpassen und sie gar net genug hegen. Wenn sie uns nur net krank wird und nix kriegt, was ihr eines Tages hinderlich sein könnt'!"

„Ja, ja, Vicka", pflichtete ihr Max nachdenklich bei. „Ja, ja, darauf muß man jetzt aufpassen. Das arme Madel." Und nun war es wirklich nicht klar, wen er diesmal meinte, Nené oder seine geliebte Sissy.

Er sah vor seinem geistigen Auge alles vor sich, Nené auf dem glanzvollen Habsburgerthron, im prächtigen Schönbrunner Schloß an der Seite Franz Josephs in Wien, und Sissy, verheiratet an den Prinzen irgendeines unbedeutenden Ländchens oder vielleicht gar als einsame Jungfer in einem Frauenstift verkümmernd, wie es sich für ledige adelige Damen schickte.

Das durfte es nicht geben! Nun freilich, gegen eine Ehe,

wie sie Ludovica und deren Schwester Sophie für Helene planten, war gewiß nichts einzuwenden. Er war der letzte, der sich dagegen sträuben würde. Auch Helene war sein Kind. Und er wollte es glücklich wissen.

Er dachte an Ludovicas Schwester Therese. Sie hatte es leidlich gut, wenn man von den Kapriolen ihres Gatten absah. Offizielle Pflichten nahm sie als ein unvermeidliches Übel hin und erfüllte derlei Aufgaben gewissenhaft, aber ohne Ambitionen. Es gehörte nun einmal dazu. Therese war in verschiedenen wohltätigen Organisationen tätig und in Komitees vertreten. Nichts Aufregendes, fand Max. Damit ließ sich ganz gut leben.

Aber in Wien war das anders, das wußte Max nur zu genau, und er begriff, daß Vicka gut daran tat, Helene auf die Aufgaben vorzubereiten, die ihrer in Wien harten, falls sich erfüllte, was man mit ihr vorhatte.

„Und Helene?" fragte er. „Hast du ihr irgendeine Andeutung gemacht? Ich meine, hast du mir ihr darüber gesprochen?"

„Natürlich nicht!" Vicka schüttelte erstaunt den Kopf. „Das, lieber Mann, wäre jetzt ganz und gar verkehrt. Schließlich kommt es nicht nur auf Helene an, sondern auch auf den Erzherzog. Er muß sie doch erst einmal kennenlernen."

„Na, bei uns beiden war das ganz anders", fand Max. „Dich kannt' ich ja schon!"

„Aber Franz Joseph und Helene kennen einander nicht. Es kann durchaus sein, daß er – wie Sophie und ich hoffen – unseren Vorschlag goutiert. Es kann aber auch sein, daß er ganz und gar andere Vorstellungen hat."

„Als ob es je ausschließlich darauf angekommen wäre!" warf Max ein.

„Und dann ist da wohl vor allem auch Fürst Metternich.

Er hat ein gewichtiges Wort mitzureden. Ich bin sicher, er hat schon einige Ideen. Auch Metternich plant im voraus und auf lange Sicht. Seine Vorstellungen sind ausschließlich zweckdienlicher Natur. Ihm geht es darum, Österreichs Macht und Einfluß zu erweitern und zu festigen."

„Ja, Metternich ist ein guter Mann." Max nickte.

„Er ist ein guter Mann, aber er ist auch ein gehaßter Mann", stellte Ludovica fest. „Metternich hat dynastische und machtpolitische Interessen. Und er wird seine Autorität unbedingt in die Waagschale werfen, wenn es darum geht, für den Thronfolger Franz Joseph eine geeignete Partie unter den Prinzessinnen der regierenden Häuser auszuwählen.

„Vorläufig ist ja noch der Mann von Sophie, Erzherzog Franz Karl, der Thronfolger. Und Ferdinand regiert."

„*Metternich* regiert, mein lieber Mann!" stellte Ludovica richtig. „Und wenn Franz Karl die Nachfolge Ferdinands antritt, wird sich daran wohl nicht sehr viel ändern. Und glaube ja nicht, die Zeit sei Metternichs Feind. Gewiß, auch der Fürst wird älter. Aber das macht ihm nichts aus. Ein Mann wie er denkt in Generationen und hält noch über sein Grab hinaus die Zügel in seinen Händen."

„Ein unheimlicher Mensch."

„Er ist nicht nur dir unheimlich. Aber seine Dienste sind unentbehrlich für Österreich. Er ist der beste Mann des Kaisers, das ist unbestritten. Und es ist nicht gut, ihn zum Feind zu haben. Aber Sophie ist nicht dumm . . ."

„Dann wollen wir also sehen, was die Zukunft bringt. Du hast mir heut' einen schweren Brocken zum Verdauen gegeben. Vicka", bekannte Max. „Und das bei schönstem Sonnenschein. Das ist ein Bratl, das einem leicht im Magen liegenbleiben könnt'."

„Deine Verdauung ist ausgezeichnet", stellte Ludovica fest. „Das seh' ich an den Portionen, die du tagtäglich ver-

tilgst. Und immer dicker wirst auch. Wenn du so weiter-
machst, wird noch das Roß unter dir in die Knie gehen, wenn
du in deiner Arena wieder einmal die Hohe Schul' reiten
willst."

„Apropos Roß", sagte Max, das Thema wechselnd.

„Ja, ja, ich weiß schon, was du fragen willst. Die Ponystu-
te vom Paumgarten ist noch net soweit. Für wen willst denn
das Fohlen?"

„Für die Sissy natürlich. Ich hab' mir 'dacht, als Weihnachtsgeschenk. In einem Jahr kann s' schon leicht reiten
lernen."

„Bis Weihnachten ist noch ein halbes Jahr", bremste Ludovica ihn ein.

„Ja, weißt, Vicka, ich plane halt auch auf lange Sicht",
erklärte der Herzog. „Ich hab' sogar schon einen Namen für
das Pony, vorausgesetzt, daß die Sissy damit einverstanden
ist. Was hältst du von Schackel?"

„Das kommt von Jakob, net wahr?"

„Der Professor hat mir g'sagt, daß das eigentlich ein kelti-
scher Name ist und soviel wie Diener heißt. Und dienen soll
das Pony ja meiner Sissy."

„Meinst net, daß es ein bissel früh wär'?"

„Ich halt' sie fest im Sattel und pass' schon auf, daß ihr nix
g'schieht", versicherte Max. „Und überhaupt, es handelt sich
ja net um die Helen, die du jetzt unter einen Glassturz g'stellt
hast!"

9. Irene

Als Sissy das sechste Lebensjahr überschritten hatte, war die Zahl ihrer Geschwister auf fünf angewachsen. Außer ihrem Bruder Luis und ihrer älteren Schwester Helene waren da noch Karl Theodor, den Papa Max immer noch „Gackel" rief, die 1841 geborene Sophie und Mathilde, die Jüngste, die Mama Ludovica, deren Namen sie übrigens als zweiten Taufnamen trug, als „mein kleiner Spatz" bezeichnete.

Das „Spätzlein" lag jetzt in derselben Wiege, die schon zu Sissys ersten Kindertagen gute Dienste geleistet hatte. Sissy war jetzt vorwiegend auf dem Rücken ihres Ponys „Schakkel" zu finden. Sie nahm im Sattel bereits jedes Hindernis, das sich ihr in den Weg stellte, unternahm in Gesellschaft ihres Vaters weite Ritte entlang des Seeufers, spielte mit ihren Geschwistern und tollte, wenn sie nicht gerade bei den Ställen zu finden war, auf den Wiesen im Schloßpark umher.

Sissy betreute ihre eigenen Häschen, war bei den schnatternden Gänsen ebenso zu Hause wie im Hühnerstall, in dem sie eifrig die Eier auflas, um sie in ihrer Schürze vorsichtig, damit nur ja kein Malheur geschehen konnte, in die Küche trug, wo sie dann von Mama oder der Köchin Lieselotte – eine Köchin war ja nun doch wieder vonnöten – dafür belobigt wurde.

Im Herbst, wenn es wieder nach München ging, pflegte Sissy todunglücklich zu sein. Wie ihr Vater lebte sie gern in der freien Natur, und die Unterrichtsstunden, in die sie nun auch einbezogen war, fand sie fürchterlich.

Übrigens waren auch die inzwischen herangewachsenen Negerknaben gelehrige Schüler, welche auch schon die deutsche Sprache beherrschten und sonntags mit zur Kirche genommen wurden. Dort hatten sie zwar anfangs die braven Possenhofener Kirchgänger durch ihre schwarze Hautfarbe geschockt, aber das gute Zureden des Herrn Pfarrers besänftigte die Gemeinde etwas. Entscheidend für das gute Einvernehmen war aber schließlich der geniale Einfall von Papa Max, der den Negerbuben kurzerhand Lederhosen und Bauernjoppen verpassen ließ. Nun erregten sie bloß noch Heiterkeit.

Wenn die herzogliche Familie in den beiden vorderen Bänken der Kirche, genau dem Altar gegenüber, Platz genommen hatte, hatte sich dort in der zweiten Reihe auch das gräfliche Paar Paumgarten eingefunden. Dessen Grundstück grenzte unmittelbar an den Besitz Possenhofen. Die Paumgarten bewohnten zwar kein Schloß, aber eine hübsche Villa, und sie waren ein recht distinguiertes Ehepaar, das gleichfalls zwei Kinder hatte; Irene, das Töchterchen, und den Sohn David, einen eher schmächtigen, aber sehr hübschen und wohlerzogenen Knaben, der auf Sissy Eindruck machte.

Irene hingegen war ein seltsames Mädchen, so ganz anders als Sissys Geschwister und allerhöchstens mit Helene zu vergleichen. Sie wirkte scheu und verschlossen, so, als habe sie stets vor irgend etwas Furcht. Sissy, in ihrer geraden, frischen Art, war von diesem merkwürdigen Geschöpf fasziniert.

„Was hast du nur, Irene?" pflegte sie zu fragen.

Die stereotype Antwort lautete: „Ich weiß nicht."

„Nun, wenn du's nicht weißt, dann gibt es doch auch keinen Grund", meinte Sissy. „Du blickst dich dauernd um, als wäre ein böser Mensch hinter uns her. Aber außer Papa dort hinter den Büschen gibt es niemand. Und mein Papa ist gar nicht böse. Wenn du das glaubst, dann mag ich dich nicht!"

„Vor deinem Papa habe ich keine Angst", erklärte jedoch Irene. „Ich höre nur manchmal Stimmen. Fremde Stimmen! Sie kommen von irgendwoher, ich weiß nicht, von wo. Manchmal glaube ich, sie kommen aus mir selbst."

„Stimmen?" wunderte sich Sissy. „Und was wollen sie, was sagen sie?"

„Ich verstehe sie nicht genau", antwortete Irene. „Besser höre ich sie des Nachts."

„Auch in der Nacht? Da kannst du ja dann schlecht schlafen?"

„Manchmal schlafe ich gar nicht . . . Ich liege oft lange wach und höre ihnen zu. Wenn der Mond durchs Fenster scheint und der Nachtwind die Vorhänge bewegt, glaube ich manchmal, daß diejenigen, denen diese Stimmen gehören, zu mir kommen. Sie schweben dann durchs Fenster. Sissy, auf den Strahlen des Mondlichtes kommen sie, schauen mich an und verschwinden dann wieder."

„Hört und sieht sie auch dein Bruder, Irene?"

„Nein, David hört und sieht sie nicht. Er schläft neben mir im anderen Bett ganz tief und fest."

„Mach doch das Fenster zu, wenn du vor ihnen Angst hast."

„Aber ich habe vor ihnen keine Angst, Sissy. Sie sind nicht so zu mir, daß ich Angst haben muß. Manchmal warte ich sogar auf sie, ja ich bin sogar traurig, wenn sie nicht kommen."

„Das möchte ich auch einmal erleben", sagte Sissy

Irene lächelte sanft. „Ich weiß nicht, ob sie zu dir kommen würden."

„Aber wenn ich nun nach ihnen rufe? Ich werde heute nacht wach bleiben. Unsere Kinderzimmerfenster bleiben nachts immer offen, nur das von Helene nicht. Das schließt die Baronin Wulffen immer eigenhändig zu. Sie sagt, die Nachtluft wäre für Helene ungesund. Aber das glaube ich nicht, im Gegenteil, die Nachtluft ist frisch und schön, und alle Blumen aus dem Garten duften . . ."

„Ja, das tun sie auch bei uns", bestätigte Irene. „Manchmal schlafe ich dann doch darüber ein. Es wächst und blüht viel Jasmin um unser Haus. Jasmin und Rosen."

Das mit den unsichtbaren Stimmen war schon eine sonderbare Geschichte.

„Die beiden Paumgarten-Kinder sind schon ein bißchen überspannt", fand Mama Ludovica, als ihr Sissy davon erzählte. „Du solltest dich nicht allzuviel mit ihnen abgeben."

„Aber Irene ist doch so lieb, Mama. Ich habe sie richtig gern."

Sissy beschloß, den alten Schäfer Pankraz zu fragen, was er wohl von der Sache hielte. Pankraz galt im Dorf als weiser Alter, der im Krieg gegen Napoleon ein Bein verloren hatte und viel in der Welt herumgekommen war. Nun trug er keine Uniform mehr, sondern humpelte nur noch auf seinem Stelzfuß mit den Schafen mit.

Die Baronin Wulffen sah sich außerstande, stets auf die ganze herzogliche Kinderschar ein Auge zu haben. Ihre Aufmerksamkeit hatte sich auf Helene zu konzentrieren, dennoch kam jetzt auch Sissy schon in das Alter, in welchem ein junges Mädchen aus gutem Hause aufhören mußte, sich wie ein Wildfang zu benehmen. Aber gerade das tat Sissy.

„Luise, wo stecken Sie nur? Ach, liebste Baronin, ich bitte Sie, wo ist denn nur wieder Sissy hin?"

Diese dringende Frage Ludovicas wußte die Baronin freilich nicht zu beantworten. „Eben war sie noch da", meldete die Baronin konsterniert.

„Man hat ja wirklich mit ihr seine liebe Not", klagte Vikka. „Und mein Mann ist auch wieder weg. Heute früh sagte er, er käme gleich wieder, und seither hat er sich nicht mehr blicken lassen. Ach, was habe ich bloß für eine Familie!"

Papa Max hatte sich heimlich in die geliebten Berge empfohlen. Er hatte Appetit auf Gemsen, würde vielleicht zwei, drei Tage ausbleiben und dann mit einem Bock wiederkommen, der einen saftigen Braten abgab. Derlei Unternehmungen pflegte er selten vorher anzukündigen. Erstens liebte er Überraschungen, und so ein Braten war doch gewiß etwas, das Abwechslung im Kücheneinerlei garantierte. Und zweitens, sagte er sich, sei er doch wohl niemandem Rechenschaft schuldig.

Sissy war nicht mit ihm gegangen. Sie hatte vielmehr den Schäfer Pankraz am Seeufer aufgesucht. Nun saß sie neben ihm auf einem Baumstrunk und erzählte dem andächtig zuhörenden Invaliden, der sein Holzbein weit von sich streckte, die sie so bewegende Geschichte von den merkwürdigen Stimmen, welche Irene zu hören behauptete.

„Sie hört sie manchmal am hellichten Tag, hauptsächlich aber in der Nacht, Pankraz", berichtete sie. „Und dann glaubt sie sogar, irgendwelche Personen zu sehen, Gestalten, die mit dem Mondlicht in ihr Zimmer kommen, aber dann wieder zerfließen!"

„Gespenster also", fand Pankraz. „Ja, es muß sich um Gespenster handeln. So was gibt es. Ich habe selber schon derlei erlebt, auf den Schlachtfeldern, auf denen viele Leichen von jungen Männern lagen, die der Napoleon auf seinem Gewissen hatte. Aber auch auf Friedhöfen, auf welchen ganz gewöhnliche Leute ruhen. Manche von ihnen steigen bei Vollmond aus den Gräbern, sagen die Leute."

„Und warst du schon bei Vollmond auf einem Friedhof?"

„Ich? Ich werd' mich hüten." Pankraz schüttelte den Kopf. „Ich komm' noch früh genug dorthin. Und Gespenstern möcht' ich erst recht nicht begegnen."

„Ich schon", versicherte Sissy. „Ich finde, das wäre richtig spannend!"

„Du bist ein dummes kleines Prinzesserl, und ein verwöhntes noch dazu", rügte Pankraz. „So was wünscht man sich nicht. Gespenster bringen nichts Gutes. Da hat allemal der Teufel seine Hände mit im Spiel. Laß dir einen guten Ratt von mir geben: Geh dem Mäderl aus dem Weg, das dir solche Sachen erzählt."

„Das kann ich nicht", widersprach Sissy. „Dann wäre Irene sehr traurig, und das will ich nicht."

„Ja, dann läßt du's halt bleiben", brummte der Schäfer und zuckte die Schultern. „Aber gewarnt hab' ich dich! Du hast mich gefragt, und ich hab' dir Antwort gegeben. Mit Gespenstern spaßt man nicht. Frag deinen Vater, der wird dir's gewiß bestätigen."

Aber der Herzog Max war, wie schon gesagt, auf der Jagd nach Gemsen. Er war ins Gebirge hinauf, und mit seiner Rückkehr war vor einer Woche nicht zu rechnen. Das stellte auch Mama Ludovica fest, die sicherheitshalber in seinem Gewehrschrank Nachschau gehalten hatte, wobei sie feststellen mußte, daß ein Stutzen und die dazugehörige Munition fehlten.

„Der kommt nicht heut' und nicht morgen, liebes Kind. Dein Vater ist nämlich auch ein großer Jäger vor dem Herrn. Er hat schon manch einen Bock geschossen, da kannst eine ganze Menge Leut' fragen, die werden 's dir bestätigen."

„Und dazu braucht er so lange, Mama?" fragte Sissy enttäuscht.

„Nicht immer. Es gibt Böck', die schießt er im Handumdrehen. Aber der, auf den er's diesmal abgesehen hat, das ist ein richtiger Bock, weißt du. Und zu dem braucht er etwas länger."

„Das ist aber wirklich schad', Mama! Wann, glaubst du denn, daß er wiederkommt?"

„Er hat mir's nicht verraten. Vielleicht erst am Samstag, vielleicht auch erst in der nächsten Woche. Warum denn? Kannst es denn nicht aushalten ohne ihn?"

„Ach, Mama, ihr würdet euch doch gewiß nicht trauen."

„Nicht trauen? Ja, was hast den vor, Sissy?"

„Ach, ich wollt' gern, daß der Papa nachts mit mir auf den Friedhof geht. Ich möcht' sie so gern sehen und hören, die Gespenster!"

„Auf den Friedhof! Ja mein, bist denn narrisch 'worden, Kind! Von wem hast denn nachher die Idee!"

„Der Pankraz sagt auch, man soll's lieber nicht tun, und deshalb möcht' ich ja auch, daß der Papa mit mir geht, damit mir nichts passiert."

„Untersteh dich, Sissy, und sag deinem Vater nur ein Wort davon! Der ist imstand' und geht wirklich mit dir. Ja, von wem hast denn du nachher wirklich diese verrückte Idee? Vom Pankraz? Den werd' ich mir kaufen!"

„Aber nein, Mama, der Pankraz kann nichts dafür! Den hab' ich ja bloß um Rat gefragt!"

„Um Rat hast ihn gefragt? Um was denn für einen Rat? Und weswegen denn?" fragte Ludovica energisch, denn ihr schwante Schlimmes.

„Nun, wegen der Stimmen, die Irene immer hört, und wegen der Gestalten, die sie in der Nacht in ihr Zimmer schweben sieht. Der Pankraz sagt, das sind Gespenster, die vom Friedhof kommen."

„Ach, dummes Zeug!" rief Vicka ärgerlich. „Die Irene träumt schlecht, das ist alles! Ist halt wie ihr Bruder, ein nervöses Kind!"

Aber Sissy glaubte zu wissen: Irene Paumgarten träumte nicht!

10. Geisterstunde

Trotz aller Warnungen, die schließlich auch noch von der entsetzten Baronin Wulffen kamen, ließ die Sache Sissy keine Ruhe. Ihre Neugierde war geweckt, und sie wollte wissen, was es mit Irene Paumgartens Gespenstern auf sich habe. Nachts blieb sie absichtlich lange wach und starrte durch das geöffnete Fenster, in Erwartung irgendwelcher Gestalten, die sich zeigen würden. Doch außer den Nachtigallen in den Büschen rings um das Schloß hörte sie keine geheimnisvollen Stimmen, vielmehr fielen ihr regelmäßig nach einem halben Stündchen die Augenlider zu, und sie versank ins Reich des Schlafes.

Die Baronin Wulffen war es, die der Angelegenheit Irene Paumgarten eine neue und recht bedenkliche Wendung gab. Eines Abends, nachdem die Kinder zu Bett gebracht worden waren, setzten sich die Herzogin und die Baronin mit Handarbeiten in ein Eckzimmer zusammen, um verschiedene Angelegenheiten zu besprechen, bevor auch sie schlafen gehen wollten.

Es war ein schöner, lauer Sommerabend, so recht geeignet für ein Gespräch, wie es Frauen manchmal zu führen pflegen. Da kamen private Probleme ebenso zur Sprache wie Angelegenheiten des Haushalts oder der Kindererziehung, und manchmal stahl sich auch ein Scherzwort über die Lippen und schaffte gute Laune.

War man einmal beim Küchenzettel angelangt, dann war es meist Zeit für ein kleines Gläschen Likör, dem die beiden ganz gerne zusprachen. Man redete über den Herzog und seine Schrullen, sprach über die Männer im allgemeinen – die Baronin war unverheiratet – und über die Zukunft der Kinder.

Eingedenk der Warnungen ihrer Schwester, verlor Ludovica kein Wort über die Heiratsdiplomatie hinsichtlich ihrer Tochter Helene. Zwar war es im Geist für sie eine ausgemachte Sache, daß Nené eines schönen Tages als Kaiserin in Wien einziehen werde. Doch in dem Maße, in dem sie mit der Zukunft dieses ihres Kindes immer vertrauter umging – sie sah sich selbst schon im Glanz der Rolle einer Kaiserinmutter und fragte sich nur, wie ihr Max mit der Rolle als Schwiegervater des Kaisers fertig werden würde –, fing sie auch an, sich über Sissys Zukunft Gedanken zu machen.

Was Luis betraf, so würde er sicherlich die Prinzessin eines regierenden Hauses zur Frau nehmen und fortan die Rolle eines Prinzgemahls spielen müssen. Was Gackel und Sophie anlangte, so war es noch zu früh, sich ihretwegen Gedanken zu machen, bei Sissy hingegen war es vielleicht Zeit, damit zu beginnen.

„Wie sind Sie mit Sissy zufrieden, liebe Baronin?" fragte Ludovica die Erzieherin. „Ich fürchte, gar nicht. Habe ich recht, sie ist ein etwas schwieriges Kind."

„Nun, ich würde nicht gerade schwierig sagen", schwächte die Baronin ab. „Sie hat ein aufgewecktes, munteres Naturell, ist, und darin gerät sie wohl ihrem Vater nach, in ihre Tiere vernarrt und liebt die Natur. In diesem Sinne ist sie sogar etwas wie ein Schöngeist, der sich vielleicht sogar noch vielversprechend entwickeln wird. Sie fängt an, ganz hübsch nach der Natur zu zeichnen, und versucht sich sogar in kindlichen Reimen. Sie hat eine außerordentlich rege Phantasie – zu rege, möchte ich fast sagen."

„Sie spielen wohl auf die Geschichte mit den Gespenstern an, Wulffen", hakte die Herzogin ein. „Da hat dieses Nachbarkind unserer Sissy einen unglückseligen Floh ins Ohr gesetzt. Wie Irene Paumgarten nur dazu kommt, solche dummen Geschichten zu erfinden? Sie macht doch sonst einen ganz ordentlichen Eindruck."

„Wenn ich mir eine Bemerkung erlauben darf", erklärte die Baronin, „so klingt das, was mir Sissy über die Berichte der Irene Paumgarten erzählt hat, gar nicht so unglaubwürdig."

„Wie meinen Sie das?" fragte Ludovica verdutzt. „Wulffen, Sie glauben doch nicht etwa selbst an derlei Hirngespinste?"

„Nun, es heißt doch wohl nicht zu Unrecht, daß es Dinge zwischen Himmel und Erde gibt, von denen sich unsere Schulweisheit nichts träumen läßt."

Die sehr realistisch eingestellte Ludovica rückte unwillkürlich ihren Stuhl von der Baronin ein Stückchen ab und betrachtete die ihr gegenübersitzende Frau indigniert. „Was soll das heißen?" fragte sie rundheraus.

„Möglicherweise ist dieses Mädchen Irene Paumgarten – wie sagt man doch gleich? – sensitiv veranlagt. Es gibt doch diesen Spiritismus, man hört und liest viel davon. In Amerika soll es zwei junge Mädchen geben, Kinder wie Irene, ich habe darüber gelesen, die Geschwister Fox, wie sie heißen, und die bringen Möbelstücke dazu, sich zu bewegen. Tische heben sich in ihrer Gegenwart vom Fußboden ab."

„Hören Sie auf!" rief die Herzogin entsetzt. „Kein Wort weiter über solche Geschichten! Mir wird ja selber ganz unheimlich davon."

Die Baronin lächelte. „Sie brauchen aber doch keine Furcht zu haben, Sie sind ganz gewiß nicht sensitiv", beruhigte sie die Herzogin. „Bei den Sensitiven handelt es sich zumeist um übernervöse, manchmal auch kränkliche Naturen. Und irgendwie merkwürdig kommt mir dieses Mädchen Paumgarten tatsächlich vor. Sie wirkt so verschlossen, weicht der Gesellschaft von Kindern aus, es ist fast ein Wunder, daß sie sich ausgerechnet an Sissy angeschlossen hat, die doch das ausgesprochene Gegenteil von ihr zu sein scheint."

„Gegensätze ziehen sich an", stellte die Herzogin fest. „Aber wenn Sie recht haben sollten, Baronin, dann wäre Irene Paumgarten kein Umgang für unsere Sissy."

„Das mag stimmen, aber Sissy mag dieses Nachbarskind, und sie würde gewiß Mittel und Wege finden, um sich mit Irene zu treffen. Verbote bewirken in dieser Hinsicht meistens das Gegenteil."

„Das möchte ich doch sehen!" sagte die Herzogin im Bewußtsein ihrer mütterlichen Autorität höchst ärgerlich. „Sissy ist mein Kind, meine Tochter, und hat mir zu gehorchen! Wenn sie schon Ihnen nicht folgen will, Wulffen, dann muß eben ich ihr Gehorsam beibringen. Und wäre es mit dem Stock . . ."

„Aber Madame", wehrte die Wulffen entsetzt ab. „Sie werden doch Ihr Töchterchen nicht schlagen wollen!"

„Wenn es zu ihrem Besten ist, warum nicht? Ich selbst habe von meiner Mama Ohrfeigen einstecken müssen, und es hat mir nicht geschadet."

„Nein, ganz gewiß nicht", bestätigte die Baronin, unwillkürlich schmunzelnd. „Und außerdem: Da weder Sie noch Ihr Herr Gemahl irgendwelche Anzeichen von Sensitivität erkennen lassen, halte ich dafür, daß diesbezüglich auch bei Sissy keine Gefahr besteht."

„Sie meinen also, so etwas ist erblich?" wollte die Herzogin wissen.

„Das weiß man nicht genau. Aber es gibt Anzeichen dafür, daß sich innerhalb einer Familie mancherlei wiederholt. Weshalb sollte es also nicht auch in dieser Beziehung der Fall sein?"

„Ja, Sie haben recht", sagte die Herzogin betroffen. „Was uns Wittelsbacher angeht, so heißt es, wir hätten zu oft innerhalb unserer eigenen Verwandtschaft Ehen geschlossen. Ich habe ja schließlich auch meinen Cousin geheiratet. Das soll sich auf die Kinder aus diesen Ehen negativ ausgewirkt haben."

Die Baronin vermied es, dieses Thema aufzugreifen. Es wäre ihr taktlos erschienen, zu erwähnen, daß sich manchmal solche Anzeichen erst im Erwachsenenalter bemerkbar machten.

Im Laufe des Gespräches erfuhr die Herzogin, daß die Baronin mit wahrem Heißhunger Zeitungsberichte über spiritistische Phänomene verschlang und diese sogar sammelte. Die Wulffen hatte einen ganzen Karton mit Berichten über die Geschwister Fox, die neulich sogar die Ortschaft, in der sie bisher gelebt hatten, samt ihren Eltern hatten verlassen und sich eine andere Bleibe suchen müssen, weil sie der Nachbarschaft allzu unheimlich geworden waren. Nun wurden sie an irgendeiner amerikanischen Universität von Kapazitäten untersucht. Man hielt die beiden Mädchen für geisteskrank. Doch der Ursprung der Phänomene, die sich in ihrer Gegenwart zeigten, blieb rätselhaft und war Gegenstand aufregendster Spekulationen.

„Wenn es Sie interessiert, Madame, dann lasse ich Sie gerne die Artikel lesen. Man findet derlei manchmal in Illustrierten, sogar in Damenblättern."

„O nein", wehrte die Herzogin entsetzt ab und streckte abwehrend die Hände aus. „Über diese Geisterei will ich ganz und gar nichts wissen. Da ist mir der Weingeist, mit welchem mein Gatte vertraut ist, noch allemal lieber. Ich für meine Person habe dergleichen Sachen, die sich Leute erzählen, wenn ihnen langweilig ist, nie geglaubt. Solche Geschichten von weißen Gestalten, die nachts durch alte Burgruinen schweben und mit Ketten rasseln, um die Leute zu erschrecken. Die Geister müssen herzlich wenig zu tun haben! Es sollte ihnen Besseres einfallen!"

„Ja", sagte die Baronin. „Solche Spukgeschichten hat es

zu allen Zeiten gegeben, selbst die alten Griechen kannten welche. Irgend etwas muß dann wohl daran sein, und nun sieht es so aus, als würde man neue Einsichten gewinnen."

„Die einzige Einsicht, die ich davon habe, ist die, daß man Kinder davon fernhalten soll", erklärte Ludovica energisch. „Und Sie, Wulffen, haben dafür zu sorgen, soweit es meine Kinder und unser Haus betrifft!"

„Gewiß, Herzogin", versprach die Wulffen. „Und was soll ich nun bezüglich der kleinen Paumgarten tun?"

„Die Paumgarten ist nicht meine Tochter", stellte die Herzogin nach kurzem Überlegen fest. „Ihre Entwicklung ist Sache ihrer Eltern. Uns geht das nichts an! Mag sie sich meinetwegen mit ihren Gespenstern unterhalten, aber nicht in Gegenwart von Sissy. Sagen Sie ihr das."

In diesem Augenblick wurden vor dem Eckfenster unheimliche Geräusche laut. Es klang zuerst wie Windessäuseln, dann wie dumpfe, unverständliche menschliche Laute, die von irgendwoher aus dem nächtlichen Dunkel zu kommen schienen.

„Räuber, Einbrecher!" rief Ludovica aufspringend. „Schließen Sie das Fenster, Wulffen! Ich wecke das Gesinde, sofern es schon schläft. Die Leute sollen sich mit allem bewaffnen, was zur Verfügung steht, meinetwegen mit Heugabeln!"

„Sogleich", sagte die Baronin und erhob sich ebenfalls.

„So machen Sie doch schon, Luise! Ja mein, worauf warten S' denn noch?" rief die Herzogin ungeduldig, weil die Baronin zögerte.

„Ich kann mir nicht vorstellen, daß Einbrecher auf diese Art und Weise ihr Kommen ankündigen", erklärte die Baronin und fing zu zittern an. „Halten zu Gnaden, aber Einbrecher sind doch möglichst leise und darauf bedacht, daß sie

82

nicht bemerkt werden! Und, huh, hören Sie doch selbst! Mein Gott, was ist das nur?"

„Sagen Sie bloß, daß das Gespenster sind!" rief die Herzogin, nun wirklich zornig werdend, als unheimliche Laute zu hören waren.

Aber die Baronin, in Gedanken bei den Zeitungsartikeln, von denen eben noch die Rede gewesen war, schien wie erstarrt und blickte nur furchtsam zum Fenster hin, ohne Anstalten zu treffen, der Weisung Ludovicas Folge zu leisten.

Diese erkannte, daß die Erzieherin offenbar in einen panikartigen Zustand geraten war. Das entsprach ganz und gar nicht ihrem eigenen Naturell. Sie beschloß, sich aus Maxens Gewehrschrank eine Waffe zu holen und notfalls auf die Gespenster eigenhändig Jagd zu machen, falls sich diese nicht rechtzeitig verziehen sollten.

„Das sind irgendwelche Bauernlümmel, die sich einen dummen Scherz erlauben", konstatierte sie. „Ja mein, die Teppen wecken mir ja meine Kinder auf!"

Noch immer rührte sich die Baronin nicht, als warte sie auf irgendein Ereignis, dem sie nervlich nicht gewachsen sein würde. Mit einem Laut des Unwillens stürzte sich daher Ludovica selbst zum Fenster, um dessen offene Flügel zu schließen. Doch im selben Moment, in welchem sie nach den lackierten Eisenstangen langte, mit denen die Fensterflügel im Rahmen verankert waren, um ihr Zufallen zu verhindern, fuhr unmittelbar vor ihrem Gesicht aus der Tiefe ein schreckliches Wesen hoch. Es war ganz in Weiß gehüllt, hatte rötlich flackernde Augen und ein breites, ovales Maul, in dem sich mächtige spitze Zähne zeigten.

Das Wesen wuchs und wuchs. Ludovica war wie erstarrt, bis sie dahinter kam, daß es sich bei der weißen Hülle um ein Bettlaken handelte, unter welchem jetzt der schwarze Sepperl in Lederhosen zum Vorschein kam. Er war eben dabei, auf Franzls Schultern zu klettern. Der unheimliche Gespensterkopf war nichts anders als ein ausgehöhlter Kürbis, in dessen Innerem eine Kerze flackerte. Die Augen und das Maul hatten die Lausbuben säuberlich mit einem Messer ausgeschnitten.

Damit waren die beiden Negerknaben, die selber so schwarz waren wie die laue Sommernacht, als Übeltäter entlarvt. Und gerade als Franzls Gesicht grinsend in handgerechter Höhe vor dem Fenster des ebenerdig gelegenen Eckzimmers auftauchte, fuhr Ludovicas Hand nach draußen. Ein weiterer unheimlicher Laut wurde hörbar, ein kräftiges Klatschen, dem ein vernehmliches „Au!" folgte.

Daraufhin geriet das ganze Gespenst ins Wanken. Der Sepperl verlor auf den Schultern seines Gefährten das Gleichgewicht, die Besenstange und das Leintuch, aus denen das unheimliche Gespenst bestand, entglitten seinen Händen. Mit einem Aufschrei purzelte der Sepperl ins weiche Gras, dem Franzl fiel außerdem auch noch der Kürbis auf den Kopf, wobei das Licht der Kerze verlöschte.

„Da habt ihr's, ihr zwei Gespenster!" rief Ludovica erbost. „Ja mein, was ist euch denn da eing'fallen?"

„Wir wollten doch nur ...", stotterte der Sepperl und rieb sich sein Hinterteil, „wir wollten ..."

„Wir wollten, daß die Sissy ihre Gespenster sieht, von denen sie uns erzählt hat", gestand der Franzl. „Damit sie sich freut ..."

„Empörend!" rief die Baronin Wulffen, die sich endlich gefaßt hatte.

11. Strafe muß sein

Sissy hatte schon geschlafen und war erst aufgewacht, als das Gespenst unter der Einwirkung von Ludovicas Ohrfeige in sich zusammenstürzte. Da war sie aus ihrem Bett gehüpft, hatte durchs offene Fenster nach unten geschaut und war Zeugin des ganzen Spektakels geworden.

Mama Vicka schimpfte noch eine ganze Weile mit den beiden Buben wie ein Rohrspatz, die Baronin Wulffen fühlte sich bemüßigt, sich dem lautstark anzuschließen, bis ihr Mama Einhalt gebot. Aber die Vorsichtsmaßnahme war nun nicht mehr nötig, denn mittlerweile war ohnedies das ganze Haus aufgewacht. Ziemlich belämmert zogen sich Sepperl und Franzl in ihre Stube zurück, wo Pepperl und Hansl sie mit schadenfrohen Mienen erwarteten. Diese beiden waren von Anfang an von der Idee nicht begeistert gewesen und hatten erst gar nicht mitgemacht.

„Das habt ihr nun davon, ihr beiden!" wurden sie empfangen. „Hoffentlich setzt es nicht noch morgen früh etwas ab."

Obwohl sowohl die Fürstin als auch die Baronin diesen dummen Streich nicht weiter verfolgten und die Sache auf sich beruhen ließen, war Sissy ihrerseits durchaus der Meinung, daß der Streich, den man ihr hatte spielen wollen, gerächt werden müsse. Und sie hatte auch schon einen Plan.

In aller Herrgottsfrüh, kaum daß der Hahn seine Flügel ausgebreitet und im Licht der Morgendämmerung zu krähen begonnen hatte, stand sie auf und schlich sich auf Zehenspitzen hinaus auf den Korridor.

Die Negerkinder schliefen auf der Seite des Gesindetraktes, einen Stock tiefer. Um zu ihnen zu gelangen, konnte man an der Küche vorbeigehen. Und in der Küche gab es etwas, das Sissy für ihr Vorhaben brauchte: Mehl.

Vorsichtig schlich Sissy also zur Küche hin. Sie erreichte

diese über eine mit einem einfachen Läufer belegte Treppe. Der Läufer dämpfte ihre Schritte. Noch schien das Haus zu schlafen. Sissy war selbst noch reichlich schlaftrunken, denn normalerweise war sie um diese frühe Stunde noch nicht wach. Sie pflegte nicht vor halb sieben Uhr früh aufzustehen. Dann allerdings, nach einem herzhaften Frühstück, konnte man sie schon bei ihren Kaninchen finden oder im Garten. Um acht begann die Baronin mit dem Benimm-Unterricht, dem Sissy nun auch beiwohnen mußte. Ab neun gab es dann Stunden in verschiedenen Unterrichtsfächern, die jedoch nicht immer alle Kinder des herzoglichen Hauses vereinten, denn die einzelnen Lehrer hatten schließlich den Altersunterschied im Auge zu haben. Nur die jüngsten genossen noch ihre uneingeschränkte Freiheit.

Herzog Max war zwar dafür eingetreten, den Unterricht wenigstens während des Hochsommers auszusetzen. Doch in diesem Punkt hatte sich die Herzogin ihm gegenüber durchgesetzt; also gab es das, was man heute „Ferien" nennt, in Possenhofen nicht. Dafür aber sorgte Max des öfteren für eine Unterbrechung des Unterrichtes. Er erschien mitten in einer Stunde, rief „Aus is's!" und nahm unter allgemeinem Hallo die Kinder mit auf eine Waldwanderung, eine Bootsfahrt auf dem See oder einfach zu irgendeinem Schabernack auf der Schloßwiese.

Im Schloß regte sich noch nichts. Das würde aber nicht mehr lange dauern. Das Gesinde würde bald wach sein, und auch Mama Ludovica war eine Frühaufsteherin. Sissy mußte sich also beeilen, wenn sie den beiden Buben ihrerseits einen Streich spielen wollte.

Ganz vorsichtig öffnete sie die Tür, die lautlos in den gutgeölten Angeln aufschwang, dann betrat das Kind das niedrige Küchengewölbe. Hier kannte sich Sissy gut aus. Der große Herd, der mit Kohle und Holz befeuert wurde, träumte in dieser Stunde noch still vor sich hin. An den Wänden hingen blankgeputzte Pfannen und Löffel an langen Stielen. Eine mächtige Kredenz enthielt Geschirr für den Küchenbedarf; das feine Tafelgeschirr und das Tafelsilber für besondere Anlässe wurden in einem gesonderten Raum aufbewahrt, zu dem Mama Ludovica den Schlüssel in Verwahrung hielt.

Sissy suchte und fand bald einen Sack voll Mehl. Sie füllte eine Schale an und angelte dann auch noch einen Staubwedel von seinem Haken. Solcherart bewaffnet, verließ sie die Küche wieder und schlich auf Zehenspitzen zu der Stube, in der die Negerbuben schliefen.

Auch hier öffnete sie leise die Tür und befand sich in der halbdunklen Kammer. In dieser standen rechts und links zwei Stockbetten an den Wänden. In dem einen schliefen Sepperl unten und Hansl oben; an der gegenüberliegenden Wand hatten Franzl und Pepperl ihre Schlafplätze. Mit Hilfe eines Schemels konnte derjenige, der oben schlief, bequem in seine Bettstatt gelangen.

Von den vier Buben – Sissy konnte nur die, die unten schliefen, sehen – schauten nur die gekräuselten schwarzen Haarbüschel unter den Bettdecken hervor.

Sie schliefen alle vier fest, auch die zwei, die ihr schlechtes Gewissen eigentlich nicht schlafen lassen hätte sollen. Aber welche zwei waren denn das? Sissy stand plötzlich vor einem Problem. In der Dunkelheit hatte sie nämlich nicht erkennen können, ob es Sepperl, Pepperl, Franzl oder Hansl waren, die sich die Geschichte mit dem Bettlaken und dem beleuchteten Kürbis ausgedacht hatten. Andererseits war es hier in der Kammer noch gar nicht hell genug, um erkennen zu können, wer von ihnen denn nun oben oder unten lag.

Ach was, sie sind sicher alle vier beteiligt gewesen! entschied sich Sissy für eine salomonische Lösung. Und außerdem kann ich ohnedies nicht auf den Schemel steigen, denn da würden sie sicher aufwachen. Also trifft es halt nur die beiden, die unten schlafen!

Sorgfältig und mit aller Vorsicht begann sie Pepperls Gesicht freizulegen und bestäubte es mit Mehl, so daß der Mohr immer bleicher und bleicher zu werden schien. Der kleine Schläfer regte sich nicht, merkte gar nicht, was mit ihm geschah. Nicht so Franzl. Der mußte im Schlaf heftig niesen, als ihm das Mehl in die Nase geriet. Aber auch er hatte einen so gesunden Schlaf, daß er dabei nicht erwachte. Er drehte sich bloß auf die Seite und schlief weiter. Der Moment, in welchem ihn der Hausknecht Bonifaz wecken würde, war ohnedies nicht mehr fern.

Nun muß auch noch bemerkt werden, daß in der Kammer nebenan die beiden Buben Sebastian und Wastl schliefen, die die Kinder von Knechten waren, die auf dem Wirtschaftshof des Schlosses arbeiteten. Im Schloß verwendete man sie für leichte Arbeiten. Das gab ein Zubrot für die ohnedies nicht mit Gütern gesegneten Familien.

Sissy hatte ihr Vorhaben ausgeführt und schlich nun wieder in die Küche zurück, um den Staubwedel und die Schale zurückzubringen. In der Küche schrak sie heftig zusammen, denn sie fand dort bereits die Küchenmagd Aloisia vor, die sich am Herd zu schaffen machte.

„Ja mein, das Prinzesserl!" rief die rundliche Aloisia und riß erstaunt die Augen auf. „Was machen denn Sie da in aller Früh? Es ist ja noch gar net Zeit zum Aufstehen. Und außerdem, was haben S' denn mit dem Staubwedel g'macht, den werden S' doch net etwa in Ihrem Zimmer gebraucht haben? Ist's dort etwa net sauber, haben S' vielleicht gar eine Spinnerin entdeckt?"

„Psst, Aloisia!" bat Sissy schnell. „Sei leise! Ich hab' mir eine Überraschung ausgedacht."

„Eine Überraschung? Ja, was denn für eine Überraschung?" wunderte sich Aloisia. „Und die Schale? Wozu haben S' denn die gebraucht. Da ist ja gar noch Mehl drin!"

Sissy brachte alles wieder an Ort und Stelle und klärte dann die Aloisia auf. „Die Negerbuben haben gestern abend mich überraschen wollen, jetzt überrasch' ich sie. Bald kommt der Bonifaz und weckt sie auf. Dann werden sie aber schauen!"

„Prinzesserl, Prinzesserl, Sie haben wohl was ang'stellt, net wahr?" wurde die Magd bedenklich, schmunzelte aber dabei. „Wollen S' leicht schon ein Schalerl Milch?"

„Aber gern", sagte Sissy.

Aloisia schnitt ihr auch noch ein Stück warmes, duftendes Bauernbrot herunter, das erst vor einer Viertelstunde aus dem Ofen der Possenhofener Bäckerei gekommen war.

„Das schmeckt ja viel besser als die Kipferln, die ich jeden Tag zum Frühstückskaffee ess'", stellte Sissy fest. „Warum kriegen denn wir nie so was Gutes?"

„Ja, das ist halt nur für uns einfache Leut'", meinte Aloisia.

Die „einfachen Leut'" hätten es in mancher Beziehung besser dachte Sissy, mußten doch die beiden Buben Sebastian und Wastl zumindest jetzt im Sommer nicht zum Unterricht, der den Herzogskindern tagaus, tagein nicht erstart blieb.

Die zwei Negerbuben machten gerade in dem Moment einen Heidenlärm. Der Bonifaz hatte sie eben geweckt. Dann waren sie zum Waschtisch gegangen, der nebst einer großen Wasserschüssel in ihrer Kammer stand und wo es auch einen Spiegel gab. In den hatten Sepperl und Franzl geguckt und dabei voll Entsetzen ihr völlig verändertes Aussehen festgestellt.

Sepperl war es, dem offenbar eine Erleuchtung kam. Er stürzte augenblicks zur Türe und riß sie auf. Und Bonifaz,

der eben dabei war, in die nebenan liegende Kammer einzu-
treten, bekam zu hören:

„Bonifaz, Bonifaz! Du hast dich geirrt, du hast statt mir
den Wastl aufg'weckt!"

„Und wieso bin ich im falschen Kammerl!" rief nun auch
Franzl und steckte seinen Wuschelkopf zur Tür heraus. Denn
wenn er sich der Ansicht von Sepperl anschloß, dann mußte
er ja eigentlich der Sebastian sein. Die zwei waren ja
schließlich keine Neger!

„Teppen, ihr zwei!" knurrte der Bonifaz. „Was fällt denn
euch ein! Und wie schaut denn ihr aus! Wascht euch eure
G'sichter ordentlich, ihr seid ja reinweg ins Mehlfassel einig'fallen!"

Nun hörten sie hinter sich das herzhafte Lachen der beiden anderen Möhrlein, und jetzt kam auch noch Sissy mit
Aloisia herbei. Die schlug ganz entsetzt die Hände zusammen und packte die beiden Weißbestäubten, um sie sogleich
zum Waschtisch zu schleppen, wo sie ihre Köpfe sogleich in
die Waschschüssel tauchte, worauf diese wieder so schön
schwarz wurden, wie sich's gehörte.

Sissy Rache hatte nicht hundertprozentig die Schuldigen
getroffen, aber das machte nichts aus. Die, die es anging,
wußten schon, wie es gemeint war.

„Wir machen 's nimmer wieder", versicherte der Sepperl
reumütig, denn er war von Aloisia allzu tief in die Waschschüssel eingetaucht worden.

Das ganze Gesinde lachte, als es von der Geschichte erfuhr, und bald taten dies auch Mama Ludovica und die Baronin. Niemand war Sissy böse, und schließlich lachten auch
die Negerbuben.

„Das ist ein Spaß, der ja geradezu von Papa sein könnte",
sagte die Fürstin. „Der wird Augen machen, wenn er die Geschichte erzählt bekommt!"

90

Es dauerte aber immerhin noch vier Tage, bis Herzog Max auftauchte. Stolz kam er auf einem Bauernfuhrwerk mit seiner Jagdbeute angefahren. Er hatte drei Böcke geschossen!

„Lauter Blattschüsse", berichtete er stolz. „Das macht mir so leicht keiner nach. Und Gamsbartln hat's auch gegeben!"

„Die kannst dir auf den Hut stecken", meinte Ludovica.

„Das mach' ich, dazu sinds' ja da!" erwiderte Max mit breitem Grinsen. „Na, und für die Küche gibt's in der nächsten Zeit einen besonderen Speisezettel, net wahr, Vicka?"

„Ja, ja", sagte diese. „Ein Gamsbratl mit Knödel . . ."

„Und dazu ein gut's bayrisches Bier", ergänzte der Herzog genüßlich. „Das wird auch den Kindern schmecken!"

„Der Braten schon, aber mit dem Bier ist's vorläufig noch nix", widersprach die Fürstin energisch. „Aber jetzt bussel einmal erst der Reihe nach deine Herzblatterln ab und laß dir von der Sissy die G'schicht von den Gespenstern erzählen!"

„Gespenster? Was denn für Gespenster?"

„Neulich hat's g'spukt im Schloß", berichtete Ludovica.

„In Possi?" staunte Max. „Das war doch noch nie der Fall. Was war denn das nachher für eine Ahnfrau, die euch erschienen ist?"

„Der Sepperl und der Franzl war'n's", antwortete Sissy anstelle von Mama. „Aber ich hab' die Gespenster gründlich vertrieben. Die kommen nicht wieder, Papa, kannst dich drauf verlassen!"

Ihre Arme schlangen sich um seinen Hals. Sie hatte es gern, wenn der väterliche Schnurrbart ihre Wangen kitzelte.

12. Das Jahr 1846

Es war ein denkwürdiges Jahr in Sissys Leben – und nicht nur für sie.

In diesem Herbst hatte es einen schmerzlichen Abschied von Possi gegeben. Besonders schwer fiel der Abschied von Irene Paumgarten und ihrem Bruder David. Der junge Grafensohn kränkelte; man wußte, daß seine Eltern seinetwegen immer wieder Ärzte konsultieren. Der Knabe war schwächlich, ein dunkles Feuer glänzte in seinem Blick.

Sissy war neun Jahre alt, David Paumgarten elf. Zwischen den beiden Nachbarskindern bahnte sich so etwas wie eine ferne Ahnung der Geschlechterbeziehung an. Sie begegneten einander mit einer Art von neugieriger Scheu, was besonders in Davids Verhalten zum Ausdruck kam.

Mit Irene hatte sich Merkwürdiges getan. Die Baronin Wulffen schien recht zu haben mit ihrer Ansicht, Irene sei sensitiv veranlagt. Nun hörte sie nicht nur Stimmen, aus unerklärlicher Ursache passierte es wiederholt in ihrer Gegenwart, daß Gläser zersprangen, Uhren stehenblieben, und einmal ging sogar eine Vase zu Bruch, ohne daß jemand sie berührt hätte.

Herzog Max fand das hochinteressant und unterhielt sich mit Irenes Vater darüber. Die einzige Person im Haus, die ein ebensolches Interesse an den Vorgängen zeigte, war die Baronin, die allerdings nicht nur Neugierde, sondern auch Furcht empfand. Ludovica hielt alles für dumme Zufälle und weigerte sich hartnäckig, an übernatürliche Kräfte zu glauben. Sie schrieb sogar deswegen an ihre Schwester in Wien und erhielt von dort die überraschende Antwort, daß am Wiener Hof der Spiritismus längst nicht mehr unbekannt sei und man Mädchen wie Irene Paumgarten als Medien bezeichnen würde.

Zwei Wochen vor der Abreise nach München kamen beunruhigende Nachrichten aus der Stadt. Die Erhöhung des Bierpreises, die von den Brauereien beschlossen worden war, traf die Bajuwaren offenbar an einem Lebensnerv. In München gingen die Leute auf die Straße und protestierten lauthals vor dem Königsschloß gegen die Verteuerung ihres Lieblingsgetränkes.

Die beginnende Industrialisierung hatte zum Entstehen von Randgruppen geführt. Während Hofbaudirektor Leo von Klenze in des Königs Auftrag um viel Geld den Königsplatz, die Pinakothek, den Odeonsplatz, die Glyptothek und die Hofkirche errichtet hatte und unter seiner Leitung gerade auf der Theresienwiese die Ruhmeshalle gegen den Münchner Himmel emporwuchs, entstanden an der Peripherie der Stadt schäbige Arbeiterviertel, die vorwiegend von Landflüchtigen bezogen wurden, die in der Stadt als Fabrikarbeiter ein besseres Auskommen zu finden hofften als in der Landwirtschaft.

Dieses im Entstehen befindliche Proletariat arbeitete für kargen Lohn im Schweiße seines Angesichts. Um seinen Durst löschen zu können, verlangte es billigeres Bier und konnte nicht einsehen, daß die Brauereiwirtschaft den Preis nach oben drückte. Von den angeblich schlechteren Zeiten war bei steigendem Gerstensaftkonsum und angesichts der ungebrochenen Bauwut des Königs beileibe nichts zu merken.

Max fing an, seinen königlichen Schwager zu bedauern. Bisher war dessen Amtsführung ohne besondere Stürme verlaufen. Das schien sich mit einem Male zu ändern. Und das noch dazu zum allerunglücklichsten Zeitpunkt, stand doch König Ludwigs 60. Geburtstag ins Haus.

Inzwischen hatte sich die herzogliche Kinderschar weiter vermehrt. Luis war jetzt schon siebzehn Jahre alt und ein vielversprechender junger Mann, Sissys ältere Schwester war dreizehn und Sissy fast neun. Der Schreihals Gackel ging auch schon ins siebente Lebensjahr. Sophie zählte fünf, und „Spatzl" war ganze drei Jährlein alt geworden. Ludovica aber ging wieder schwanger; sie würde, wenn alles gutging, im Frühjahr niederkommen.

„Heuer macht es mir weniger Freud als sonst, nach München zurückzukehren", erklärte sie ihrem Gatten. „Schon im Hinblick auf meinen Zustand. Jede Art von Aufregung ist Gift für mich und das Kind in meinem Leib. Und wenn es tatsächlich derartige Demonstrationen gibt, wie man in der Zeitung lesen kann . . ."

„Papperlapapp, Vicka", fiel ihr Gatte ihr ins Wort. „Man demonstriert vor der Residenz und nicht vor unserem Haus. Im übrigen haben die Leute ganz recht. Auch mir wird jetzt im Hofbräuhaus für jede Maß Bier mehr abgeknöpft, bloß mit dem Unterschied, daß ich's leichter verschmerzen kann als diese armen Teufel. Wäre dein Bruder gescheit, dann würde er ein Machtwort sprechen und den Bierpreis wieder herabsetzen. Du würdest sehen, mit dem Krawall vor dem Königsschloß wäre es auf einmal vorbei. Man würde den Ludwig im Gegenteil hochleben lassen . . ."

„ . . . und dann würde noch mehr gesoffen werden", ergänzte Ludovica. „Einesteils bin ich froh, daß wir von Possi fortkommen, schon der Paumgarten-Kinder wegen, die mir alle beide herzlich wenig als Gesellschaft für die unseren gefallen. Andererseits aber ist mir München zu unruhig. Wäre ich nicht schwanger, dann würde ich es jetzt vorziehen, eine Reise zu unternehmen, nach Wien zu meiner Schwester, nach Italien oder wenigstens nach Salzburg."

„Geh, was willst denn in Salzburg? Der Mozart wohnt schon lang nimmer dort, der liegt längst in Wien unter der Erd'. Lust zum Reisen hätt' ich auch, aber ich glaub', es ist jetzt doch besser, wir fahren nach München. Ich glaub', ich muß ein bissel mit deinem Bruder reden. Die Zuständ' g'fall'n mir nicht."

Außer einem verstärkten Auftreten von Polizisten und Militär war bei ihrer Ankunft in der Ludwigstraße von den Unruhen nichts zu merken. Das Palais Wittelsbach wurde offensichtlich von Sicherheitskräften überwacht, aber nichts war bislang in der Straße passiert.

Einigermaßen erleichtert beaufsichtigte die Gräfin das Abladen der „Bagage" im Hof. Max stand da und betrachtete nachdenklich seine Arena. „Ich möcht' hier zu Ludwigs Sechziger eine Galavorstellung geben", erklärte er. „Kannst schon überlegen, Vicka, wen aller wir dazu einladen sollen. Diesmal muß es wirklich eine richtige Gala werden. Ich werd' einen ganzen Zirkus engagierern! Aber die Hohe Schule reit' ich natürlich wieder selber."

„Ob das sehr g'scheit ist, jetzt, bei der gespannten Stimmung in der Stadt?" fand Vicka. „Ich tät' mir das an deiner Stell' noch ein bissel überlegen."

Sissy und ihre Geschwister hatten indessen schon wieder ihre Zimmer aufgesucht und waren mit dem Auspacken all der Kartons, Kisten und Koffer beschäftigt, die mit ihnen aus Possenhofen nach München gekommen waren und ihre persönlichen Habe enthielten.

Es wurde Abend in München. Der erste Abend im alten Zuhause. Auch über dem Starnberger See ging jetzt die Sonne unter, und alle die Freunde, die man dort zurückgelassen hatte, auch die vierbeinigen, fehlten einem nun.

Traurigkeit schlich sich in Sissys Herz, und Tränen der Sehnsucht netzten ihre Wangen. Wo war David, wie ging es ihm? Und Irene? Und das Pony?

„Für Ponys bist du jetzt schon zu alt", hatte Papa gesagt. „Laß es der kleinen Sophie. Du mußt jetzt auf einen richtigen Pferderücken." Und er hatte Sissy auf Sandras Sattel hinaufgeholfen.

Sandra war eine wunderschöne schwarze Stute, war so sanft wie ein Lamm und zugleich so stolz wie eine Königin. Abend für Abend hatte Sissy ihr Hafer in den Trog geschüttet, und wenn sie auf Sandra an Papas Seite ausgeritten war, dann war das die reine Seligkeit gewesen.

Anfangs hatte Mama Ludovica mit Besorgnis den beiden Reitern nachgeschaut, Vater und Tochter, wie sie über die Wiese davonfegten. Aber sie kamen von jedem Ausritt heil zurück, und dann hatte ihr eigener Zustand begonnen, mehr und mehr ihre Aufmerksamkeit in Anspruch zu nehmen.

Nun wurde Sandra wohl von Bonifaz gefüttert. Vergeblich würde das Pferd auf Sissy, seine junge Herrin, warten. Sissy glaubte das schmerzliche Schnauben der Stute zu hören.

Aber in Wirklichkeit hatte sie etwas anderes gehört. Und schon der nächste Laut war ganz eindeutig: Eine Fensterscheibe zersplitterte. Dann hörte man unten auf der Straße ein Laufen und Geschrei. Schmährufe wurden laut, Verwünschungen und der Ruf eines Polizisten.

Im selben Moment kam Mama ganz aufgeregt ins Zimmer. Sissy stand wie versteinert vor den Trümmern des Fensters, durch welches ein Stein geflogen und auf dem Parkettboden gelandet war.

„Mein Kind! Was ist passiert? Bist du verletzt?!" rief Mama aufgeregt.

Ihr auf dem Fuße folgte die Wulffen. „Man randaliert auf der Straße unten vor dem Palais", stieß sie aufgeregt hervor. „Die Polizei ist schon eingeschritten. Ich glaube, man verhaftet eben jemand. Wie kann man nur so etwas tun, ein unschuldiges Kind so erschrecken!"

Ludovica umschlang Sissy schützend mit ihren Armen.

Nun erschien auch noch Luis, der Bruder, mit zorniger Miene. „Es ist nichts weiter", sagte er gelassen. „Nur eine Handvoll Ruhestörer. Die Scheibe ist morgen schon wieder ersetzt. Papa ist übrigens selbst vors Haus gegangen. Er redet mit den Randalierern. Ich glaub', er versteht es ganz gut, ihnen den Kopf zurechtzusetzen."

„Max ist unten?" rief Ludovica entsetzt.

„Keine Sorge! Papa passiert sicher nichts", beruhigte Luis sie. „Ich wollte ja mit ihm gehen, aber er hat es mir verboten. Er hat gesagt, wenn er nicht da wäre, dann wäre ich der Mann im Haus."

„Aber es ist ja weiter gar nichts geschehen!" sagte Sissy und hob den Stein auf, den die Scheibe zerschmettert hatte. Sie trat zum Fenster und warf ihn wieder hinab, was einen Aufschrei der Wulffen zur Folge hatte.

„Wie können Sie so etwas tun, Prinzessin", rief die Baronin entsetzt. Seit ein paar Wochen redete sie Sissy respektvoll mit „Sie" an. „Bedenken Sie doch, Sie könnten jemanden treffen und verletzen!"

Nun erschrak Sissy selbst über ihr Tun. „Das wollte ich nicht", entfuhr es ihr. „Ich hoffe, es ist niemandem etwas geschehen!"

Sie öffnete das Fenster ganz, sah im Dämmerlicht eine Gruppe von Leuten dichtgedrängt einen Mann umstehen, der offenbar ihr Vater war. Der Stein war unbeachtet auf das Buckelpflaster gefallen.

„Ich glaube, Papa ist dort unten, er redet gerade mit den Leuten", berichtete sie.

Nun traten auch die anderen hinzu und blickten aus dem Fenster auf die Straße hinab.

Die Gruppe begann sich eben aufzulösen. Gemächlich strebte Herzog Max seinem Hause zu, ohne sich auch nur ein einziges Mal nach den anderen umzusehen.

„Diesmal hat er offensichtlich keinen Bock geschossen",
sagte Ludovica.

„Papa ist ein Held", erklärte Luis stolz.

Sissy sagte nichts, ihr Herz begann zu hämmern. Sie begriff, daß ihr Vater möglicherweise in Gefahr gewesen war.

Die Abendmahlzeit wurde etwas später als gewohnt auf-
getragen, woran das unliebsame Ereignis vor dem Palais
Wittelsbach nur zum Teil Schuld trug. Hauptsächlich geschah es deswegen, weil mit dem Abladen und Unterbringen
der aus Possenhofen mitgebrachten Utensilien eine Menge
Zeit vergangen war.

Der Herzog hob sein Weinglas und prostete seiner Familie
zu. „Es war halb so schlimm", meinte er. „Das sind doch
bloß alles arme Teufel, und viele von ihnen machen sich von
uns ganz falsche Vorstellungen."

„Aber wenn man sie reizt, sind sie gefährlich", wandte
Ludovica ein. „Gefährlich und unberechenbar."

„Auch wir haben es nicht gern, wenn man uns reizt", erwiderte der Herzog. „Im übrigen hat jeder ein Maul, das er
aufmachen kann. Steine werfen führt zu nichts – miteinander
reden muß man!"

„Das ist aber nicht jedermanns Sache, Papa", sagte Luis.
„Dazu gehört nämlich Mut. Du hast ihn, es hat ihn aber nicht
jeder!"

„Jedenfalls gehört mehr Mut dazu als zum Steinewerfen
und darauffolgendem Davonrennen. Aber ich bleibe dabei:
Reden muß man! Und das werde ich gleich morgen tun. Ich
gehe zum König!"

Zweiter Teil

13. Die spanische Tänzerin

Am folgenden Morgen machte der Herzog seinen Vorsatz wahr und begab sich ins Königsschloß. Im Wartesaal vor dem Audienzzimmer sah er den Flügeladjutanten seines Schwagers, den Grafen Lerchenfeld, stehen. Der Graf ging auf ihn zu, kaum daß er ihn bemerkt hatte. Der Herzog hatte sich soeben unter Außerachtlassung der Wartenden einfach formlos in des Königs Sprechzimmer begeben wollen, wie er es gewohnt war.

Heute aber verwehrte ihm Graf Lerchenfeld den Eintritt. „Es tut mir leid, Hoheit", stellte er sich dem Herzog in den Weg. „Aber heute müssen auch Sie warten, nicht so lange wie die Audienzwerber, natürlich. Aber so lange jedenfalls, bis der Polizeipräsident das Zimmer Seiner Majestät verlassen hat."

„Wenn es um die Krawalle geht, so komme ich ja gerade deswegen! Gestern hat sich so ein Spektakel vor meinem Haus ereignet. Eine Scheibe wurde eingeworfen und . . ."

„Das ist Seiner Majestät bereits bekannt, Hoheit."

„Um so besser. Dann wäre es aber doch von Vorteil, wenn ich dabeiwär', wenn Polizeipräsident Baron Pechmann irgendwelche Maßnahmen vorschlägt", meinte der Herzog verwundert.

Wieder wollte er an Lerchenfeld vorbei, doch dieser hielt ihn mit einer heftigen Handbewegung davon ab.

„Was ist denn heute los mit Ihnen?" fragte Max etwas ungehalten.

„Es geht nicht um die Krawalle", flüsterte ihm Lerchenfeld zu. „Es handelt sich vielmehr um eine – nun, wie soll ich mich ausdrücken? – diskrete und sehr heikle Angelegenheit."

„Um eine diskrete und sehr heikle Angelegenheit? Doch nicht um eine Weibergeschichte?!"

„Gewissermaßen ja, Hoheit", antwortete der Flügeladjutant verlegen und noch um eine Nuance leiser als vorhin.

Die beiden Männer neigten sich einander zu. Es warteten an die fünfzehn Audienzwerber in dem Saal, und beide hatten sie das Gefühl, als würde jeder einzelne von ihnen die Ohren spitzen.

„Ich platze vor Neugierde!" flüsterte Herzog Max.

„Nun, offiziell handelt es sich eigentlich bloß um das Gastspiel einer spanischen Tänzerin", schwächte Lerchenfeld ab.

„Doch nicht etwa um die Montez?" Max horchte auf. „Wie, sie soll in München auftreten? Das wäre ja fabelhaft! Ich bin der erste, der hingeht!"

„Das glaube ich Ihnen." Der Graf hüstelte beziehungsvoll. „Hoheit wäre nicht der einzige. Fast alle Münchner hätten Lust dazu, aber die Münchnerinnen wären dann wohl die nächsten, die auf die Straße gingen, um zu protestieren . . ."

„Na, na", spöttelte Max. „So arg wird's denn doch wohl nicht sein!"

„Ärger, Hoheit, viel ärger! Sie haben sie noch nicht gesehen, aber ich!"

„Wie? Sie ist etwa schon hier?" rief Max überrascht.

„Pssst, Hoheit, leise!" mahnte der Flügeladjutant. „Sie ist nicht nur hier, sie ist drinnen!"

„Beim König?! Und zusammen mit dem Polizeipräsidenten?!"

„Das ist es ja gerade! Der Baron wurde von Seiner Majestät ihretwegen hierherzitiert. Denn er hat darauf hingewiesen, daß der Ruf der Dame wenig geeignet erscheint, ihr Auftreten im Königlichen Theater zu rechtfertigen."

„Wie, hat er Einspruch erhoben?"

„Der Einspruch kam aus Kreisen, welche der Kirche nahestehen. Und er besteht offenbar zu Recht. Lola Montez,

102

die in Wirklichkeit vielleicht Porres, Gilbert oder James heißt und von der nicht feststeht, ob sie in Madrid, Kalkutta oder Edinburgh zur Welt gekommen ist, wird zur Zeit im Fürstentum Reuß-Lobenstein polizeilich gesucht! Sie ist von dort bei Nacht und Nebel geflüchtet und will sich nun offenbar in München etablieren. Diese Zigeunerin hat sich ganz offensichtlich als nächstes Opferlamm unseren König ausersehen."

Zorn war aus Lerchenfelds Stimme hervorzuhören, er beherrschte sich nur mühsam.

„Aber sie soll doch so schön sein!" wandte der Herzog ein. „Wenn wahr ist, was die Zeitungen berichten."

„Schön? Ja, das ist sie wohl! Ich habe kaum eine schönere Frau in meinem Leben gesehen. Aber die Zeitungen schreiben nicht nur über ihre Schönheit, Hoheit, sondern auch – und das vor allem – über ihren Lebenswandel . . ."

„Lieber Lerchenfeld", erklärte der Herzog, „jetzt muß ich erst recht zu meinem Schwager, jedenfalls, solange *sie* drin ist! Im übrigen: Die Zeitungen schreiben viel, wenn der Tag lang ist. Papier ist geduldig."

„Wenn nur die Hälfte davon stimmt", versetzte Graf Lerchenfeld mit flackerndem Blick, „dann ist sie die Sünde in Person . . ."

Unwillkürlich mußte der Herzog lachen. „Sagen Sie bloß, Graf, es hat Sie erwischt", scherzte er. „Lassen Sie das nur Ihre Frau nicht wissen!"

In diesem Augenblick ging die Tür zum Sprechzimmer weit auf. Polizeipräsident Baron Pechmann erschien. Er hielt mit finsterer Miene einen Akt an sich gepreßt.

„Mir scheint, der Pechmann ist heut' ein Pech-Mann", glaubte Max konstatieren zu müssen und nahm einen Anlauf, um in des Königs Zimmer zu stürmen.

Er stieß beinahe mit der Tänzerin zusammen, die als nächste das Zimmer durch die weit offene Tür verließ und mit zorngeröteter Stirn dem Polizeimann nacheilte.

„Pardon, Madame." Max wich höflich zur Seite aus und erntete für einen kurzen Moment den fragenden Blick zweier unwahrscheinlich großer, graublauer Mandelaugen, die einen seltsamen Kontrast zu dem tief dunkelbraunen, fast schwarzen Haar ihrer Besitzerin bildeten, das ihr reich auf die Schultern fiel.

Lola Montez hob nur kurz ihren Fächer, als ein hastiges Zeichen, daß sie die Entschuldigung akzeptiere, und eilte dem Baron flinken Fußes nach. Als sie ihn eingeholt hatte, redete sie heftig auf ihn ein. Das war das letzte, was der Herzog von dem Paar zu sehen bekam, bevor sich die Flügeltüren des Audienzsaales hinter ihnen schlossen.

Nicht nur Herzog Max und Graf Lerchenfeld, sondern auch alle anderen in diesem Raum hatten ihnen nachgeblickt. Und nicht nur sie, auch der König, der, in diesem Moment für alle sichtbar, hinter seinem Schreibtisch saß.

Max nutzte den Moment der allgemeinen Erstarrung. Er schüttelte die merkwürdige Lähmung ab, die auch ihn beim Anblick dieser Frau befallen hatte, stürzte ins Sprechzimmer des Königs und machte die Tür hinter sich zu, noch bevor der Flügeladjutant weitere Einwände hätte erheben können.

„Das war Lola Montez?" Die Frage war eigentlich überflüssig.

Dennoch nickte der König. „Ja, das war sie, Max", bestätigte sein Schwager. „Ich muß sie für mein Theater haben. Und vor allem für die Schönheitsgalerie. Kaulbach soll sie malen. Vorausgesetzt, daß er es überhaupt schafft, diese Schönheit auf seine Leinwand zu bringen. Sie ist ein außerordentliches Weib", faßte der König in lapidarer Weise seine Eindrücke zusammen.

„Danach sieht es wahrhaftig aus, mein lieber Ludwig", brummte der Herzog. „Übrigens: Servus!"

„Servus!" holte auch König Ludwig die Begrüßung nach. „Was führt dich her? Die Radaubrüder von gestern abend wohl? Zwei von ihnen sind verhaftet. Sie kommen vor Gericht, zur Abschreckung. Sie sind zusätzlich wegen Widersetzlichkeiten gegen die Polizeigewalt unter Arrest genommen worden – üble Brüder, die bereits polizeibekannt sind. Man wird ein Exempel statuieren."

„Ich dachte eher, daß es vernünftig wäre, den Bierpreis wieder zu senken."

„Ach, Max, laß das nicht deine Sorge sein. Wir sind beide keine Kaufleute. In dieser Hinsicht muß ich mich auf meine Berater verlassen."

„Und was sagen dir deine Berater in bezug auf Lola Montez?"

„Daß ich sie zum Teufel schicken soll", brummte der König.

„Und – machst du's?"

„Im Gegenteil", mußte der König zugeben. „Ich habe Pechmann eben Order erteilt, ihr eine Aufenthaltsgenehmigung ausstellen zu lassen."

„Ludwig", sagte Max eindringlich, „was für die Montez recht ist, sollte fürs Hofbräuhaus billig sein!"

„Billig, gewiß. Aber nicht zu billig. Das Bier ist zu billig, hat man mir auseinandergesetzt. Also muß man das ändern, auch wenn es manchen Leuten nicht paßt. Im übrigen trinkt die Montez kein Bier."

„Wozu braucht sie dann eine Aufenthaltsgenehmigung!"

„Um zu tanzen, du Scherzbold! Ich habe die Intendantur meiner Theater angewiesen, sie unter Vertrag zu nehmen. Sie bleibt in München, und wenn der Fürst von Reuß vor Wut zerspringt. Ich kann mir doch eine Lola Montez nicht entgehen lassen!"

„Dann werd' ich dich ja wohl in der nächsten Zeit im Atelier vom Kaulbach finden, wenn ich dich brauch'", stellte Max lakonisch fest und verabschiedete sich mit vielsagendem Grinsen.

Draußen traf er wieder mit Graf Lerchenfeld zusammen, der jetzt den nächsten Audienzwerber anhand der auf seinem Pult aufliegenden Liste aufrief.

„Er ist nicht umzustimmen, wie?" vergewisserte sich Lerchenfeld.

„Ich hab's erst gar nicht versucht", antwortete Max, nickte dem Flügeladjutanten wohlwollend zu und begab sich schnurstracks in die Gemächer der Königin.

Dort herrschte Gewitterstimmung, was ihn nicht überraschte.

„Wie geht's dir, Theres?" begrüßte er die Gattin des Königs jovial.

„Wie soll's einem schon gehen, wenn man so einen Gimpel zum Mann hat", sagte Therese säuerlich. „Seit zwei Tagen ist er ganz aus dem Häusl wegen dieser spanischen Zigeunerin. Als ob wir keine anderen Sorgen hätten! Ich bin's ja g'wöhnt, daß er jedem Kittel nachrennt, aber diesmal ist er reinweg narrisch 'worden. Wie er sich heut' in der Früh hat schniegeln und parfümieren lassen, weil er gewußt hat, daß sie kommt. Sechzig Jahr' ist das narrische Mannsbild alt und führt sich auf wie ein Kadett auf Brautschau. Der soll mir nur heut' zum Mittagessen kommen, dem lass' ich eine Suppe servieren, die ich eigenhändig g'salzen hab!"

„O mein", rief Max aus. „Mein armer Schwager! Tu dich doch net versündigen, Theres, und laß den armen Ludwig am Leben!"

„Ach, ihr Männer haltet doch alle z'samm. Bist ja grad so ein Hallodri wie er – sag nix, ich weiß es von der Ludovica! Wer weiß, was du in Ägypten alles ang'stellt hast!"

106

„Wannst es genau wissen willst: Ich bin den Reizen der Kleopatra verfallen", sagte Maximilian mit ernster Miene.

Die Königin mußte lachen, ob sie wollte oder nicht. „Ach, Max, wenn wir dich nicht hätten! Dich und dein lustig's kleines Maderl, die Sissy! Ich hätt's gern, wenn sie und die Vicka mich wieder einmal besuchen kämen. Sagst es ihnen, ja?"

„Mach' ich", versprach Max aufgeräumt.

Die Königin seufzte. „Was heut' bei der Audienz von der Montez passiert ist, kann ich mir schon denken. Hoffentlich bereut er's nicht, der Ludwig. Einem vernünftigen Rat ist er ja net zugänglich."

„Jetzt noch nicht", sagte Max. „Kommt Zeit, kommt Rat."

„Fall nur nicht auch noch du auf sie herein!" warnte die Königin und hob drohend den Finger.

„Wer weiß, vielleicht lass' ich sie in meiner Arena tanzen", sagte Ludwig schmunzelnd. „Bei meiner großen Gala zu Ludwigs Sechziger!"

Der Herzog begab sich zurück in die Ludwigstraße. In bezug auf den Krawall von gestern abend – um dessentwillen er ja eigentlich seinen Schwager aufgesucht hatte – würde er seiner Familie lediglich berichten können, daß Verhaftungen vorgenommen worden wären und daß der König ebenso wie der Polizeipräsident augenblicklich andere Sorgen hätten.

Lola Montez, die gefeierte schöne Tänzerin, der Bühnenstern Europas, war in München! Ihre Auftritte waren begleitet von Skandalen und Affären, und gerade dieser anrüchige Ruf machte sie über ihre anziehende Schönheit hinaus so interessant. Es hieß, die Männer lägen ihr zu Füßen, wo immer sie tanzte. Sie schien magische Kräfte der Verführung zu besitzen. Augenscheinlich war ihr bereits auch der König verfallen und merkte es vielleicht vorerst noch nicht einmal.

Max war in Gedanken noch im Königsschloß und bei den

sich recht turbulent gestaltenden Ereignissen, als er schon im Treppenhaus lautes Schluchzen und Weinen vernahm.

„Sissy!" rief er erschrocken, als ihm sein Kind tränen-überströmt entgegenkam, ihn heftig weinend umschlang und ihm einen aufgebrochenen, tränenbenetzten Brief zeigte.

Das Schreiben kam aus Possenhofen. Es war eine schwarze, umrahmte Todesanzeige.

„David", preßte Sissy hervor, „David ist tot . . .!"

14. Freud und Leid

Zum ersten Mal in ihrem jungen, bisher so ungetrübt verlaufenen Dasein überschattete der Tod eines Menschen ihr Leben. Die Unabänderlichkeit dieses Ereignisses und daß es das unwiderruflich letzte Mal gewesen war, daß sie einander beim Abschied gesehen hatten, erschütterte sie.

David Paumgarten war gestorben. David lebte nicht mehr, nie wieder würden sie miteinander lachen und fröhlich sein. Und Irene, seine arme Schwester, die er so früh verlassen hatte, wie unglücklich mochte sie wohl jetzt sein!

Ludovica erschien, selbst fassungslos, hinter Sissy. „Weißt es schon, Max? Der kleine Paumgarten . . ." Sie ließ den Satz unvollendet.

„Ich hab's eben gelesen", sagte Max. „Die arme Familie."

„Ich hab' schon veranlaßt, daß ein schöner Kranz mit Schleife zugestellt wird", berichtete Vicka.

Laut schluchzte Sissy bei diesen Worten auf und vergrub ihr Gesicht in des Vaters Rock, als wolle sie die Welt ringsum, die so grausam war, nicht mehr sehen.

Sanft ergriff die Mutter sie bei den Schultern und suchte sie fortzuziehen. Aber Sissy wehrte sich bockig.

„Kinderl", sagte jetzt Mama Ludovica sanft, „der Papa kann doch net ewig auf der Treppe stehenbleiben. Er muß sich doch seinen Mantel ausziehen! Weißt du, Max", suchte sie ihre Tochter zu entschuldigen, „es kam so überraschend, ganz wie aus heiterem Himmel . . ."

Max strich Sissy zärtlich übers Haar. „Nun", meinte er tröstend, „er war ja schon die längste Zeit über nicht richtig g'sund. Wer weiß, was ihm erspart geblieben ist. Aber hast recht, wein dich nur aus . . ."

Behutsam führten Vater und Mutter Sissy in ihr Zimmer. Dort fanden sie Luis vor.

„Mußt jetzt einen schönen Brief nach Possi schreiben, zu den Paumgarten", riet der.

„Nicht jetzt gleich", widersprach die Mutter. „Sie soll sich doch erst beruhigen, Bub."

„Aber ich hab' ja schon was geschrieben", sagte Sissy zur allgemeinen Überraschung. „Ein kleines Gedicht – es liegt auf dem Schreibtisch."

„Ein Gedicht! . . . Siehst du, Max, wie sehr sie dir nachgerät", fand Vicka.

„Dichten können ist was sehr Schönes", stellte Max fest.

„Besonders im Hofbräuhaus", neckte ihn Vicka im Versuch, Sissy ein wenig abzulenken. „Weißt du, Sissy, da sitzt er mit seinen Freunden rund um einen großen Tisch und dichtet mit ihnen."

„Also", begann der Herzog, der sofort darauf einging, „es geht so: Einer sagt: Die Leber ist von einem Hecht und nicht von einem – und jetzt muß er irgendein Tier nennen. Und dann muß ein anderer darauf einen Reim finden."

„Dann wollen wir doch einmal sehen, wie gut der Papa dichten kann", bemühte sich Vicka, Sissy aufzuheitern. „Paß auf: Ich sage jetzt: Die Leber ist von einem Hecht – und nicht von einem Spatz."

Wenn Sissy geglaubt hatte, Papa würde es nicht schaffen, darauf einen passenden Reim zu finden, dann sah sie sich getäuscht. Denn ohne lange zu überlegen, ergänzte er: „Weißt, Sissy, was ich gerne möcht'? – Komm, gib mir einen Schmatz!"

Da sprang sie an ihm hoch und erfüllte seinen lustig vorgebrachten Wunsch. Doch gleich darauf wurde sie wieder ernst. Vater und Mutter wie auch Bruder Luis folgten ihr zu dem Schreibtisch, auf dem ein bereits begonnener Brief an Irene Paumgarten lag, dazu ein Blatt Papier mit einem Gedicht, bei dessen Abfassung Sissy die Tränen übermannt hatten.

110

Luis nahm das Blatt zur Hand und las halblaut:

„Du bist so jung gestorben
Und gingst so rein zur Ruh';
Ach, wär', mit dir gestorben,
Im Himmel ich, wie du!

Sentimentaler Mädchenquatsch", ergänzte er. „Da gefällt
mir das Gedicht vom Papa schon besser!"

„Aber er ist doch jetzt im Himmel, mein Freund David,
nicht wahr?" wandte sich Sissy an Mama.

„Gewiß ist er das, und wahrscheinlich findet er es dort viel
schöner als hier bei uns."

Max studierte noch einmal die Todesanzeige. „Er hatte
Lungenentzündung", stellte er fest. „Nun, er sah ja immer so
schwach und schmächtig aus. Vielleicht hatte er's überhaupt
auf der Lunge. Vielleicht sind die Paumgarten sogar deswegen nach Possenhofen gezogen, weil er dort in gesünderer
Luft aufwachsen konnte. Aber es hat nichts genützt. Armer
Kerl!"

„Du solltest nicht so traurige Sachen schreiben, Sissy",
rügte Mama sanft. „Wärest du denn im Ernst auch gern
tot!"

Darauf wußte Sissy nichts zu erwidern.

Luis bekräftigte bloß noch einmal sein Urteil: „Über-
spannter Quatsch!"

„Wieso bist du eigentlich daheim und nicht in der Universität?" erkundigte sich der Vater stirnrunzelnd.

„Die Vorlesungen sind ausgefallen. Die Universität ist auf
allerhöchste Anordnung geschlossen worden. So steht es jedenfalls auf dem Anschlag. Aber das macht nichts, Papa. Wir
Studenten versammeln uns trotzdem heute abend und ziehen
los."

„Doch nicht vor die Residenz!" sagte Max besorgt. „Bub, laß dir ja nicht einfallen, an einem Protest gegen den König teilzunehmen! Du bist ein Wittelsbacher!"

Doch der junge Mann wehrte lachend ab. „Nein, nein, Papa, die Residenz ist nicht unser Ziel heute abend! Wir ziehen mit Fackeln vor das Hotel ‚Zur Goldenen Kugel'."

„Wie, ihr macht einen Fackelzug zur ‚Kugel'?" staunte der Herzog jetzt wirklich. „Zum Kuckuck, was wollt ihr denn dort?"

„Ja weißt du's denn nicht, Papa? – Lola Montez ist dort abgestiegen, und die männliche Jugend Münchens huldigt heute abend mit einem Fackelzug der Schönheit!"

„Da haben wir's!" entfuhr es Ludovica. „Na ja, man sieht: Solange noch nicht das Hofbräuhaus auf allerhöchste Anordnung zug'sperrt wird, ist in München noch nichts verloren."

„Ein Fackelzug für die schöne Lola." Der Herzog grinste.

„Untersteh dich und geh mit!" drohte ihm Vicka.

„Na, übers Studentenalter bin ich, mein' ich, schon ein bissel hinaus! Immerhin: G'falln tut sie mir! Aber ich geh' heut' abend trotzdem lieber zu meiner Runde."

„Die Leber ist von einem Hecht – nicht von der Montez Lola", rief Luis ihm lachend zu. „Wie geht's weiter, Papa?"

„Ich weiß schon, was sie gerne möcht': – nur Kaviar statt Gorgonzola!" ergänzte der Herzog schlagfertig.

Sissys Trauer war jetzt gottlob dahin. Die Mama meinte nur noch, ihre Freundin Irene würde sich sicherlich über das Gedichtlein freuen und Sissy möge es ihr nur ruhig nach Possenhofen schicken. Unabhängig davon werde die herzogliche Familie den Paumgarten ihr offizielles Beileid bestellen lassen.

„Die Leber ist von einem Hecht,
Nicht von der Montez Lola!
Wißt ihr, was sie so gerne möcht'?
Statt Kaviar Gorgonzola!"

Unter allgemeinem Gelächter und lautem Hallo trug Max an
diesem Abend seine leicht verbesserte literarische Schöpfung am Stammtisch seiner Freundesrunde im Extrazimmer des Hofbräuhauses vor. „Stellt euch vor, mein Bub mar-
schiert heut mit zur ,Goldenen Kugel'", berichtete er. „Die
Lauser geh'n alle miteinander fensterln zur schönen Lola!"

„Solang sie geschlossen aufmarschieren und net einzeln
zu ihr kommen, ist das net weiter gefährlich", fand Alfons
Löbl.

Aber er irrte sich gründlich. Herr von Pechmann hatte offenbar durch Spitzel von dem geplanten Aufmarsch Kenntnis erhalten. Und so nahm denn der so friedlich begonnene,
übermütige Fackelzug ein ebenso unerwartetes wie unlieb-
sames Ende.

Als Luis am folgenden Morgen nicht zum Frühstück erschien und es sich herausstellte, daß er daheim gar nicht
übernachtet hatte, machte sich Vicka begreifliche Sorgen um
ihren Ältesten. Der Herzog, der selbst erst zu vorgerückter
Stunde den Weg in sein Bett gefunden hatte, wurde über die
Ereignisse vor der „Kugel" erst von der Dienerschaft unterrichtet.

„Angeblich ist sogar g'schossen worden, Hoheit", berichtete ihm sein Portier Steinpichler. Da er viel Zeit vor dem
Portal des Palais zubringen mußte, war er derjenige, der von
den Passanten das meiste erfahren hatte. Lieferanten wie der
Bäckerjunge und der Zeitungszusteller hatten ihm noch
mehr und noch ärgere Dinge berichtet. „Es muß ja reinweg

zugegangen sein wie im Franzosenkrieg!" beendete er seinen Bericht.

„Max, du mußt sofort ins Präsidium!" forderte ihn Ludovica in höchster Sorge auf. „Am Ende liegt unser Bub im Spital, oder er ist womöglich gar im Arrest!"

„Alles möglich, Hoheit, halten zu Gnaden", versicherte Steinpichler. „Es sind ja etliche Dutzend von den jungen Herren in Ketten abg'führt worden, heißt's . . ."

„Was ist denn das wieder für ein Unsinn!" wehrte der Herzog ab. „Das ist sicherlich maßlos aufgebauscht und übertrieben!"

„Hoffentlich", sagte Vicka in flehendem Ton. „Jedenfalls ist unser Bub nicht heimgekommen! Heilige Muttergottes, wenn ihm nur ja nix g'schehen ist, dem Luis!"

Fluchend fuhr der Herzog in seine Stiefel und in seinen ihm dienstfeifrig vom Diener Leopold hingehaltenen Wintermantel, denn es war schon reichlich kalt an diesem Morgen.

„Beeil dich, Max", bat Vicka. „Du kannst dir wohl denken, daß ich vor Unruh' vergeh', bevor ich nicht weiß, was mit dem Buben ist!"

Da war ein vergnügtes, sich immer mehr näherndes Pfeifen zu hören, und jetzt erschien doch wahrhaftig der Vermißte leibhaftig auf der Treppe.

Verwundert blieb er stehen, als er aller Augen auf sich gerichtet sah, und schaute kopfschüttelnd auf die ihn wie ein Gespenst Anstarrenden.

„Aber da ist er ja, der Luis!" rief Sissy.

Helene hatte sich bisher schweigsam verhalten. „Luis", sagte sie bloß, wenn auch hörbar erleichtert, denn auch sie hatte sich um den Bruder gesorgt.

„Was ist denn los! Was habt ihr denn alle?" forschte Luis, der sich das Benehmen seiner Angehörigen nicht erklären konnte.

„Luis, wo bist du gewesen?" forschte der Herzog streng und warf dem braven Leopold seinen Mantel und den Schal, den er sich auch noch umgewickelt hatte, wieder zu. „Rede! Wir stehen hier und sorgen uns um dich, zur Polizei wollte ich eben deinetwegen, und du kommst gemütlich daher und pfeifst dir ein Liedl!"

„Ja, darf ich denn nicht, Papa?" fragte er und schüttelte den Kopf. „Wo soll ich schon herkommen? Ich komm' aus der ‚Goldenen Kugel', natürlich. Und Frühstück brauch' ich kein's mehr, ich hab' schon gehabt – auch in der ‚Kugel'."

Dem Herzog schwollen die Zornesadern. „Du, lüg mich nicht an, Bub", drohte er. „Mich anzulügen, das wär' etwas Neues zwischen uns. Das laß nicht zur Gewohnheit werden!"

„Aber wer lügt denn, Papa! Ich war wirklich in der ‚Kugel'!"

„So! Dann bist du wohl der einzige Mensch in München, der keine Ahnung hat, was sich gestern nacht dort abgespielt hat!"

„Aber natürlich weiß ich das! Eine kleine Rauferei ist halt g'wesen mit ein paar oberg'scheiten Polizeidienern."

„Und die haben dich wohl g'schnappt und in den Arrest g'steckt, wie? Dich, einen Wittelsbacher! Oh, die Schand' überleb' ich nicht!" Vicka rang mit zur Decke erhobenem Blick die Hände.

„Wie kommt ihr denn darauf?" staunte Luis fassungslos. Dann endlich ging ihm ein Licht auf. Und herzlich lachend sagte er: „Aber ich war ja nicht *vor,* sondern *in* der ‚Kugel'!"

„Was soll das heißen?" Vicka wurde noch ärgerlicher.

„Nun, ich hab' mir g'sagt: Was hab' ich schon davon, wenn ich mit einer Fackel in der Hand auf der Straße vor dem Hotel steh'? Also hab' ich mir lieber einen Rosenstrauß g'nommen, bin viel früher als die anderen gleich ins Hotel

und hab' mich bei ihr melden lassen. Sie hat mich liebens-
würdig empfangen. Papa, ich kann dir nur sagen, die g'fallt
mir!"

„*Vicka!*" rief der Herzog erschrocken und eilte zu seiner
Frau hin.

Glücklicherweise war der brave Leopold ebenso rechtzeitig zur Stelle. Der Herzog und er konnten die Umsinkende
gerade noch auffangen.

15. Unruhige Zeiten

Luis kam als Offiziersanwärter zum Militär. Damit war er fürs erste den unruhigen Zeiten, die nun über München hereinbrachen, entzogen.

An sich war diese Unruhe ja nicht auf Bayern beschränkt. Sie ging von Frankreich aus, wo seit der Hinrichtung von Ludwig XVI. und Marie Antoinette auf dem Schafott keine rechte Stabilität aufkommen wollte. Zwar war das verheerende Feuer der Französischen Revolution und der aus ihr hervorgehenden Ära Napoleons unter vielen Opfern gelöscht, aber unter der Asche glomm noch manches Glutnest weiter, züngelten Flammen, die von politischen Unruhestiftern geschürt wurden, von neuem auf. Es war ein richtiger Schwelbrand, der sich langsam durch das morsche Gebälk Europas fraß. Der Geruch von neuen Revolutionen lag überall in der Luft, und das neue Schlagwort hieß „Republik".

In den Staatskanzleien der europäischen Höfe herrschte daher eine gewisse Alarmstimmung. In Österreich versuchte Staatskanzler Metternich mit eiserner Strenge und unter Mithilfe einer brillant organisierten Geheimpolizei mögliche Unruhen im Keim zu ersticken. Aber die kaiserliche Familie blieb selbst nicht davon verschont, daß sich der Zeitgeist merklich änderte. Kaiser Ferdinand merkte das an seinem eigenen Bruder, dem Erzherzog Johann, der sich als Privatmann in der Steiermark niedergelassen und nach hartnäckigem Widerstand seiner Familie Anna Maria Plochl, die Tochter des Posthalters von Bad Aussee, geheiratet hatte.

So wurde denn an allen Ecken und Enden immer wieder das Schlagwort „Freiheit" ins Treffen geführt. Viele aber verwechselten den Begriff mit Zügellosigkeit.

Ganz entschieden aber vermied zu diesem Zeitpunkt jeder vorsichtige Monarch jede Art von Provokation der öffentlichen Meinung. Gerade das aber tat in Bayern König Ludwig I.

Ludwig war in die schöne Tänzerin, von der die Polizei schließlich herausgefunden hatte, daß sie aus Irland stammte, blind vernarrt. Er richtete ihr eine Villa ein, in der er selbst so häufiger Gast war, daß die Münchner Blätter darüber Karikaturen veröffentlichten. Er beschenkte sie mit Kleidern und Schmuck. Daß er sie hatte malen lassen, war keine Überraschung, dafür hätte man Verständnis gehabt, denn daß sie dank ihrem berückenden Äußeren in seine Schönheitsgalerie gehörte, mochte niemand in Abrede stellen.

Auch war sie eine Tänerzin, die sich mit ihren Darbietungen spanischer und südamerikanischer Volkstänze absolut sehen lassen konnte. In dieser Hinsicht verglich man sie sogar mit der um zehn Jahre älteren Fanny Elssler. Unbestritten war Lola Montez ein charismatisches Showtalent und ein Star ihrer Zeit, und an Publicity fehlte es ihr auch nicht. Die ehrsamen Münchner Bürger und Steuerzahler aber fanden es unappetitlich, daß Lola Montez den König zu einer Zentralfigur ihres anstößigen Lebenswandels machte.

Ludwig zahlte der schönen Lola eine fürstliche Apanage – getarnt als Spielhonorar – auf Kosten seiner Hoftheater. Und als die Wiener Kaiserinwitwe Karoline Auguste, auch eine Bayernprinzessin und die Halbschwester von Ludovica, ihr eine Abfindung von 2000 Pfund Sterling dafür bot, daß sie Bayern verließe – Lola machte eine großartige Szene daraus, indem sie den Brief in Ludwigs Gegenwart in das Feuer des offenen Kamins im Salon ihrer Villa beförderte und dabei dem König ewige Treue schwor –, verlieh ihr der König in einer Trotzreaktion auch noch den Titel einer Gräfin Landsfeld und machte sie ein paar Tage später sogar zur Kanonissin des Ordens der heiligen Therese. Damit aber verletzte er das religiöse Empfinden breiter gläubiger und kirchentreuer

Kreise und brachte durch diese Unbesonnenheit das Faß zum Überlaufen.

Die herzogliche Familie war innerhalb der nächsten Monate mehr oder weniger unfreiwillig Zeuge all dieser Vorfälle geworden. Die Gräfin Wulffen führte, wenn man in München war, die Kinder so oft als möglich in den Englischen Garten. Der Sommer 1847 wurde wieder in Possenhofen verbracht, wo Sissy Zuwachs in ihrem kleine „Zoo" bekam: Nun hatte sie auch noch Meerschweinchen.

Unter dem Druck ihrer Lehrer und ihrer Gouvernante war aus Schwester Helene ein zurückhaltendes, mürrisches Mädchen geworden, dem man anmerkte, daß man ihm ein gut Teil seiner Kindheit stahl. Aber das gepflegte Prinzeßchen entwickelte sich zu einer auffallenden Schönheit, ganz im Gegensatz zu der pausbäckigen, bäuerlich wirkenden Sissy, welche die urtümliche Art ihres Vaters liebte und beinahe ein Leben führte wie er.

„Hoheit, möchten Sie denn nicht endlich stille sitzen", kam es ein ums andere Mal aus dem Munde ihrer Lehrer. Doch wenn draußen die Sonne schien und die Vögel zwitscherten, dann hielt es Sissy eben nicht in der Possenhofener Studierstube. Kaum war die Unterrichtsstunde zu Ende, war sie auch schon draußen und bei ihrer Stute Sandra. Auf deren Rücken fegte sie wie wild davon, und es kam nicht selten vor, daß sie bei der nächstfolgenden Stunde zu spät kam oder überhaupt fehlte.

Den Vorhaltungen der Baronin Wulffen begegneten indes Sissys Eltern mit Achselzucken. Sie nahmen es beide nicht tragisch, daß das Kind so war, wie es war. Besonders der Herzog freute sich an der ungebrochenen Natürlichkeit seiner Tochter, und die Herzogin war darauf bedacht, daß alle erzieherische Sorgfalt sich auf Helene konzentrierte; mit Sissy hatte sie keine so großen Pläne.

Auch im Herbst des Siebenundvierzigerjahres war man wieder nach München übersiedelt. Der Herzog veranstaltete zum Auftakt der Saison ein Karussellreiten, bei dem nicht nur er selbst, sondern zum erstenmal auch Sissy mittun durfte. Vor dem zahlreichen Publikum, vor dem sie sich produzierten, hielt sich Sissy so ausgezeichnet im Sattel, daß Papa Max richtiggehend stolz auf sie war.

Aber der Aufenthalt in München wurde sehr bald getrübt durch die dortigen Ereignisse. Die Münchner gaben nun keine Ruhe mehr; sie wollten die Montez nicht länger dulden.

Wenige Tage nach dem Karussellreiten suchte der Herzog seinen Schwager auf.

„Ja mein", redete er ernst auf den König ein, „du bist selbst daran schuld, daß es so weit gekommen ist. Hast dich von dem Frauenzimmer ja richtig behexen lassen. Wenn dir wenigstens um ein bissel Diskretion zu tun g'wesen wär'. Aber nein, in aller Öffentlichkeit hast sie zu deiner Geliebten machen müssen . . ."

„Die Montez ist eine Künstlerin, ein begnadetes Talent und eine schöne Frau . . ."

„Das ist aber doch noch lang kein Grund, daß du mit ihr die Theres betrügst", fiel ihm Max ins Wort.

„Ich kann an meine Hoftheater engagieren lassen, wen ich will. Ich zahl's ja aus meiner Privatschatulle! Und ich werd' mir auch hinsichtlich meines Privatlebens von Protestierern nix vorschreiben lassen, Max. Schließlich bin ich der König!" blieb Ludwig starrsinnig.

„Dann ist dir wohl nicht zu helfen, Ludwig!" stellte Max bedauernd fest. „Eben weil du der König bist, hättest du dich so aufführen müssen, daß es gar nicht zu solchen Protesten gekommen wäre. Die Leut' haben recht, wenn sie die Königin bedauern. Nicht ein einziges böses Wort ist über ihre Lippen 'kommen, und du machst sie lächerlich!"

„Max, kümmer dich um deine Angelegenheiten!" wehrte der König finster ab. „Ich möcht' nicht, daß es auch noch zwischen uns zu einem Zerwürfnis kommt."

„Hast recht, Max. Ich lass' dir schon deine schöne Lola mit allem Drum und Dran, ich hab's nur gut g'meint, aber wer net hören will, muß fühlen . . ."

Ein paar Tage später ließ der Herzog anspannen. Er fuhr hinaus nach Possenhofen und eröffnete dem dortigen Personal, daß er beabsichtige, zum ersten Mal nicht nur das Weihnachtsfest, sondern vielleicht auch den ganzen Winter im Schloß zu verbringen; jedenfalls wolle er – das sagte er zu Ludovica – hier draußen in Sicherheit die Ereignisse in München abwarten.

Denn es war klar, daß es nun zu etwas kommen mußte. Die Situation eskalierte. Es gab Aufmärsche und Protestkundgebungen sowohl vor der Residenz als auch vor der Villa der neuernannten Gräfin Landsfeld, die vom Publikum auf offener Bühne mit Tomaten beworfen und ausgezischt wurde.

Es hätte gar nicht mehr dessen bedurft, daß sonntags die geistlichen Herren auf ihren Kanzeln geharnischte Predigten über die Sittenverderbnis hielten. Die Montez und ihre Zofe – diese war übrigens tatsächlich Spanierin – durften sich in der Öffentlichkeit nicht mehr blicken lassen. Auch die Herren der Schöpfung hatten ihr längst die Gunst entzogen, was höchstwahrscheinlich auf den Einfluß ihrer Gattinnen zurückzuführen war. Öffentlich sang man auf den Straßen Spottlieder auf den König und seine Geliebte, und es gab nur wenige junge Stutzer, die ihr, auf ihre Gunst hoffend, immer noch die Stange hielten.

Spottlieder auf den König hörte man auch in Paris. Dort sang sie der Schauspieler Debureau von der Bühne seines Theaters und wurde daraufhin inhaftiert. Seine Verhaftung heizte die böse Stimmung an der Seine an, und sogar auf Wien schien der Funke des Aufruhrs überzugreifen. Erzherzogin Sophie richtete an ihre Schwester Ludovica sorgenvolle Briefe.

Unter diesen Umständen zögerte der Herzog nicht länger. Niemand freute sich mehr als Sissy, daß es wieder nach Possi gehen sollte!

Die ganze Affäre um Lola Montez interessierte Sissy überhaupt nicht, dies um so weniger, als sie ja auch keineswegs Gegenstand des Gesprächs in Gegenwart der jungen Mädchen sein durfte. Hin und wieder schnappten die Herzogskinder zwar Brocken auf oder bekamen unversehens ein Zeitungsblatt in ihre Hände, in welchem der König in nicht sehr schmeichelhafter Weise karikiert wurde. Aber das reichte nicht, um sie an dieser hochbrisanten Affäre, die sich immer dramatischer zuspitzte, Anteil nehmen zu lassen.

An demselben Morgen, an welchem sich die Wagen des Herzogs, hoch beladen mit der Übersiedlungsbagage, in Richtung Possenhofen in Bewegung setzten, ließ der König die Posten vor der Villa der Gräfin Landsdorf verstärken, denn er hatte Grund, für ihre persönliche Sicherheit zu fürchten.

In einem Münchner Blatt war eine Karikatur von Lola und Ludwig erschienen, und kein Geringerer als Moritz von Schwind hatte sie gezeichnet. Dazu hatte der König auch noch einen warnenden Brief aus Potsdam und ein bischöfliches Handschreiben erhalten. Polizeiminister von Pechmann hatte die Montez vorladen lassen und hoffte, aufgrund falscher Angaben, die sie zu ihrer Person gemacht hatte, ihre Ausweisung erwirken zu können. Er hatte den König wissen lassen, daß sie keineswegs, wie sie es auf einem Meldeformular behauptet hatte, im Jahre 1823 geboren sei, sondern schon 1818. Das sei eine Irreführung der Behörde ...

Bei seinem abendlichen Besuch bei der Montez in der Theresienstraße hörte sich die Tänzerin den Vorwurf lachend an und erklärte, der Polizeiminister sei ein Tölpel; es handle sich lediglich um einen Trick, den außer ihr auch noch zahlreiche andere Künstlerinnen anwenden würden, um gegenüber dem Publikum jünger zu erscheinen. Es gehöre dies ganz einfach zu ihrem Beruf und werde überall toleriert.

Herr von Pechmann erfuhr noch in derselben Woche von seiner Versetzung auf einen einfachen Beamtenposten in Landshut. Pechmann machte aus seinem Herzen keine Mördergrube. Er sagte offen, er wisse, wem er dies zu verdanken habe, und mobilisierte seine Parteifreunde. Er hatte beträchtlichen politischen Einfluß. „Wir werden sehen, ob es uns nicht doch gelingt, den König zur Vernunft zu bringen und dieses Weibsteufels Herr zu werden!" rief er aus, bevor er wohl oder übel seine Koffer packte.

„Diese Frau bringt dich noch ins Unglück", warnte die Königin.

Doch Ludwig hörte schon lange nicht mehr auf sie. Vielmehr versetzte er den aufmüpfigen Staatsrat Hörmann, der sich erfrecht hatte, öffentlich gegen die Montez zu wettern, vorzeitig in den Ruhestand.

Und auch Hörmann ging an die Öffentlichkeit: „Kommt es so weit, daß Bayern von einer dahergelaufenen Zigeunerin regiert wird?"

Anderentags las Herzog Max in Possenhofen eine bitterböse Polemik in der Zeitung. „So hat es auch jedesmal in Frankreich angefangen", konstatierte er stirnrunzelnd.

„Ich begreife und begreife Ludwig nicht" sagte Ludovica, als sie den Artikel überflog. „Nun läßt dieses Frauenzimmer sogar Regierungsbeamte die Macht spüren, die sie über den König hat! Der Schreiber dieser Zeilen hat recht; das geht zu weit! Das kann einfach kein gutes Ende nehmen!"

„Wie zum Hohn", berichtete der Herzog seiner Frau, „will sie, so habe ich mir sagen lassen, zu Silvester in ihrem Haus eine Riesenfeier veranstalten!"

„Nun, ich möchte nicht zu den Eingeladenen gehören", sagte Ludovica. „Das kann für diese Leute übel ausgehen, egal, ob sie hingehen oder nicht."

„Ja. Denn wer nicht hingeht, brüskiert gewissermaßen den König, und wer es tut, erregt den Unwillen der Bevölkerung! Wie gut also, daß für uns keine Gefahr besteht, Vicka", fügte der Herzog hinzu. „Wir sind und bleiben in unserem Possi. Und feiern hier erst einmal unser Weihnachtsfest."

„Es ist das erste hier in Possenhofen, seit du das Schloß gekauft hast, Max."

„Ja, und die Kinder werden sich freuen, besonders Sissy! Und Ludwig kann uns samt seiner Lola gestohlen bleiben!"

16. Wiedersehen mit Irene

Sissy und ihre Geschwister waren glücklich, wieder in Possenhofen zu sein. Sissy war froh, wieder ihre Tiere umsorgen zu dürfen, vor allem aber freute sie sich auf das Wiedersehen mit ihrer Freundin Irene Paumgarten.

Mama Ludovica sah dieser Begegnung mit Skepsis entgegen, obgleich sie an sich nichts gegen das Mädchen Irene hatte. Aber es war stets so gewesen, daß Irene Sissy noch jedesmal nachdenklich und melancholisch gestimmt hatte. Bei dieser Beziehung war nach Vickas Meinung Sissy stets im Nachteil gewesen.

Die Baronin Wulffen hingegen war da durchaus anderer Ansicht. Für Sissys quirliges und zappeliges Temperament konnte es gar nicht genug „Dämpfer" geben, wie sie es ausdrückte. Weswegen ihr Sissy stets dazu diente, ihrer Schwester Helene als „schlechtes Beispiel" hingestellt zu werden. „So wie Sissy benimmt sich keine wirkliche Prinzessin", pflegte sie Nené immer wieder einzutrichtern. „Aus der wird nie eine richtige große Dame werden! Die paßt höchstens in ein Schlössel auf dem Lande, zwischen Bauersleuten und Vieh, da kennt sie sich aus und fühlt sich wohl. An einem der großen Höfe wäre sie ganz und gar unmöglich!"

Sissy, die dergleichen Tiraden gelegentlich zu hören bekam, fühlte sich gar nicht gekränkt. Ihr stand der Sinn nicht nach einem der „großen Höfe". Am liebsten wäre sie ihr Leben lang in Possi geblieben.

„Am schönsten ist ja wohl", erklärte Mama Vicka am Morgen nach der Rückkehr beim Frühstück, „daß unser Luis zu Weihnachten auf Urlaub kommt. Er hat zwei Wochen, die er bei uns bleiben kann, schreibt er!"

„Ja, das ist gut", fand der Herzog. „Dann nehm' ich den Jungen einmal mit auf die Jagd. Der Wald ist schon tief verschneit, es ist herrlich da, ein wahres weißes Paradies!"

„Oh, Papa, wenn ich doch auch mitkönnte!" bettelte Sissy.

„Das ist noch nichts für dich, Sissy", wehrte Max ab. „Die Jagd ist etwas für Buben und nicht für Mädchen. Und auch mit dem Reiten solltest du jetzt vorsichtig sein – wenn es taut und womöglich Glatteis gibt, meine ich. Bei so einem Wetter können sich Roß und Reiter Hals und Bein brechen."

„Laden wir Irene für den Heiligen Abend ein?" fragte Sissy.

„Nein, mein Kind. Irene wird bei ihren Eltern sein. Die wären ja traurig, wenn sie nicht bei ihnen bliebe – wo sie doch ihren David verloren haben."

Man sah Mama Ludovica schon an, daß sie wieder ein Kind erwartete. Die Kinder freuten sich auf das neue Geschwisterl, und es gab ein großes Raten, ob es ein Bub oder ein Mädel werden würde.

Am Vormittag, es war ein Samstag, wollte Sissy zur Villa Paumgarten hinüber. Ein Bote hatte ihre Nachricht überbracht und zurückgemeldet, daß Sissy willkommen wäre; sie könne auch zum Mittagessen bleiben, wenn sie wolle.

Max ließ gegen halb zehn für seine Tochter anspannen, und bald verließ der Schlitten mit der dick eingepackten Sissy den Schloßpark von Possenhofen und hielt auf die nahe Villa Paumgarten zu. Laut klangen die Schellen am Geschirr der Pferde, und der hartgefrorene Schnee knirschte unter den Kufen. Am Kutschbock saß Sepperl, der Negerbub, der inzwischen schon ein ganzes Stück gewachsen war.

„Gelt, Sepperl", rief ihm Sissy zu, „dort, wo du herkommst, gibt's keinen schönen weißen Schnee?"

„Ich weiß nicht", rief Sepperl zurück. „Jedenfalls nicht, solang ich mich erinner'. Hab' keinen nie gesehen."

„Möchtest du wieder zurück?"

„O nein. Hier ist es viel lustiger und besser."

Er hatte es gelernt, ein Gespann recht geschickt zu lenken, und es machte ihm auch sichtlich Spaß. Beiden stand der Atemhauch in dichten Wolken vor den Lippen. Je näher sie der Villa Paumgarten kamen, desto mehr überzog sich der Himmel mit dichtem Schneegewölk.

„Oh, es wird Schnee geben", sagte Sissy mit einem Blick zum Firmament. „Und vielleicht sogar Sturm. Dann werden wir wohl eine Weile in der Villa bleiben müssen. Keine Angst, Sepperl, wir werden schon nicht verhungern, und längstens zur Jause sind wir dann wieder daheim."

Irene vernahm das lustige Schellengeläut. Sie eilte zum Fenster, schob die Vorhänge zur Seite und sah auch schon das Gefährt kommen. Eilig lief sie hinunter und stand auf der Freitreppe, als der Schlitten davor hielt.

„Sissy!" rief Irene entzückt aus, während Sepperl flink vom Bock sprang und die kleine Prinzessin aus den Decken zu schälen begann, in welche ihre Mutter sie vor der Abfahrt sorgsam gehüllt hatte.

„Irene!"

Sissy eilte auf ihre Freundin zu, und die beiden umarmten einander.

„Ist das aber fein, daß ihr heuer über Weihnachten hier seid!" zeigte Irene sich wohlunterrichtet. „Und vielleicht sogar noch länger, sagt mein Vater."

„Woher weißt du das?" erkundigte sich Sissy, während sie ins Haus gingen und Sepperl mit der Hilfe eines Knechtes, der bei den Paumgarten arbeitete, die Pferde und das Gespann versorgte.

„Mein Vater hat gestern bereits mit deinem gesprochen", erzählte Irene. „Sie trafen einander zufällig im Dorf. Mein Vater sagt, es ist sehr vernünftig von euch, daß ihr nicht in

München geblieben seid, denn von dort hört man ja schöne Sachen!"

„Ach, die interessieren mich nicht", meinte Sissy wegwerfend. „Ich möchte jetzt erst einmal wissen, wie es dir geht."

„Oh, es geht – wie es halt so gehen kann, nach Davids Tod. Er liegt hier auf dem Friedhof begraben. Möchtest du ihn einmal besuchen?"

„O ja." Sissy nickte. „Gehen wir mitsammen hin."

„Es ist aber nicht nötig", erklärte Irene und senkte ihre Stimme zum Flüsterton. „Er ist nämlich gar nicht dort – das heißt, nur seine Knochen sind dort. Er selbst ist hier . . ."

„Was sagst du da?" fragte Sissy erschrocken.

„Pssst! Kein Wort davon vor meinen Eltern! Ich erzähle dir nachher alles auf meinem Zimmer. Vielleicht kannst du ihn selbst sprechen."

„Wie? David?"

„Ich sagte doch schon, daß er hier ist!" beendete Irene ungeduldig das Thema, denn nun stand man dem gräflichen Paar gegenüber, das Sissy herzlich willkommen hieß.

Angelegentlich erkundigten sich Irenes Eltern nach Sissys Befinden und dem ihrer Geschwister. Nachdem Sissy berichtet hatte, daß ihr Bruder Luis zu Weihnachten daheim erwartet werde und es auch den übrigen gutginge und die ganze Kinderschar froh und munter sei, mußte sie auch noch einen kleinen Imbiß zum Willkommen einnehmen, bei welchem Irene ihr Gesellschaft leistete.

„Bei uns ist es, seit mein armer David tot ist, stiller geworden", sagte die Gräfin. „Deshalb ist es mir doppelt lieb, wenn mit dir wieder ein bißchen Frohsinn bei uns einkehrt."

Sissy lächelte artig zu diesem Kompliment und verzehrte ungeduldig ihren Kuchen. Sie konnte es kaum erwarten, mit Irene allein zu sein.

Endlich, nachdem Irenes Eltern sie lächelnd entlassen hatten, zogen die beiden sich in Irenes Zimmer zurück.

„Was hast du da vorhin gesagt?" begann Sissy sofort den Gesprächsfaden wiederaufzunehmen. „David soll hier sein, hier im Haus? Wie kann er denn das, wo er doch tot ist? War er vielleicht nur scheintot, ist er wieder aufgewacht und ihr habt es geheimgehalten?"

„Nein, nein, Sissy", dämpfte Irene den Wortschwall. „David ist richtig gestorben. Und man hat ihn auf dem Friedhof von Possenhofen begraben, wie ich schon sagte. Das Grab ist nicht leer, sein Leib ist wirklich in dem Sarg dort unten. Aber nur sein Leib, verstehst du? Sein Geist ist hier im Haus geblieben. Und er will auch gar nicht weg. Ich habe inzwischen schon oft mit ihm gesprochen!"

„Das ist ja unheimlich!" fand Sissy schaudernd.

„Unheimlich? Nein, tröstlich ist es! Und wunderschön, zu wissen, daß David am Leben ist – wenn auch in anderer Form. Es ist ja auch genau das, was unser Pfarrer sagt: Unsere Seele ist unsterblich!"

„Aber was sagen denn deine Eltern dazu?" wollte Sissy beklommen wissen.

„Die dürfen gar nichts davon wissen", sagte Irene Paumgarten hastig. „Sissy, sag kein Wort davon, versprichst du mir das? Sie haben gesagt, ich käme in eine Nervenheilanstalt, wenn ich weiter so merkwürdige Dinge tue. Aber ich bin ganz gesund und wirklich nicht verrückt, daß mußt du mir glauben, Sissy!"

„Du und verrückt? Das ist doch lächerlich!" beteuerte Sissy. „Das würde ja auch kein Mensch glauben."

„Oh, Papa hat mich schon zweimal von Ärzten untersuchen lassen. Ich weiß nicht, was sie nachher über mich gesprochen haben, aber Papa war sehr ernst und hat dann das mit der Heilanstalt gesagt. Ich muß also vorsichtig sein. Aber ich lasse es mir trotzdem nicht verbieten, mit meinem Bruder beisammen zu sein. Nur wissen darf es eben keiner. Außer dir. Du bist der einzige Mensch auf der Welt, der es weiß!"

Sissy fühlte sich durch diesen Vertrauensbeweis geschmeichelt, wenngleich sie gar keine Vorstellung davon hatte, wie Irene denn das „mit dem Bruder beisammen sein" meinte. Natürlich fragte sie danach. Zu ihrer Überraschung erklärte Irene: „Ich mache gar nichts. Ich setze mich einfach hin, lege ein Blatt Papier auf den Tisch und nehme meinen Bleistift zur Hand. Dann kommt er, ergreift meine Hand und schreibt durch sie die Antworten auf die Fragen, die ich mir denke."

„Und siehst du ihn dabei?"

„Sehen? O nein, ich sehe ihn nicht. Aber ich spüre sehr deutlich, daß er neben mir steht. Manchmal habe ich wirklich das Gefühl, ich kann ihn richtig spüren."

„Oh, Irene, das ist ja unheimlich – dein Bruder als Gespenst!"

„Aber er ist kein Gespenst, Sissy. So etwas ist kein Gespenst. Das ist die Seele, die sich vom Körper losgelöst hat. Sie ist nichts Böses. Zumindest nicht die Seele von David. Wir lieben einander, hatten einander immer sehr lieb, und das hat ganz einfach nicht aufgehört. Ja, ich glaube fast, nun lieben wir einander noch mehr als zu der Zeit, als er noch lebte. Was heißt lebte – er lebt ja immer noch!" setzte sie hinzu.

„Das ist ein bißchen verwirrend", fand Sissy. „Aber ich fange an, dir zu glauben. Denn verrückt bist du nicht, bist du nie gewesen! Nur ein wenig sonderbar", setzte sie lächelnd hinzu.

„Nun, es gibt wohl Leute, die noch viel sonderbarer sein mögen", verteidigte sich Irene. „Aber wenigstens glaubst du mir. Du glaubst mir doch, nicht wahr? Es ist so, wie ich es dir sage, und keine Einbildung. Und ich bin auch ganz und gar nicht verrückt!" Sie sah dabei Sissy durchdringend in die Augen.

Sissy überlief es kalt. „Natürlich glaube ich dir", beeilte sie sich zu versichern. „Aber wie bist du überhaupt dahintergekommen, daß du . . . daß du mit David . . ."

„Das war ganz einfach. Ich hörte wieder einmal meine Stimmen. Und eine davon habe ich plötzlich ganz deutlich als die von David erkannt. Oh, ich konnte mich ja so gut an seine Stimme erinnern!"

„Und?" fragte Sissy gespannt.

„Er sagte mir, was ich tun sollte. In mein Zimmer gehen, Papier und Bleistift nehmen und mich hinsetzen, denn er habe mir etwas mitzuteilen."

„Und?" wiederholte Sissy wie gebannt.

„Dann hab' ich's getan – und seither immer wieder . . ."

17. Gespräch mit David

„Einfach so?" fragte Sissy teils staunend, teils beklommen.

„Ja, einfach so." Irene Paumgarten sah ihre Freundin offenen Auges an.

„Und du hattest nie Furcht dabei?"

„Wie sollte ich Furcht vor meinem eigenen Bruder haben? Er hat mir nie dazu Grund gegeben, im Gegenteil! Zu meinem Bruder hatte ich immer Vertrauen."

„Aber er lebt doch nicht mehr – nicht wirklich, meine ich. Ich weiß nicht, ob ich an deiner Stelle ebenso empfinden würde wie du."

Irene lächelte fein. „Ich glaube, er lebt erst jetzt wirklich", sagte sie. „Was du sagst, entspringt einem Vorurteil vieler Menschen. Sie denken, was sie nicht sehen und greifen können, gibt es nicht. Glaubst du eigentlich an Schutzengel?"

„Ich weiß nicht: Man hat es mich zwar gelehrt, aber –"

„Siehst du, Sissy, das ist auch so eine Sache. Man lehrt etwas, und niemand glaubt wirklich daran. Man hält es bestenfalls für ein hübsches Märchen, das man den kleinen Kindern vor dem Zubettgehen erzählt, damit sie besser schlafen können. Ich für meine Person glaube aber an Schutzengel, genauso wie ich glaube, daß David wirklich lebt. Das glaube ich übrigens nicht nur, ich weiß es! Ich würde lügen, wenn ich sagen würde, es wäre anders."

Sissy wunderte sich denn doch ein wenig über die felsenfeste Überzeugung Irenes, mit ihrem verstorbenen Bruder in Kontakt zu sein. Sie selbst fand es rührend und sah es als einen Beweis geschwisterlicher Liebe an.

Irene Paumgarten blickte sie prüfend an, und Sissy wollte es scheinen, als dringe dieser Blick durch sie hindurch bis auf den Grund ihrer Seele.

„Du glaubst mir immer noch nicht", stellte Irene schließlich traurig fest.

„Das ist nicht so einfach, Irene", erklärte Sissy, die um keinen Preis ihre Freundin kränken wollte. „Schau, was du mir erzählst, ist so ungewöhnlich und so ganz anders als das, was ich bisher erlebt und erfahren habe ..."

„Das ist es", fiel ihr Irene ins Wort. „Du hast es auf den Punkt gebracht. Es ist eine Frage der Erfahrung. Solange man es nicht selbst erlebt und erfahren hat, fällt es einem schwer, daran zu glauben. Ja, man fürchtet wohl auch, ausgelacht zu werden. Es ist ja so, daß selbst meine Eltern mir nicht recht glauben, nicht einmal Mama, die doch so sehr um David getrauert hat und noch immer weint, wenn sie an ihn denkt. Ach, wie sehr wünsche ich mir, ihr helfen zu können! Sie bräuchte ja nur ein einziges Mal dabeizusein, dann wäre für sie alles anders, und sie könnte die tröstliche Gewißheit gewinnen, daß David, ihr Sohn, gar nicht von uns gegangen ist!"

„War sie denn nie dabei, wenn du mit David ...?"

„Dabei? Nein, niemals. Sie hat sich ganz entschieden geweigert. Natürlich habe ich mit ihr und Papa darüber gesprochen, ich habe ihnen alles erzählt und ihnen auch gezeigt, was David durch meine Hand niedergeschrieben hat. Aber sie haben mir daraufhin streng verboten, es jemals wieder zu versuchen. Papa meinte sogar, es wären böse Dämonen, die mich narren würden, und nicht mein Bruder David. Ein andermal wieder meinte er, ich litte an krankhafter Einbildung. Dann wieder, mir läge daran, mich interessant zu machen. Interessant für wen? Wenn ich mit David beisammen bin, sieht und hört uns sonst niemand, und es hat wohl auch niemand außer uns Paumgarten ein Interesse an dem, was er uns mitteilen will."

Irene wirkte fast ratlos, suchte offenbar verzweifelt nach

einem Weg, ihre Eltern umzustimmen. Sissy schüttelte den Kopf. Sie begriff, daß sich ein offener Konflikt zwischen Irene und deren Eltern anbahnte, und bedauerte ihre Freundin deshalb nur noch mehr.

„Die Ärzte, die mich untersucht haben, meinen, ich sei mit übergroßer Phantasie begabt und laufe Gefahr, verrückt zu werden. Sie haben es mir nicht direkt gesagt, aber ich habe es sehr wohl verstanden. Ich soll mich mit solchen Dingen nicht mehr abgeben, meinen sie, sonst gäbe es keine Chance auf eine Besserung. Besserung! Mir fehlt ja nichts! Natürlich haben meine Eltern Angst um mich. Ganz ohne Grund! Weißt du übrigens, was Mama gesagt hat? Sie meinte, ich fände niemals einen Mann, wenn ich weiter mit Geistern umginge. Es würden alle vor mir davonlaufen, Furcht vor mir haben . . .“

Diese Befürchtung leuchtete Sissy allerdings sofort ein. Sie schwieg.

„Und du, hast auch du Furcht in meiner Gegenwart?“

„Nein.“

„Siehst du! Weil du mich magst! Und wenn mich ein Mann wirklich liebt, hat er gewiß auch keine Furcht vor mir. Und jemanden, der mich nicht liebt und den auch ich nicht lieben kann, würde ich niemals heiraten!“ erklärte Irene mit Bestimmtheit. „In diesem Punkt lasse ich mich zu nichts zwingen!“

„Aber bis dahin hat es noch etwas Zeit“, sagte Sissy und gewann ihre Fröhlichkeit zurück. „Hast du dir überhaupt schon überlegt, wie ein Mann aussehen muß, damit er dir so gut gefällt, daß du ihn heiraten möchtest?“

„Nein“, gestand Irene, „an derlei habe ich überhaupt noch nicht gedacht. Und es war auch das erste Mal, daß meine Mutter davon gesprochen hat.“

„Ich wünsche mir einen wunderschönen Prinzen“, gestand Sissy. „Er muß schön sein, großzügig sein und mit mir und Papa in ferne Länder reisen. Und er muß meine Tiere genauso liebhaben wie ich, besonders Sandra und das Pony und die Meerschweinchen ..."

Sissys Geplauder hätte das Gespräch in eine andere Richtung lenken können. Aber Irene Paumgarten ging nicht darauf ein. Ihr lag sehr daran, Sissy davon zu überzeugen, daß sie wirklich und wahrhaftig mit ihrem Bruder David in Verkehr stand. Sie sehnte sich danach, ihre Freundin einzuweihen und dadurch wenigstens einen Menschen in ihrer Nähe zu wissen, der ihr glaubte.

Sissy merkte ihr das an, ohne daß Irene ein Wort sagen mußte. „Zeigst du es mir . . . wie du mit David sprichst?" fragte sie daher zögernd und nicht ohne ein Gefühl leisen Grauens.

„Wenn du es möchtest", sagte Irene leise.

„Ja, ich möchte es."

„Also gut. Aber versprich mir, daß du keine Angst hast!"

„Nun, ich werde mir zumindest Mühe geben. Ehrlich gesagt, ein bißchen Angst habe ich schon, aber auch um deinetwegen."

„Das ist überflüssig." Irene schüttelte den Kopf. „Er ist ja mein Bruder, und dich hatte er auch gern. Keine Furcht, Sissy!"

Sissy sagte nichts weiter. Ihre Beklemmung wuchs. Noch nie hatte sie dergleichen erlebt, und wäre es nicht ihre beste Freundin gewesen, die ihr den Vorschlag machte, mit einem Verstorbenen in Verbindung zu treten, sie hätte ganz gewiß abgelehnt und wäre womöglich Hals über Kopf davongelaufen.

Flüchtig dachte sie an Mama und Papa und was diese wohl dazu sagen würden. Sie konnte sich nicht vorstellen, daß es ihnen recht war. Und Pepperl, der lustige Negerbub, der jetzt hier irgendwo im Haus mit dem Gesinde beisammen war oder vielleicht noch im Stall bei den Pferden? Was würde er davon halten? Eigentlich wäre sie jetzt auch lieber im Pferdestall gewesen, mußte sie sich eingestehen.

Draußen vor der Villa hatte sich der Himmel verdüstert. Der erwartete Schneesturm war wirklich gekommen und fegte in kurzen, heulenden Stößen über die Dächer und die Wipfel der Bäume. Prasselnd jagte er harte kleine Flocken gegen die Fensterscheiben, und unruhig knisterte das Feuer im Kachelofen.

„Komm, setz dich neben mich, damit du alles ganz genau sehen kannst. Und während ich schreibe, sprich mich bitte nicht an. Du mußt wissen, daß nicht ich es bin, die auf das Papier Buchstaben malt, sondern David. Er führt meine Hand. Warte, bis er fertig und alles vorbei ist!"

Sissy versprach es, und die Séance begann.

Irene setzte sich an ihren kleinen Damenschreibtisch, ein Blatt Papier legte sie vor sich auf die Schreibunterlage, dann nahm sie einen Bleistift zur Hand. Während ihre rechte Hand, das Schreibgerät zwischen den Fingern, nun auf dem Papier ruhen blieb, nahm sie eine abwartende Haltung an. Fast schien es, als horche sie auf etwas.

Sissy wagte kaum zu atmen. Sie preßte die Lippen aufeinander, starrte bleich auf ihre Freundin und merkte, wie ihre eigenen Hände leicht zitterten und das Herz ihr bis zum Halse schlug.

Vorerst geschah eine Weile nichts. Plötzlich fragte Irene halblaut: „David, bist du da?"

Keinerlei Reaktion.

„David, bist du da?" wiederholte Irene nach einer Weile. „Komm, Sissy ist bei uns! Ich rufe dich!"

Erst viel später wurde sich Sissy klar darüber, daß es nichts anderes war als der Impuls, ihrer Freundin helfen zu wollen, der sie in die Séance eingreifen ließ, obwohl Irene Paumgarten doch ausdrücklich gesagt hatte, daß sie sich still verhalten und kein Wort sagen solle.

„David", sagte Sissy, „David, wir warten!"

Sie starrte auf die noch immer unbewegte Hand, ihr Blick wanderte höher, bis er auf Irenes Gesicht haftenblieb. Dieses Gesicht hatte sich während der letzten Minuten in merkwürdiger Weise verändert. Es trug den Ausdruck einer Schlafenden, einer Person, die geistig völlig abwesend war.

„Irene!" rief Sissy erschrocken. „Irene, ist dir nicht gut?!"

Schon wollte sie aufspringen und nach draußen laufen, um Hilfe zu holen, als sie ein merkwürdiges kratzendes Geräusch vernahm. Es kam vom Bleistift, der sich jetzt über das Papier bewegte.

Sissy drohte der Herzschlag stillzustehen. Was sie jetzt sah, erschien ihr ungeheuerlich, grausig, gespenstisch. Und doch war es genau das, was Irene angekündigt hatte: Sie schrieb. Sie saß an ihrem Schreibtisch und schrieb.

Irenes Warnung, sie nicht anzusprechen, erwies sich als überflüssig. Sissys Kehle war wie ausgetrocknet, sie hätte ohnedies keinen Laut über die Lippen gebracht. Irene saß mit leicht in den Nacken gebeugtem Kopf da, ihre linke Hand ruhte auf ihrem Schenkel, während die rechte wie mechanisch, offensichtlich ohne von ihr selbst gesteuert zu sein, mit merkwürdig abgehackten Bewegungen über das Papier wanderte.

„Du bist so jung gestorben
Und gingst so rein zur Ruh;
Ach, wär', mit dir gestorben,
Im Himmel ich wie du."

Da stand es, in eckigen Schriftzügen und irgendwie ungelenk hingekritzelt, und zu guter Letzt brach auch noch die Mine des Bleistiftes ab.

Nun konnte Sissy nicht länger an sich halten. „Mein Gedicht!" schrie sie auf. „Woher . . .?!"

Erschrocken preßte sie die flache Hand auf ihre Lippen, denn ihre lauten Worte konnten, wenn jemand sie gehört hatte, Irene in eine unliebsame Lage bringen.

Aber es blieb still draußen. Nur der Sturmwind heulte heftiger denn je ums Haus, und Sissy hoffte, er habe ihren Angstschrei übertönt. Irene aber war davon erwacht und sah sich um, als wäre sie aus einem tiefen Schlaf gerissen worden.

„Sissy", murmelte sie, als müsse sie sich erst zurechtfinden. „Sissy, was war das?"

„Was es war? Nun, David offensichtlich . . . Er hat durch dich mein Gedicht geschrieben. O Schreck, ich wollte es dir zu Weihnachten schenken, zur Erinnerung an David. Er aber hat es schon gekannt! Wieso?"

„Ich bin müde, sehr müde", bekannte Irene Paumgarten. „Und irgendwie ist mir übel. Bin ich denn eingeschlafen, während ich schrieb? Ich bin ganz benommen."

„Ja, du bist weg gewesen. Ich hatte schon Angst um dich, Irene. Wir wollen David lieber nicht mehr rufen, nicht wahr?"

Irene antwortete hierauf nicht, sondern betrachtete jetzt erst das bekritzelte Papier und entzifferte den Text, den sie in Trance niedergeschrieben hatte. Halblaut murmelte sie die Worte. „Das hast du gedichtet?" fragte sie gerührt, und Sissy nickte, immer noch zitternd.

„Es muß ihm sehr gefallen haben", fand Irene. „Er wollte dich gewiß nicht erschrecken. Nur danken wollte er dir, Sissy. Und auch ich danke dir dafür."

Die beiden Freundinnen reichten einander die Hand, und

allmählich verebbte Sissys Erregung. Doch in der folgenden Nacht, als sie in Possenhofen in ihrem Bett lag, vermochte sie nicht einzuschlafen.

18. Fieberträume

Als Sissy am folgenden Morgen erwachte, war ihr Kopf heiß, und sie fühlte sich wie zerschlagen. Sie vermochte sich kaum zu erheben. Es kostete sie viel Mühe, sich zu waschen, anzukleiden und hinunter zum Frühstückstisch zu gehen.

„Sissy! Um Himmels willen, was ist dir?" rief Mama Ludovica erschrocken.

„Ich fühle mich nicht gut, Mama", gestand Sissy.

„Sie schaut ja auch ganz blaß aus, das arme Kind", sagte Papa Max. „Wird sich doch nicht auf der Fahrt zu den Paumgartens erkältet haben? War ja ein eisiger Schneesturm gestern . . ."

„Als wir zurückfuhren, hat es nicht mehr gestürmt", erklärte Sissy.

Vicka griff ihr besorgt an die glühendheiße Stirn. „Das Kind hat Fieber", stellte sie erschrocken fest. „Es besteht kein Zweifel! Das Kind muß ins Bett, und der Doktor muß her! Sissy wird uns doch hoffentlich nicht krank werden!"

„Das wäre schlimm, so kurz vor Sankt Nikolaus und vor den Weihnachtsfeiertagen!"

„Mal doch den Teufel nicht an die Wand, Max!" sagte Vicka ärgerlich. „Es wird halt eine kleine Verkühlung sein, weiter nichts. Sie muß jetzt ins Bett und kräftig schwitzen."

„Aber vorher kann sie noch ihre heiße Milch trinken", riet Max gütig. „Das kann ihr nur guttun. Und iß auch ein Stück Honigbrot! Du hast doch nicht etwa Halsschmerzen, Kind?"

„Nein, Papa." Sissy schüttelte den Kopf.

„Um so besser! Aber selbst wenn du welche hättest, wäre Honig grad so wie heiße Milch jetzt das beste für dich. Der Verwalter soll dafür sorgen, daß Doktor Krusius kommt", ordnete Max noch an und blieb sitzen, bis Sissy gefrühstückt hatte.

140

Die anderen betrachteten Sissy mit großen Augen.

„Hoffentlich hat sie nichts Ansteckendes", sagte Nené und rückte ein Stück von ihr ab.

„Ich will auch Honig", verlangte Gackel.

Die kleine Sophie lachte, als würde über eine besonders lustige Sache gesprochen.

„Wulffen, sorgen Sie dafür, daß Sissy gleich zu Bett kommt und ihr Zimmer gut geheizt ist", bat Vicka.

Die Baronin nickte und brachte Sissy schließlich nach oben. „Na, Kind, Sie sehen ja wahrhaftig ganz grün und grau im Gesicht aus. Wo haben Sie denn Schmerzen?" forschte sie.

„Ich habe keine Schmerzen", sagte Sissy. „Aber ich habe überhaupt nicht geschlafen!"

„Nicht geschlafen? Ja, weshalb denn?" wunderte sich die Baronin und half Sissy beim Auskleiden.

„Ich weiß nicht." Sissy wagte nicht, die Wahrheit zu sagen.

„Aber es muß doch einen Grund dafür geben", bohrte die Baronin weiter. „War es vielleicht der Wind? Hat der Wind an Ihren Fensterläden gerüttelt und Lärm gemacht, so daß Sie nicht einschlafen konnten?"

„Es gab keinen Wind", sagte Sissy wahrheitsgemäß.

„Das ist ja sonderbar", fand Baronin Wulffen. „Na, Papa hat bereits um Doktor Krusius geschickt. Er wird ja wohl bald hier sein, und dann werden wir hoffentlich erfahren, was Ihnen fehlt. Nicht geschlafen die ganze Nacht! Sie schlafen doch sonst wie ein Murmeltier!"

Sissy mußte unwillkürlich über diese Feststellung lachen.

„Na also", sagte die Baronin sichtlich erleichtert. „Es scheint unserer Patientin ja schon besser zu gehen. Sie lacht ja bereits wieder! Was haben wir denn heute vormittag im Unterricht? Mathematik! Die Prinzessin wird sich doch wohl nicht etwa um die Stunde drücken wollen?" fragte die Wulffen verschmitzt.

„Nein, gewiß nicht, Wulffen." Sissy schüttelte den Kopf.

„Na ja, ich will es wohl glauben. Ihnen ist ja klar, daß Sie das Versäumte nachholen müssen, sobald es Ihnen wieder besser geht."

„Ja, ich weiß. Ich werd's schon schaffen."

„Gut. Dann lass' ich Sie also jetzt allein. Drehen Sie sich um und versuchen Sie jetzt zu schlafen. Ich ziehe die Vorhänge zu, damit Sie's dunkel haben."

„Nein, nur das nicht!" rief Sissy erschrocken. „Ich . . . ich habe es viel lieber hell!"

Die Wulffen warf einen langen, prüfenden Blick auf das Mädchen und empfahl sich dann ohne ein weiteres Wort. Draußen auf dem Korridor begegnete sie der Herzogin, die soeben das Frühstück mit ihren Kindern und Herzog Max beendet hatte und noch einmal nach Sissy sehen wollte.

„Nun, wie steht es?" verlangte die Herzogin zu wissen.

„Recht merkwürdig", berichtete die Wulffen. „Sie sagt, sie hätte die Nacht über kein Auge zugetan. Und als ich ihr riet, zu versuchen, jetzt noch ein wenig zu schlafen, und zu dem Zweck die Vorhänge zuziehen wollte, um es ihr hübsch dunkel zu machen, war sie richtig entsetzt. Fast habe ich den Eindruck, sie fürchte sich im Dunkeln!"

„Fürchten? Im Dunkeln? Das ist doch sonst nicht ihre Art!" wunderte sich Sissys Mutter.

„Gewiß nicht, deshalb fällt es mir ja so auf", meinte die Wulffen. „Ich habe sie auch gefragt, ob vielleicht der Sturm die Ursache ihrer Schlaflosigkeit gewesen sein könne, aber sie sagte, der Sturm habe sie nicht gestört!"

Die Baronin begab sich zu den anderen Kindern, die sich im Studierzimmer versammelt hatten. Mama Ludovica trat noch einmal bei ihrer Tochter ein.

„Sissy . . . Die Wulffen war vorhin ganz erstaunt, weil du dich offenbar gefürchtet hast, als sie die Vorhänge zuziehen wollte. Sie hat doch nur gemeint, du könntest deinen Schlaf nachholen. Das hätte dir sicherlich gutgetan."

„Ich kann auch bei Tageslicht schlafen, Mama. Es schneit, und draußen ist es ohnedies düster. Aber ich möchte nicht schlafen! Viel lieber würde ich lesen – etwas Lustiges. Oder eine Weihnachtsgeschichte, die hätte ich auch ganz gern."

„Nun, in der Bibliothek haben wir den ,Weihnachtsabend' von Dickens. Das ist eine recht hübsche weihnachtliche Gespenstergeschichte!"

„Eine Gespenstergeschichte?" Sissy zog unwillkürlich die Bettdecke hoch. „Nein, Mama, so was mag ich ganz sicher nicht."

„Du bist aber heute merkwürdig", sagte Vicka lachend. „Du wirst dich doch nicht etwa fürchten? Hast dich womöglich schon in der vergangenen Nacht gefürchtet? Und gar vor Gespenstern? Die gibt's ja gar nicht, zumindest nicht bei uns in Possenhofen."

„Aber vielleicht anderswo", sagte Sissy gepreßt.

„Wenn es anderswo welche gibt, hast du hier keinen Grund zur Furcht!" stemmte Vicka resolut ihre Hände in die Hüften. „So ein großes Mädel, und fängt auf einmal mit solchen Spintisiererein an! Sag bloß, da ist die kleine Paumgarten daran schuld! – Wirklich und wahrhaftig, so ist es, ich seh's dir an deiner weißen Nasenspitze an! Na, jetzt kann ich mir alles denken . . ."

„Aber gesagt habe ich nichts, Mama, kein einziges Wort habe ich verraten!" rief Sissy beschwörend aus, eingedenk ihres Versprechens, aber ohne zu bedenken, daß dieser Ausruf gleichbedeutend war mit einem Eingeständnis.

„Nein, du hast nichts gesagt, ich bin bloß allwissend!"

Vicka gab ihrer Tochter einen Kuß. „Bin ich froh, daß es nichts Ernstes ist! Wir werden dich schon auskurieren!"

Sie ging erleichtert und in der Hoffnung, im Laufe des Tages durch ein paar geschickte Fragen der Sache auf den Grund gehen zu können. Jetzt wollte sie nicht weiter in Sissy dringen, sie war sicher, daß im Augenblick nichts zu erreichen gewesen wäre.

Aber als um die Mittagszeit Doktor Krusius mit seinem kleinen Schlitten vorfuhr und seine Medizinertasche unheilverkündend ins Haus trug, stellte sich heraus, es war doch etwas: ein Nervenfieber.

„Das Kind steht unter einer Art Schock", konstatierte er. „Es benötigt unbedingt Ruhe. Und Salbeitee könnte nicht schaden; ich schreibe auch noch Beruhigungspillen auf, die kriegen Sie in der Ortsapotheke. Sie nimmt am besten eine Pille abends vor dem Einschlafen und eine zu Mittag nach dem Essen. Nur leichte Kost, nichts schwer Verdauliches. Und Ruhe, unbedingte Ruhe! – Ich sehe morgen wieder vorbei . . ."

Doktor Krusius entfernte sich hüstelnd und auf seinen Stock gestützt. Seine Ärztetasche schleppte er eigenhändig zum Schlitten. Die war sein Heiligtum, er ließ sie sich von niemandem aus der Hand nehmen, schon gar nicht von dem schwarzen Hansl. Dem traute er überhaupt nicht über den Weg, obwohl der doch wirklich nichts für seine schwarze Haut konnte.

„Es muß etwas mit ihrem gestrigen Besuch bei den Paumgarten zu tun haben", mutmaßte Vicka beim Abendessen.

„Das würde ich sehr bedauern", fand Max. „Ich möchte keinen Unfrieden mit unseren Nachbarsleuten, und den wird es wohl geben, wenn du recht haben solltest."

„Ich bin jedenfalls gespannt, was da zutage kommt. Sissy wird ja wohl früher oder später damit herausrücken."

144

Sie tat es aber nur halb, und so, daß sie dabei das Irene gegebene Versprechen nicht brach. Ihre Eltern erfuhren nur, daß Sissy ihrer Freundin schon jetzt das Gedicht für David übergeben habe und daß sie beide sich lange über ihren verstorbenen Bruder unterhalten hätten.

„Daß sie so sensibel ist, hätte ich nicht vermutet", fand schließlich Max. „Es muß also so gewesen sein, daß sie sich in ihrer Trauer um den jungen Paumgarten so echauffiert hat, daß sie deswegen eine schlaflose Nacht verbrachte. Daß Irene ihr angeboten hat, sie zu Davids Grab zu begleiten, finde ich schön von dem Mädchen, aber das soll sie lieber bleiben lassen. In ihrem Zustand wäre der Friedhof für Sissy wohl nicht das rechte Ziel für einen Spaziergang."

„Ein Spaziergang sollte das wohl nicht werden, Mann . . . Es war eine Kinderfreundschaft, die durch den Tod beendet worden ist. Das mag eine Zäsur in Sissys Leben sein. Zum ersten Mal ist der Tod in ihr Leben getreten. Früher war er ihr wohl kaum bewußt. Nun ist ihr klargeworden, daß sie eines Tages auch andere Menschen verlieren wird, ihre Eltern, ihre Geschwister, und daß einmal auch sie selbst . . ."

„Paperlapapp", unterbrach sie der Herzog ärgerlich. „Was sind das für Gedanken für ein junges, gesundes Mädchen! Sie hat das Leben vor sich, nicht den Tod!"

„Max, in gewissen Lebensabschnitten empfinden weibliche Wesen eben anders als ihr Männer", versuchte Vicka eine andere Erklärung.

„Stimmt, sie spinnen", sagte Max lakonisch. „Jeder Mann weiß ein Lied davon zu singen. Beinahe hätte ich darauf vergessen, daß auch Sissy ein weibliches Wesen ist!"

Wie um sich darüber zu trösten, ging er zu seinem Likörschrank und beschäftigte sich in der nächsten halben Stunde mit dessen Inhalt.

Sissy hingegen hatte Irene Paumgartens Geheimnis – das

sie nun mit ihr teilte – nicht verraten, und das erfüllte sie mit Genugtuung. Und merkwürdigerweise verspürte sie nun ein heftiges Verlangen, Irene so bald als möglich neuerlich aufzusuchen und das Experiment zu wiederholen.

Sie brauchte eine Weile, um innerlich zu verarbeiten und in ihr bisheriges Weltbild einzuordnen, was sie erlebt hatte. Sie konnte zu diesem Zeitpunkt nicht ahnen, daß Irene in ihrem späteren Leben noch eine Rolle spielen sollte.

Irene Paumgarten war das, was die Parapsychologie unter einem Schreibmedium versteht. Sie hatte starke sensitive Anlagen, und in späteren Jahren, wenn die beiden einander begegneten, wurde Sissy noch oft Teilnehmerin an spiritistischen Séancen. Aber auch die Befürchtung von Irenes Vater bewahrheitete sich: Irene Paumgarten blieb unverheiratet. Natürlich hatte sie Begegnungen mit Männern, eine Bindung von Dauer wurde aber nie daraus. Ob sie ihren jeweiligen Partnern tatsächlich unheimlich war? Sie war es niemals für Sissy. Die Freundschaft der beiden hielt lebenslang.

Ob nun durch die Pillen des Herrn Doktor Krusius oder aufgrund ihres Wunsches, Irene so bald als möglich wiederzuehen, Sissy war jedenfalls noch vor dem Fest des Heiligen Nikolaus wieder auf den Beinen. Sie hatte also in bezug auf die verlorenen Unterrichtsstunden nicht viel nachzuholen. Und der Doktor tat sich auf seinen Heilerfolg einiges zugute.

Am Nachmittag des 5. Dezember ließ Herzog Max den Schlitten anspannen und fuhr mit Sissy zum Friedhof. Er wußte, wo das Grab des jungen Grafen sich befand, und zog es vor, selbst mit ihr hinzugehen. Er hoffte, dadurch unnötige sentimentale Erregung zu vermeiden.

„Nun, hier ist es", sagte er. „Ein Grab wie viele andere. Laß uns kurz beten und dann wieder gehen."

Sissy hatte aus dem Glashaus ein Sträußchen Blumen mitgebracht und legte es auf den schneebedeckten Hügel. Der

146

Herzog sah mit Befriedigung, daß sie keinerlei Anzeichen von Erregung zeigte.

„Hier liegt nur das, was von seinem Körper übrig ist", erklärte sie leise. „David selbst ist nicht hier. David ist woanders."

Ihn erstaunten diese Worte.

19. Weihnachtsvorbereitungen

Drei Tage vor dem Heiligen Abend – Sissy hatte sich inzwischen schon wieder ganz erholt – trat Papa Max mit sehr geheimnisvoller Miene vor seine Kinder hin.

„Ich fahre jetzt in den Wald das Christkind suchen", sagte er zu den Kleinen.

„Da fahre ich aber mit", rief Sissy unternehmungslustig.

„Nein, mein Kind, du bleibst hier!" bestimmte der Vater ernst. „Der Wald ist tief verschneit, es wird früh dunkel, und vielleicht gibt es wieder Sturm. Nein, ihr bleibt allesamt daheim. Ihr könnt ja inzwischen Äpfel braten, ich hätte ganz gern so einen knusprigen heißen Bratapfel, wenn ich nach Hause komme!"

Er nickte der Reihe nach den Kindern zu und erkundigte sich, ob das Telegramm, das von Luis kommen sollte, um dessen Ankunft anzuzeigen, schon da wäre.

„Vielleicht bringt es der Postbote heute noch", meinte Vicka, die selbst schon mit Ungeduld darauf wartete.

„Merkwürdig", brummte Max stirnrunzelnd. „Eigentlich könnte er ja selbst bereits hier sein."

Das fand Ludovica auch, doch Luis hatte bisher nichts von sich hören lassen. Weder Max noch Ludovica wollten zugeben, daß dieser Umstand sie beunruhigte. Sie mochten weder sich noch anderen die Vorfreude auf das Weihnachtsfest verderben, aber in Anbetracht der aus der Residenzstadt einlangenden Gerüchte mußte man tatsächlich damit rechnen, daß Unvorhergesehenes eingetreten war, was Luis an der Übermittlung einer Nachricht gehindert haben könnte, wenn nicht Ärgeres geschehen war.

In München hatte in den letzten Tagen mehrmals das Militär ausrücken müssen, um Unruhen im Keim zu ersticken. Jeder, der den Ereignissen einigermaßen objektiv ins Auge blickte, mußte erkennen, daß man sich offensichtlich am Vorabend einer Revolution befand. Die Zeiger der Uhr standen bereits auf fünf Minuten vor zwölf. Nur einer wollte das nicht wahrhaben, der nämlich, den es gerade am meisten anging: der König.

Seine Frau, seine Verwandten, seine Minister und Berater, alle rieten ihm dringend, die Person, die Ursache der Unruhe und des Unwillens der Bevölkerung war, wegzuschicken. Dann wäre vielleicht noch alles ins rechte Lot zu bringen gewesen. Doch der König fürchtete völlig zu Unrecht, ein Nachgeben könne für ihn Prestigeverluste bedeuten und als Zeichen von Schwäche gedeutet werden. Gerade das Gegenteil aber war der Fall. Durch sein Festhalten an Lola Montez machte er sich lächerlich, denn was seine Schwäche anbetraf, so war sie allzu offensichtlich: In den Händen der schönen Lola Montez war er Wachs.

Die Montez lud indessen bereits jetzt Gäste zu ihrer Silvesterparty ein, und es war sicher, daß ihr der König ein wahrhaft königliches Weihnachtsfest zu Füßen legen werde – kostbare Geschenke auf Kosten der Steuerzahler, wie die Opposition verbreitete.

Der König reagierte auf diese Anschuldigungen, die sogar im Parlament diskutiert wurden, überhaupt nicht. Erstens waren sie falsch – er beschenkte die schöne Lola aus Mitteln seiner Privatschatulle. Zweitens aber erklärte er die Angelegenheit überhaupt für seine Privatsache, die keinen sonst was anginge außer Lola und ihn. Infolgedessen übte er sich in vornehmem Schweigen. Aber auch das war grundfalsch; er hätte zumindest dem Vorwurf der Verschwendung öffentlicher Gelder entschieden entgegentreten müssen.

Aber so war er nun einmal, und deshalb konnte ihm auch niemand helfen. Alle sahen das Unheil kommen, nur er wollte es nicht wahrhaben. Also nahmen die Dinge ihren Lauf.

In Possenhofen erfuhr man hiervon allerdings nur durch Zeitungsberichte und mündliche Schilderungen von Leuten, die aus der Residenzstadt kamen und kopfschüttelnd erzählten, was dort so vor sich ging. Das aber konnte den herzoglichen Weihnachtsfrieden und die Vorfreude auf das große Fest nicht trüben. Das Geschrei der Politisierer in München schluckte hier heraußen der tiefverschneite, friedliche Winterwald.

Papa Max nahm, als er losfuhr, noch den Knecht Pankraz mit, der eine Zugsäge im Schlitten verstaut hatte. Zweck der Fahrt war das Beschaffen der Weihnachtsbäume. Papa Max hatte sich diesmal etwas Besonderes ausgedacht. Jedes seiner Kinder sollte seinen *eigenen* Christbaum haben und darunter seine Geschenke vorfinden.

Auch für Luis war ein solcher Baum vorgesehen; Max hoffte inständig, sein Ältester würde am Heiligen Abend zu Hause sein und zusammen mit seinen Eltern und Geschwistern an der Weihnachtsfreude teilhaben.

Am Abend des fünften Dezember, dem Vorabend von Nikolaus, waren die Kinder im Ort gewesen, die Negerbuben mit ihnen. Da hatte es großen Krampusschabernack gegeben. Denn die vier Negerlein waren allesamt als Krampusse verkleidet gewesen und hatten zu diesem Zweck ihre Gesichter gar nicht erst mit Schuhwichse schwärzen müssen. Allerdings wurden sie von der Dorfjugend natürlich sofort erkannt. Es waren aber auch noch andere Krampusse unterwegs, und die hatten nicht einmal Respekt vor den Prinzessinen. Auch Sissy bekam eine Krampusrute zu spüren! Es machte ihr aber nichts aus, überdies kamen ihr sofort ihre eigenen vier Krampusse zu Hilfe, und der fremde Krampus, ein maskierter Bauernbursche, wurde von ihnen durchgewichst. So durfte die Possenhofener Chronik über das einmalige Ereignis berichten, daß ein Krampus selber die Rute zu schmecken bekam, noch dazu nicht bloß eine, sondern gleich vier. Flugs machte er sich aus dem Staub, wobei er unter allgemeinem Gelächter auch noch seine Hörner verlor.

Im dichten Wald hielten die Männer den Schlitten an, und der Herzog suchte eigenhändig acht Christbäume aus, sechs für seine Kinder, einen für Ludovica und sich selber und den achten für die Gesindestube.

Es waren keine großen Bäume, und die Sache hatte auch noch einen forstwirtschaftlichen Nutzen. Der allzu dichte Baumwuchs mußte gelichtet werden. Immerhin schufteten der Herzog und Pankraz im Schweiße ihres Angesichts, bis es schon fast dunkel war.

Kalt war den beiden nicht bei ihrer Arbeit. Gar bald legten sie ihre Mäntel und Jacken ab und sägten an den jungen Stämmen, daß es im Wald widerhallte. Erschrocken nahmen die Tiere reißaus. Auch hungrige Rehe, die im Winter auf Futtersuche bis nahe an die Häuser der Menschen kamen, flüchteten, Hasen hüpften furchtsam davon, Füchse verschwanden in ihrem unterirdischen Bau, und nur die verschlafenen Eulen blinzelten mißvergnügt, blieben aber auf ihren Ästen sitzen. Sie ließen sich nicht aus der Ruhe bringen.

Als es endlich soweit und der Schlitten mit den Christbäumen beladen war, nahmen die beiden noch einen tüchtigen Schluck aus den mitgebrachten Flaschen, dann rief Pankraz dem Gespann ein ermunterndes „Hühhh!" zu. Die Pferde zogen an, es ging heimwärts.

Die Christbäume wurden ins Wirtschaftsgebäude gebracht, denn die Kinder sollten sie noch nicht sehen. Als auch das geschehen war, versorgte Pankraz das Gespann, und der Herzog klopfte den Schnee von seinen Stiefeln, warf seinen Mantel ab und eilte nach oben. Mit großen, fragenden Augen blickte er Ludovica an, die ihn willkommen hieß.

Auch ohne daß er ein Wort sprach, wußte sie, was er wissen wollte. „Luis ist noch nicht gekommen", sagte sie. „Auch kein Telegramm."

„Ich fange an, mir ernsthaft Sorgen zu machen", gestand er.

„Nicht doch, Max", erwiderte sie beruhigend. „Es ist ja noch nicht Heiliger Abend."

Aber sie hatte gehofft, daß Luis während Maxens Abwesenheit erscheinen möge. Es wäre doch eine zu schöne Überraschung für Max gewesen, und nicht nur für ihn! Auch die Geschwister fragten bereits nach Luis.

„Und die Bäume?" fragte sie leise.

„Sind alle da", flüsterte Max. „Sechs kleine und zwei große. Die Wulffen feiert natürlich mit uns. Die Lehrer sind ja allesamt heimgefahren, und das Gesinde hat seinen eigenen großen Baum."

„Das ist gut, Max", lobte Vicka.

Am folgenden Vormittag, während die Baronin die Kinder in der Studierstube versammelte und ihnen, so wie es abgemacht war, Weihnachtsgeschichten vorlas, schafften Pankraz und zwei Knechte die Christbäume in den Festsaal des Schlosses, der bereits mit Tannenreisig geschmückt war und herrlich weihnachtlich duftete. Die Bäume wurden auf eine lange Tafel gestellt, und vor jeden einzelnen kam ein Kärtchen mit dem Namen desjenigen, dem er zugedacht war. Die Tafel war mit weißem Linnen gedeckt, auf dem auch Reisig lag. Und unter jedes der Bäumchen wurden dann noch die vielen in buntes Papier verpackten und mit Goldschnüren umwundenen Päckchen gelegt. Als diese Vorbereitungen getätigt waren, wurde der Festsaal versperrt, und Mama Vicka steckte den Schlüssel in ihre Schürze.

„Deine Idee mit den vielen Bäumchen, lieber Mann, ist ja ganz gut", fand sie, nachdem sie und Herzog Max einen letzten Blick auf die Tafel geworfen hatten. „Aber nächstes Weihnachtsfest brauchen wir dann noch ein Bäumchen dazu!"

„Ich weiß, ich weiß! Es stehen ja noch genug Bäume in unserem Tannenwald!"

Vicka stieß einen leisen Schrei aus. „Du wirst doch hoffentlich nicht den ganzen Wald schlägern wollen!" versetzte sie.

„Keine Angst, der wächst nach", sagte Max lachend. „Aber im Ernst – die Bäume müssen ja auch noch geschmückt werden. Und haben wir überhaupt genügend Weihnachtskerzen? Daran habe ich nämlich gar nicht gedacht."

„Die Baronin wird das alles im Ort besorgen", beruhigte ihn Vicka. „Und was den Christbaumschmuck betrifft, so haben unsere Kinder unter ihrer Anleitung in den letzten Tagen so viel davon eigenhändig gebastelt, daß dafür ein Baum gar nicht ausreichen würde. Die Kinder können noch welchen anfertigen, da vergeht ihnen wenigstens die Zeit. Sie fiebern ja schon alle dem Heiligen Abend entgegen und können es kaum mehr aushalten."

„Daß mir keiner durchs Schlüsselloch schaut!" warnte Max.

„Lieber Mann, das wird sich nicht verhindern lassen. Ich könnte es höchstens von innen verhängen oder verstopfen. Laß sie doch gucken!"

Und alle schauten durchs Schlüsselloch, einzeln und in Gruppen, bis auf Nené, die dieses Treiben nur belächelte.

Auch unter dem Gesinde herrschte Vorfreude und Neugierde; das Herzogpaar ließ sich nie lumpen. Allerdings lief es diesmal umgekehrt: Wurde sonst immer ein Bote mit Paketen aus München nach Possi geschickt, so fuhr diesmal ein Schlitten mit Geschenkpaketen nach München in die Ludwigstraße, um die im Palais verbliebenen Bediensteten, soweit sie nicht die Familie nach Possi begleitet hatten, zu beteilen.

Im letzten Moment entschloß sich der Herzog mitzufahren. Vicka hatte ein mulmiges Gefühl, als er das Gefährt bestieg. Doch Max hatte das Empfinden, daß es seine Pflicht wäre, nach dem Haus und dem es betreuenden Personal zu sehen. Auch trieb es ihn, seine Freundesrunde im Hofbräuhaus vor den Feiertagen noch einmal zu treffen.

Bei der Einfahrt in die Stadt wurde der Schlitten von Gendarmen angehalten, und die Beamten machten Miene, ihn zu durchsuchen. Der Herzog protestierte, aber erst als er sich als der Schwager des Monarchen auswies, entschuldigten sich die Gendarmen respektvoll und ließen den Schlitten passieren.

„Jo mein, das hätt' noch gerade gefehlt, daß mir die Kerle die schönen Packerln, die wir so schön gemacht haben, der Reihe nach aufwickeln und ihre langen Nasen in meine Geschenke hineinstecken!" ärgerte sich der Herzog. „Ja, ist es denn schon so arg, daß an allen Ecken und Enden von München Polizei aufg'stellt werden muß?"

Es war tatsächlich so arg. Vor dem Palais patrouillierten sie mit aufgepflanztem Bajonett, das Haus selbst war versperrt, hinter den Fenstern war alles dunkel. Auf des Herzogs heftiges und wütendes Schellen erschien endlich der treue Diener Josef.

„Ja, haben wir denn einen Belagerungszustand?" fuhr Max ihn wütend an. „Wollt ihr mich in mein eigenes Haus nicht reinlassen?"

Josef schaute ihn ganz verdutzt an, gerade so, als ob er alles, nur nicht ihn erwartet hätte.

„Josef, hat's dir die Red' verschlagen?!" wetterte der Herzog.

Da endlich löste sich der Bann. „Oh . . . der gnädige Herr!" stotterte Josef erleichtert. „Ich dachte schon . . . ich dachte schon . . . Fröhliche Weihnachten!"

20. Münchner Weihnachtsüberraschung

Josef glotzte noch immer seinen Herrn an. In seinen Gehirn-
windungen war offenbar noch keine richtige Schaltung zustande gekommen. Er stand im Türspalt, und der Herzog
stand draußen. Dabei war es reichlich kalt, und es fing auch
noch zu schneien an.

„Josef, willst du mir nun endlich das Tor aufmachen oder
nicht!" fuhr ihn der Herzog an. „Soll ich etwa anfrieren? Woran denkst du, Mensch, falls du überhaupt denkst? – O mein,
der Mensch ist reinweg übergeschnappt!"

„Oh . . . ich bitte untertänigst . . . ich habe . . . ich wollte . . . ja nur . . ."

„Teuxelkurutzitürken noch einmal!" schrie der Herzog,
jetzt wirklich zornig werdend. „Was du dachtest, wolltest
oder möchtest, interessiert mich einen Schmarren! Eini
möcht' i in mein Haus, mitsamt dem Schlitten, verstanden?!"

„Ja, jawohl", hauchte der völlig verdatterte Diener, der
sonst keineswegs unbeholfen war. Er riß nun endlich die beiden Torflügel auf, so daß das Gefährt einfahren konnte.

Der Herzog aber fand es für angezeigt, sich den armen
Josef vorzunehmen. Nachdem er sich erst einmal überzeugt
hatte, daß der Diener nicht etwa nach Alkohol roch, packte
er ihn am Arm und zog ihn zu sich heran.

„Gestehe, was los ist!" verlangte er zu wissen, nun im
höchsten Grade mißtrauisch geworden. „Hier stimmt doch
etwas nicht, oder? – Man hat wohl nicht damit gerechnet,
daß ich aufkreuze, wie? Und dabei hätte man sich das doch
an allen fünf Fingern abzählen können. Also, heraus mit der
Sprache!"

„Gnädiger Herr", stammelte Josef und sank in sich zusammen, „gnädiger Herr, es ist . . . jemand im Haus, jemand,
von dem niemand wissen darf, daß er da ist!"

Der Herzog schubste den guten Josef kurzerhand zur Seite und stürmte ins Haus.

Das von außen wie im Dornröschenschlaf versunken scheinende Palais war innen warm geheizt und gemütlich erleuchtet. Der Handlauf aus Messing war geputzt und glänzte, wie Max feststellte, als er über die Herrschaftsstiege nach oben lief. Im Salon brannten Kerzen auf einem üppig gedeckten Tisch, auf dem anscheinend jetzt schon ein weihnachtlicher Festschmaus angerichtet war. Und durch den Raum wehte ein Duft, zwar nicht von Tannenreisern, aber von einem teuren Damenparfum.

Kurz darauf erschien Luis, nicht etwa in Uniform, sondern im Hausrock. Max, der noch immer an der Schwelle zum Salon stand und einigermaßen verdutzt die hier getroffenen Vorbereitungen überblickte, starrte seinen Sohn an.

„Luis", entfuhr es ihm. „Du hier – und in Possi wartet die gesamte Familie auf dich! Was hat das zu bedeuten? Und was soll der gedeckte Tisch? Wer ist noch bei dir, ein Frauenzimmer, wie? Gib Rede und Antwort!"

„Servus, Papa", brachte der junge Offiziersanwärter einigermaßen verlegen hervor.

„Was treibst du hier?" wollte jedoch der Herzog wissen. „Und wer ist *sie* – denn um ein Weibsstück handelt es sich doch wohl, oder? Du brauchst mich nicht für dumm zu halten! Schließlich bin ich auch einmal um ein paar Jährchen jünger gewesen", lenkte Max eingedenk seiner eigenen Jugendsünden ein.

„Es ist – Lola Montez", kam es gepreßt.

„Was – du und diese Lola hier in meinem Haus?!" rief der Herzog. „Bist du wahnsinnig, Bub?! Sie ist die Geliebte des Königs!"

„Der Onkel ist auch da", ergänzte Luis sein Geständnis, und nun blieb Max völlig die Sprache weg.

Diesen glücklichen Umstand benutzte Luis zu einer umfassenden Erklärung der ein wenig merkwürdigen Situation.

„In der Theresienstraße sind sie beide nicht sicher", erklärte er. „Man hat dort bereits mehrmals die Scheiben eingeworfen. Immer wieder muß der König gegen Randalierer vorgehen lassen. Jetzt ist er heimlich bei Nacht mit ihr hierher gezogen."

„In mein Haus!" Max ließ sich in einen Stuhl fallen.

„Wenn das öffentlich bekannt wird, wird man es womöglich auch demolieren . . . Meine schöne Zirkusarena!"

„Eben deswegen sieht ja alles so aus, als ob kein Mensch außer ein paar Dienern anwesend wäre. Man weiß, daß wir in Possi sind."

„Und das Silvesterfest in der Theresienstraße?"

„Ist abgesagt. Offiziell hat die Montez München verlassen und sich aufs Land zurückgezogen. In Wirklichkeit aber ist sie noch hier – in unserem Haus, Papa!"

„Ihr vergeßt, daß es eigentlich *mein* Haus ist", ertönte jetzt die Stimme des Königs hinter Luis. *„Ich* habe es bauen lassen und meiner Schwester geschenkt, Max, vergiß das nicht! Und was deine schöne Arena anlangt, auf der du in diesem Winter leider keine Vorstellung geben wirst, so wird kein Mensch sie anrühren. Niemand außer ein paar Eingeweihten weiß, daß Lola und ich hier sind."

„Und wenn es sich doch herumspricht? Wenn einer, der es weiß, nicht dichthält?"

„Dann wird den Kerl der Teufel holen!" verkündete der König drohend.

„Deswegen bin ich ja auch noch nicht nach Possi gekommen", erklärte Luis. „Ich kann hier aus und ein gehen, ohne Verdacht zu erregen. Ich mache für den König Besorgungen."

„Er hat meine Geschenke für Lola eingekauft", ergänzte

der König. „Und wir haben hier ein so schönes, warmes, ungestörtes Nest, sie und ich! Ihr schätzt sie alle falsch ein, sie ist nicht nur schön, sondern auch ein liebenswerter Mensch und ein armer Teufel, der nichts will, als endlich irgendwo eine feste Bleibe zu finden."

„Das redet sie dir bloß ein, Ludwig", stellte Max fest und erhob sich. „Sie hat dich völlig verblendet. Die und eine feste Bleibe! Sie ist eine Zigeunerin, das Theater liegt ihr im Blut, sie braucht Bewunderung von einem Publikum. Du würdest sie nicht halten können, und wenn du ihr zehn Schlösser schenkst. Eine Bleibe hielte die nicht lange aus."

„Du denkst über sie wie alle anderen", stellte der König bedauernd fest. „Dabei kennst du sie gar nicht. Weißt nur, was über sie geschrieben, getratscht und gelästert wird."

„Und Therese, deine Frau? Weiß sie, daß ihr hier beisammen seid?"

„Ich befinde mich zur Zeit auf Truppeninspektion", gab der König hart zurück.

„Über die Feiertage? Da lachen doch die Hühner, Ludwig", versetzte Max und begann nervös auf und ab zu laufen. „Das glaubt dir doch kein Mensch! Wenn man dich auch im Augenblick nicht hier vermutet, du kannst dich doch nicht ewig auf *Inspektion* befinden, ganz abgesehen davon, daß man wird wissen wollen, wo diese Inspektion stattfindet."

„Das ist anläßlich eines Geheimmanövers", erklärte Ludwig ungerührt. „Streng geheime Heeressache, verstehst du?"

„Haha!" konnte sich Max nicht das Lachen verbeißen und griff sich an den Kopf. „Ludwig, ich lese schon die Schlagzeilen: Der König hält Geheiminspektion unter den Röcken der Lola!"

„Jetzt gehst du zu weit", stellte der König bitter fest.

„Entschuldige, Schwager", besann sich Max. „Aber hast du denn auch wirklich alles bedacht?"

„Und habt *ihr* alles bedacht? Ihr, die ihr euch zum Sittenrichter über einen Mann aufwerft, der noch ein bißchen Glück vom Leben haben will! Ich bin über Sechzig, was bleibt mir noch? Ich habe mich mein Leben lang um dieses Land und seine Bürger gesorgt. Daran denkt jetzt kein Mensch, das scheint allen selbstverständlich. Was habe ich bloß aus dieser Stadt gemacht – sieh es dir doch nur an, mein neues München! Und was ist der Dank? Spott, Hohn und Aufruhr! Habe ich das verdient – bloß deswegen, weil ich mir ein paar glückliche Tage gönnen will, auf die sonst jeder ein Recht hat? Ein Recht, das man ausgerechnet dem König nicht zugestehen will!"

Die beiden Männer starrten einander an, der König herausfordernd und bis ins Innerste erregt, Max hingegen mit einem zunehmenden Ausdruck des Mitleids und Bedauerns.

„Und Therese?" wiederholte Max noch einmal. „Du denkst an dich, und ich glaub', da versteh' ich dich. Aber Therese – denkst du auch an sie? An deine Frau, die du in aller Öffentlichkeit lächerlich machst? Und an ihr Ansehen als Königin?"

Jetzt war es der König, der sich in den Stuhl fallen ließ, auf dem kurz zuvor noch der Schwager gesessen hatte. „Ach, Therese. Ihr Verhalten schmerzt mich in tiefster Seele. Ihr gegenüber fühle ich mich schuldig, ja, es stimmt. Sehr schuldig sogar. Nicht etwa, weil sie mich mit Vorwürfen überhäufen würde, sondern weil genau das Gegenteil der Fall ist. Therese benimmt sich wahrhaft königlich, sie als einzige. Und ich gehe ihr aus dem Weg, weil ich ihren anklagenden Blick nicht ertragen kann. Ihre Lippen schweigen, aber dafür sagen ihre Blicke um so mehr."

„Das hast du dir selbst zuzuschreiben, Ludwig. Nimm endlich Vernunft an. Man kann nicht alles haben im Leben!"

„Ja, so wird es wohl sein", bekannte der König tief bekümmert. „Das kleine bißchen späte Glück ist mir offensichtlich nicht vergönnt. Ich weiß, du meinst es mit mir gut, Max, und ich trag' dir auch nix nach. Aber laßt mir noch wenigstens diese letzten paar Tage, nur noch dieses Weihnachtsfest. Jeder Tag schmeckt mir ohnedies bitter genug. Ich weiß selbst, wir wissen es beide, Lola und ich, daß es ein Ende nehmen muß . . ."

„Je früher, desto besser", befand Max. „Wenn es dir wirklich so nahegeht, Ludwig, versteh doch, jeder Tag länger bedeutet nur noch mehr Herzweh. Da macht man doch lieber ein Ende mit Schrecken als umgekehrt einen Schrecken ohne Ende!"

„Ja, Max, ich weiß, hast recht . . . Na, besorg halt alles, was du hier in deinem Haus besorgen und anschaffen wolltest, und dann fahr wieder nach Possi und laß das Unglückspaar allein. Und deinen Buben Luis nimmst am besten auch gleich mit. Ich brauch' ihn jetzt nicht länger."

„In Ordnung, Ludwig. Ich tu', was ich nicht lassen kann", sagte Max lächelnd, und ihre alte Freundschaft schien wieder hergestellt. „Und inspizier nicht zu lang."

Der König lächelte matt über diesen Scherz.

Wenn Max gehofft hatte, der verführerischen Schönheit, die den König offenbar um den Verstand gebracht hatte, in seinem Hause ansichtig zu werden, so sah er sich getäuscht. Lola Montez hielt sich in einem der Gemächer des Palais verborgen und zeigte sich ihm ebensowenig wie irgend jemand anderem – den König natürlich ausgenommen, der sie ganz für sich allein haben wollte.

Und Ludwig I. war gesonnen, den bitteren Becher seiner Liebe bis zur Neige zu leeren.

„Ich pack' nur meine Sachen zusammen und fahr' dann mit dir, Papa", sagte Luis.

„Und grüß meine Schwester schön. Ich wünsch' euch allen ein schönes Fest", fügte König Ludwig müde hinzu.

Er blieb auf seinem Stuhl sitzen, als wäre er zu schwach, sich zu erheben, und warte nur darauf, daß sein Schwager, kaum angekommen, das Haus wieder verließe.

Und offensichtlich verhielt sich das tatsächlich so. Max war in seinen eigenen vier Wänden nicht willkommen. Jetzt bedurfte es der Fixigkeit Josefs, um der unausgesprochenen Erwartung des Königs gerecht zu werden. Auch Luis half mit. Der Schlitten wurde entladen, und der Diener übernahm es, dem Personal die Feiertagswünsche des Herzogs zu übermitteln.

Die Pferde hatten kaum den Stall beschnuppert und sich über den Hafer hergemacht, der ihnen zur Stärkung in die Futterkrippe geschüttet worden war, als sie auch schon wieder ins Geschirr mußten.

Im Stall stand ein wunderschöner, feuriger Rappe, der hier nicht hergehörte, ein Geschenk Ludwigs an seine Lola. Das Tier war das einzige, was Max als Beweis ihrer Anwesenheit in seinem Hause zu Gesicht bekam. Ansonsten hatte er nur noch den Duft ihres Parfums wahrnehmen dürfen.

Als er, seinen Sohn Luis an der Seite, auf dem von Pankraz gelenkten Schlitten wieder zurück nach Possi fuhr und an der bewußten Stelle wieder den Kontrollposten der Gendarmen passierte, kam ihm sein kurzer Münchner Aufenthalt beinahe wie ein gespenstisches Erlebnis vor.

„Mama wird Augen machen", sagte er, „wenn ich ihr diese unglaubliche Geschichte erzähle!"

„Ich war ja selbst höchst erstaunt, als mein Urlaub plötzlich auf Weisung des Königs vorverlegt wurde. Alle Kameraden haben mich kopfschüttelnd angestarrt, und erst recht

meine Vorgesetzten in der Offiziersschule! Aber auf dem Be-
fehl stand etwas von Teilnahme an einer Geheiminspektion."

„Ach so." Max lachte jetzt laut heraus. „So hat sich das
der alte Schlaumeier Ludwig gedacht! Da warst du gewissermaßen nicht nur sein Quartiergeber, sondern auch noch sein
Alibi!"

21. Revolution

Der Frühling des Jahres 1848 hielt unheilverkündend seinen Einzug. Überall in Europa standen die Zeichen auf Sturm.

Was lange Zeit vorhersehbar gewesen war, im Februar trat es ein. Bürgerkönig Louis Philippe von Orléans, der „König mit dem Regenschirm", wie er spöttisch genannt wurde, weil er es liebte, als einfacher Mann und ohne irgendwelche Leibgarden über die Pariser Boulevards zu spazieren und mit den Leuten zu reden, erlebte es, daß das Volk gegen ihn, den angeblichen „Tyrannen", revoltierte, aufgehetzt durch eine Handvoll machtgieriger Politiker, die es nicht leiden mochten, daß der König seiner Aufgabe gerecht wurde, das Zünglein an der Waage zu spielen und, anstatt den Interessen einzelner Lobbys nachzugeben, das Gesamtwohl im Auge zu haben. Louis Philippe setzte sich, um sich nicht der Gefahr für Leib und Leben auszusetzen, einfach in eine Kutsche und fuhr davon. Es war wohl das Klügste, was er tun konnte. Einen blutigen Bürgerkrieg, der um seine Person geführt wurde, wünschte er nicht.

Der Schauspieler Debureau, ein Handlanger der Umstürzler und einer der ärgsten Hetzer gegen seinen König, der im Gefängnis auf seinen Prozeß wartete, kam durch die Revolution wieder frei und galt eine Zeitlang als Pariser Freiheitsheld. Aber bald machte er nur noch durch die Schwierigkeiten von sich reden, in die sein Theater finanziell geriet. In der Regierungszeit des Bürgerkönigs war es den Parisern gutgegangen. Doch die „glorreiche" Revolution führte zu einer allgemeinen Pleite; es füllten sich nur die privaten Kassen der ans Ruder gekommenen Republikaner, und bald sah es nach einem neuen Umsturz aus.

Seit dem 15. Jahrhundert regierte – mit einer Ausnahme – der österreichische Monarch als „Römisch-Deutscher Kaiser

Deutscher Nation", doch schon 1806 hatte diese Würde ausgedient. Kaiser Franz II. verzichtete auf den Titel und nahm als Ausgleich den Titel Kaiser von Österreich.

Die Wellen der Pariser Revolution schwappten bis an die Donau über. Im März erhoben sich die Wiener. Und das zu einem Zeitpunkt, zu dem in Italien der offene Aufstand ausbrach und General Radetzky seine liebe Not hatte, die italienischen Nationalisten und die Truppen des Königs Karl Albert von Sardinien bei Custozza und Novara zu schlagen und wieder in Mailand und Venedig einzumarschieren.

Und was war in Bayern passiert? – Nach der angeblichen Rückkehr der Gräfin Landsberg alias Lola Montez, die ebenso wie König Ludwig gehofft hatte, die öffentliche Meinung werde sich wieder beruhigen, war erst recht der Teufel los. Nun mußte die Montez tatsächlich ihre Koffer packen. Die wütende Bevölkerung drang in die Villa in der Theresienstraße ein, und nur das persönliche Eingreifen Ludwigs konnte eine völlige Demolierung und Plünderung verhindern. Doch blieb nicht unbekannt, daß er zu diesem Zweck einen Hintereingang benützen und in letzter Minute auch noch eine Mauer hatte überklettern müssen.

Zwar war der Spott, dem er sich nun preisgegeben sah, eher bajuwarisch-gutmütiger Natur, und niemand wollte ihm ans Leben, aber es war klar, daß er nicht länger König bleiben durfte. Er dankte ab zugunsten seines Sohnes Maximilian Joseph, der als Maximilian II. Joseph den bayrischen Königsthron bestieg. So war nach etlichen hohen Beamten und Ministern auch noch der König selbst ein Opfer der schönen Lola geworden, die bei Nacht und Nebel über die Grenze flüchten mußte.

Aus Wien flüchtete der gehaßte Fürst Metternich samt seiner Familie. Nach siebenundvierzigjähriger Dienstzeit, innerhalb welcher er Österreich zu dem gemacht hatte, was es war, mußte er, in eine billige Kutsche gezwängt, mit seiner Frau Melanie, seinen vier Kindern und dem treuen Baron Hügel die Stadt verlassen. Die Staatskasse hatte sich geweigert, ihm das ihm zustehende Gehalt auszuzahlen, und hätte ihm nicht Baron Rothschild 1000 Dukaten vorgestreckt und sich Fürst Liechtenstein bereit gefunden, ihm als erste Bleibe sein Schloß Feldsberg an der böhmischen Grenze zur Verfügung zu stellen, hätte der Fünfundsiebzigjährige nicht gewußt, wohin.

„Was, die Wiener machen Revolution? Ja, dürfen s' denn das?" soll Kaiser Ferdinand noch beim Abschied mit einem staunenden Blick durchs Fenster auf den Burghof gefragt haben, wo eine tobende Menge lautstark die Entfernung Metternichs verlangte.

Erzherzog Franz Karl und vor allem seine Frau, die Erzherzogin Sophie, die Schwester Ludovicas und Tante von Sissy, die, jetzt elf Jahre alt und von den unheilvollen politischen Ereignissen unberührt, mit ihren Geschwistern in Possi lebte, unterstützten den Aufstand, den sie als einen solchen gegen das Metternichsche System und nicht gegen das Kaiserhaus sehen wollten, in aller Öffentlichkeit.

Während Metternich unter dem falschen Namen Matteux als Emigrant nach England gelangte, blieb auch Kaiser Ferdinand und den Seinen schließlich die Flucht nicht erspart. Denn die tobende Bevölkerung plünderte nicht nur das Palais Metternich am Rennweg, bis es selbst der aufständischen Studentenschaft zuviel wurde und die „Bürgerwehr" vor dem Haus schützend Aufstellung nahm. Zunächst noch dem Kaiser huldigend und nach der Flucht Metternichs die ganze Stadt Wien mit einem Meer von Kerzen illuminierend, zeigten die Wiener bald drohende Gesichter, und die Briefe, die Ludovica von ihrer Schwester erhielt, ließen erkennen, daß man sich in der Hofburg bereits Sorgen zu machen begann und sich darauf vorbereitete, gleichfalls Wien zu verlassen.

Das gemütliche Wien der Biedermeierzeit mit seinen Ländlern und Walzern von Lanner und Vater Strauß, mit seinen Schubert-Liedern, Feuerwerken, Paraden und Fahrten im „Zeiserlwagen" zum Heurigen hinaus nach Grinzing und Nußdorf gab es offensichtlich nicht mehr.

Metternichs Rücktritt und seine anschließende Flucht hatten die Lage nicht zu retten vermocht. Metternichs Nachfolgeregierung lavierte, um Zeit zu gewinnen. Von seiten des Hofes kam es zu hinhaltenden Versprechungen. Daraufhin begannen Arbeiter, Studenten und die Nationalgarden in den Straßen Wiens Barrikaden zu errichten . . .

Eines Tages brachte der Postillion Ludovica wieder einen Brief aus Wien. Nachdem sie das Siegel aufgebrochen hatte und das Schreiben entfaltete, sah sie sofort, daß es in großer Eile geschrieben worden war.

„Liebe Vicka,

kannst Du in den nächsten Wochen nach Innsbruck kommen? Wir haben einander schon so lange nicht gesehen, daß wir die Gelegenheit ergreifen sollten, wieder einmal zusammenzukommen.

Hier in Wien wird die Lage langsam ernst, und der Kaiser zieht es vor, die Stadt zu verlassen, natürlich nur, um ein wenig frische Luft zu schnappen und anderswo im Reiche nach dem Rechten zu sehen . . ."

In der Tat war es dann im Mai angeblich nur eine Spazierfahrt, die der Kaiser vorgab, unternehmen zu wollen. Niemand stellte sich entgegen, als die kaiserliche Familie mit einigen Wagen Schloß Schönbrunn verließ. Zwei Tage später folgte auch Erzherzogin Sophie. Sie nahm ihren besonderen Liebling Max sowie Karl Ludwig mit. Franz Joseph befand sich auf dem italienischen Kriegsschauplatz.

Sopie hatte nicht nur mit Ludovica korrespondiert, sondern auch mit Therese, Charlotte und Elisabeth. Die „bayrischen Schwestern" in den verschiedenen Königshäusern waren über Sophies Lage durch Briefe genauestens unterrichtet.

Tatsächlich war die Situation reichlich vertrackt. Dem in Wien ansässigen Grafen Batthyany wurde seitens des Erzherzogs Stephan Viktor die Bildung eines unabhängigen ungarischen Ministeriums zugestanden, also nicht vom Kaiser, sondern vom Führer der ungarischen Reichstagsdeputation. Stephans Adjutant, Graf Grünne, demissionierte daraufhin unter Protest. Der Kaiser selbst ließ die Dinge laufen und entschloß sich zu gar nichts. Sein designierter Thronfolger, Erzherzog Franz Karl, der Gatte Sophies, suchte vergeblich nach einem Ausweg und neigte der Ansicht bald dieses, bald jenes Beraters zu. Gutmütig, wie er war, stand nicht zu erwarten, daß es ihm gelingen werde, das schwankende Staatsschiff in den Griff zu bekommen, sollte ein Thronwechsel an der Spitze der Monarchie stattfinden.

Erzherzogin Sophie sah aber in einem solchen den einzigen Ausweg aus der Krise. Und obwohl sie damit auf die Würde einer Kaiserin und Königin verzichtete, war sie scharfsinnig genug, klar zu erkennen, daß nicht viel gewonnen war, wenn ihr Gatte als Nachfolger Ferdinands ans Ruder gelangte, selbst unter der Voraussetzung, daß sie selbst im Hintergrund die Fäden zog.

Hatte sie selbst am Sturz des Staatskanzlers Metternich tatkräftig mitgewirkt, weil sie tagtäglich sah und hörte, wie das Volk diesen an sich gutmütigen, aber überaus scharfsinnigen und auf das Wohl der Dynastie bedachten Politiker haßte, so ergriff sie nun mehr und mehr die Zügel einer Ge-

genrevolution, welche die gegenwärtigen anarchischen Zustände beenden und das Herrscherhaus wieder in seiner Position sichern und unangreifbar machen sollte.

Schon im Briefwechsel mit ihren Schwestern ließ sie durchblicken, wie das zu machen wäre. Sophie mußte sich selbst überwinden, ihren persönlichen Stolz hintanstellen. Sie mußte auf die Krone verzichten und auch ihren Gatten, Erzherzog Franz Karl, dazu bringen, das zu tun.

Sobald ihr das klargeworden war, wandte sie ihre Aufmerksamkeit in immer stärkerem Maße ihrem ältesten Sohn Franz Joseph zu. Franz Joseph war nun ihre große Hoffnung – und er sollte auch die Hoffnung, der strahlende Hoffnungsträger aller Österreicher werden.

„Wie wär's, Kinder – fahren wir zu den Osterfeiertagen nach Oberammergau?" eröffnete Vicka eines Tages, nach Erhalt des erwähnten Briefes aus Wien, ihren beiden Töchtern Nené und Sissy. „Wir sehen uns die Passionsspiele an. Ist das nicht eine gute Idee?"

Den Gatten konnte sie nicht mit auf die Reise nehmen, denn er war schon wieder einmal seit fünf Wochen irgendwo unterwegs, es kamen von ihm Briefe und Karten aus den Bergen in der Schweiz.

„Wir nehmen Luis und Gackel mit", schlug sie vor, „dann sind wir Frauenzimmer auch in männlicher Begleitung. Luis wird aufpassen, daß uns nichts passiert. Was haltet ihr davon?"

Nené sah in der Reise vor allem eine Gelegenheit, den verhaßten Unterrichtsstunden zu entfliehen. Und Sissy war derselben Meinung. Sie schrieb viel lieber Gedichte, ritt über die Wiesen und schaute notfalls während des Unterrichts zum Fenster hinaus.

Daß sie in Wirklichkeit nach Innsbruck wollte, mochte Vicka niemandem verraten, denn wie leicht konnte dann jemand, der das Gras wachsen hörte, auf den Gedanken kommen, daß ja auch die kaiserliche Familie aus Wien die dortige Hofburg als nächsten Aufenthalt gewählt hatte.

Ostern stand vor der Tür. Max, selbst wenn er zu den Feiertagen unvermutet in Possi auftauchen sollte, würde das wahre Reiseziel Ludovicas vorerst nicht erfahren dürfen. Oberammergau würde ihm übrigens ohnedies keinen Spaß machen. Passionsspiele fand er nämlich „lamentabel". Und ob er betreffs Innsbruck lange genug dichthalten würde, stand in den Sternen.

Der Entschluß abzureisen kam für alle und insbesondere für die Baronin Wulffen höchst überraschend. Die Wulffen sollte während Vickas Abwesenheit das Haus hüten und für das Spatzel Mathilde Sorge tragen, die wie die vor einem Jahr geborene Sophie Charlotte noch zu klein war, um mitgenommen zu werden.

„Wir nehmen nicht allzuviel auf die Reise mit, nur ein paar Koffer mit dem Nötigsten. Wir reisen mit der Post", erklärte Vicka und traf ihre Anordnungen.

Waren die Kinder angenehm überrascht, der auf Urlaub befindliche junge Leutnant Luis genötigt, um eine Verlängerung seines Urlaubs anzusuchen – man zweifelte nicht daran, daß dies gewährt werden würde –, so traf die unverhoffte Reiseabsicht der Herzogin die gute Baronin und das Personal einigermaßen unvorbereitet.

„Was soll's, im Herbst ziehen wir sicherlich wieder in München ein", erklärte Vicka resolut. „Da gibt es dann noch viel mehr ein- und auszupacken. Und warum soll immer nur mein lieber Mann reisen, ich habe auch ein Recht dazu und meine Kinder ebenso!"

Dagegen war freilich nichts einzuwenden. Der Wulffen blieb auch nichts anderes übrig, als gute Miene zum bösen Spiel zu machen, und bereitwillig half sie Vicka bei deren emsigen Vorbereitungen für die Fahrt.

170

Von Bayern nach Tirol ist es nicht weit, grenzen die beiden Länder doch aneinander. Oberammergau und Innsbruck trennt gewissermaßen nur ein Katzensprung. Und bis man das Spiel vom Leiden des Herrn genossen und im Festspielort der Form halber ein, zwei Wochen geweilt hatte, würde die kaiserliche Familie auf ihrer „Spazierfahrt" gewiß auch schon in Innsbruck eingetroffen sein.

Eines Tages war es soweit. Die Post, die in Possenhofen hielt, war mit den drei Damen und zwei Herren so gut wie ausgebucht. Oben auf dem Dach der Kutsche türmte sich das von Vicka mitgenommene Gepäck; es enthielt „nur", was sie für den Aufenthalt in Innsbruck und für unterwegs als unumgänglich notwendig hielt, was dennoch auf dem Kutschdach kaum Platz fand.

Demzufolge war es für den Postillion nicht ganz leicht, sein Pferdegespann auf das nötige Tempo zu bringen. Als es aber geschafft war, ging es munter dahin, einem Ziele zu, das die Kinder nicht kannten.

22. Bedeutsame Tage

„Nené ist dreizehn Jahre alt, sie verspricht eine stille, damenhafte Schönheit zu werden, wie du selbst sehen kannst."

Die Begrüßung der beiden Schwestern, die einander lange Zeit nicht gesehen hatten, war überaus herzlich. Man hatte einander umarmt und geküßt, und wären die Umstände, die zu dieser familiären Begegnung geführt hatten, nicht so dramatisch gewesen, dann hätte Sopie aufrichtig unbeschwert froh werden können in diesen Tagen. So aber wurde sie es nicht.

Ludovica hatte ihre Kinder vorgestellt, und Sophiens Blick war prüfend auf der ältesten Tochter ihrer Schwester haftengeblieben. „Ja, sie ist sehr hübsch, und offenbar auch wohlerzogen", stellte die Erzherzogin befriedigt fest, nachdem Helene sie mit einem vollendeten Hofknicks begrüßt hatte.

„Ich habe es ihr diesbezüglich an nichts fehlen lassen; sie hat die besten Lehrer und eine vorzügliche Gouvernante", versicherte Vicka.

„Ich freue mich, dich zu sehen", sagte Sophie zu Helene. „Geh nur ruhig wieder zu den anderen, während ich mit deiner Mutter spreche. Es gibt übrigens auch einen hübschen Garten; du könntest dort vielleicht deine Cousins treffen. Franz Joseph ist eben aus Italien gekommen!"

„Ja, ich denke auch, die Kinder sollten einander kennenlernen. Wie alt ist dein Franz Joseph jetzt?"

„Achtzehn", sagte Sophie. „Das heißt, er wird es erst im August, aber bis dahin ist es ja nicht mehr weit. Max ist sechzehn und Karl Ludwig fünfzehn. Nun ja, die Zeit vergeht, liebe Schwester. Wir Mütter werden nicht jünger", setzte sie lächelnd hinzu.

„Ich wollte, ich sähe aus wie du", gestand Vicka nicht ohne Neid.

„Dein Gatte sorgt ja auch trotz häufiger Abwesenheit ausreichend für Kindersegen", stellte Sophie anzüglich fest. „Mutterschaft erhält jung, sagt man ..."

„Wenn das wahr wäre, müßte ich noch immer ein Kind sein", stellte Vicka lakonisch fest. „Im Ernst, meine Kinder machen mir viel Freude, und Helene entspricht offensichtlich unseren Erwartungen."

„Sie wird jetzt Gelegenheit haben, Franz Joseph kennenzulernen", meinte Sophie. „Die beiden sollen erst einmal miteinander bekannt werden. Ich bin sicher, wenn es einmal soweit ist, werden sie ein vortreffliches Paar abgeben, das wir den Völkern Österreichs unbesorgt präsentieren können."

„Weiß es Franz Joseph schon?"

„Es ist mir noch nicht ganz gelungen, meinen Mann dazu zu überreden, auf die Thronfolge zu verzichten. Aber selbst wenn er nicht einwilligt, wäre Franz Joseph der nächstfolgende Thronanwärter. Doch ich denke, daß wir eine Generation überspringen müssen. Von einem jungen Monarchen erwartet man, daß er den Strömungen unseres Jahrhunderts aufgeschlossener gegenübersteht. Viele dieser vertrackten Neuerer gehören zu seiner Generation, die Weltkugel hat sich ja nun tatsächlich seit Metternichs großer Zeit erheblich gedreht, und die Zeiten haben sich geändert."

„Ja, ja, auch bei uns in Bayern ist es nicht anders. Aber Maximilian scheint nicht die Erwartungen zu erfüllen, die man in ihn gesetzt hat."

„Genau das ist es", fiel Sophie ein, „was ich verhindern will – daß mein guter Franz Karl enttäuschen könnte. Er würde es, ich bin sicher! – Und dann ginge es wieder von vorne los mit den Revolten. Franz Joseph aber ist ein unbeschriebenes Blatt und jung, sieht gut und vertrauenerwekkend aus. Und das ist er auch, er ist überaus pflichtbewußt und ehrgeizig. Ich glaube, daß ihn selbst die Ungarn und Tschechen akzeptieren würden."

„Mit einer hübschen jungen Frau an seiner Seite", träumte sich Ludovica in das Glück ihrer Tochter hinein, die sie schon im Geiste an der Seite Franz Josephs als Kaiserin und Königin von Österreich-Ungarn sah.

„Ja, auch das ist wichtig", stimmte Sophie zu. „Und hat sie uns beide, dich und mich, erst einmal durch die Geburt eines neuen Kronprinzen zu Großmüttern gemacht . . .“

„. . . dann wäre die Schlacht gewonnen", ergänzte Sophie lachend, und die beiden Schwestern fielen einander in die Arme.

Der Plan war fein geschmiedet, und vorerst schien nichts, aber auch gar nichts dagegen zu sprechen, daß er eines Tages, wie sie es beide sehnlichst hofften, in Erfüllung gehen würde.

Erzherzogin Sophie war offenbar tatsächlich „der einzige Mann" am Wiener Hof, wie es allgemein hieß, die Person, die an Gegenwart und Zukunft der Dynastie und des Reiches dachte. Denn unter den Männern war keiner, der einen Ausweg aus der Krise wußte und konstruktiv für die Zukunft Pläne schmieden konnte. Zu Metternichs Zeiten war das anders gewesen. Aber Fürst Metternich lebte mit Frau und Kindern zurückgezogen in seinem englischen Exil, und es war fraglich, ob er jemals auf das Festland zurückkehren werde.

Sophie hatte an der Entmachtung Metternichs mitgearbeitet. Jetzt war sie an seine Stelle getreten und lenkte die Geschicke des Reiches mit ihren Frauenhänden aus dem Hintergrund. Sie setzte alle Zukunftshoffnung auf Franz Joseph, ihren Sohn.

Tatsächlich begegnete er Nené im in aller Blüte stehenden

Residenzgarten; doch weder der Anblick des Mädchens noch der jungen Blüten vermochten ihn von seinen Gedanken abzulenken. Franz Joseph war genauso, wie ihn seine Mutter ihrer Schwester geschildert hatte: ehrgeizig und überaus pflichtbewußt. Und so hatte er denn in diesen Tagen nichts anderes im Kopf als die politische Lage des Reiches. Er beachtete Nené kaum, als sie ihm zum Gruß die Hand reichte.

„Cousine Helene? Nett, dich kennenzulernen", sagte er und war in Gedanken ganz woanders.

Ihr Versuch, mit ihm mehr als ein paar flüchtige Worte zu wechseln, scheiterte an seiner Geistesabwesenheit. Er antwortete gänzlich zerstreut.

„Ich muß an Papa in Wien denken", entschuldigte er sich. „Und ob es gelingt, den Aufstand unter Kontrolle zu bringen. Es *muß* einfach gelingen, besonders in Ungarn und Italien!"

Das waren Gedankengänge, die Nené gänzlich fernlagen. Sie besaß für ihre Jugendjahre perfekten gesellschaftlichen Schliff, aber mit Politik hatte man sie nicht befaßt. Zwar kannte sie sowohl die Geschichte der Häuser Habsburg und Wittelsbach, und man hatte ihr auch schon die Geschichte der Österreichisch-Ungarischen Monarchie eingepaukt, doch es ging ja nicht um die Vergangenheit – so glorreich sie auch gewesen sein mochte –, sondern um die weit unrühmlichere Gegenwart, die sich wieder zu einer besseren Zukunft entwickeln sollte.

So war sie denn absolut keine Gesprächspartnerin für Franz Joseph, und es war weiter kein Wunder, daß er sie in den folgenden Tagen, die sie gemeinsam unter dem Dach der Innsbrucker Hofburg verbrachten, so gut wie völlig übersah. Ein Schicksal, das übrigens auch Sissy in gleichem Maße beschieden war.

Sissy war außerdem jünger als Helene, und sie sah entfernt nicht so gut aus wie ihre Schwester. Sie war erst im zwölften Lebensjahr, erst am kommenden Weihnachtsabend würde das Dutzend Jährchen voll werden. Noch plapperte und alberte sie vergnügt und unbeschwert vor sich hin, ein Mädchen, halb noch ein Kind.

Daß diese Knospe, dereinst vollends erblüht, einmal wunderschön sein würde, erkannte indes doch einer: der jüngste der drei Buben, die Erzherzogin Sophie nach Innsbruck mitgebracht hatte.

Erzherzog Karl Ludwig war ein hübsch gewachsener fünfzehnjähriger junger Mann, und er hatte schon jetzt einen eigenen wienerischen Charme. Mit diesem pflegte er bereits den Damen aufzufallen, darunter solche der verschiedensten Semester. Die einen sahen in ihm das Idealbild eines Sohnes, die anderen fühlten sich einfach zu ihm hingezogen und hätten nichts dagegen gehabt, von ihm hofiert zu werden, falls er ein wenig älter und sie vielleicht ein bißchen jünger gewesen wären.

Erzherzog Karl Ludwig war in den Augen mancher Schönen aus der Wiener Damenwelt so etwas wie ein idealer Rosenkavalier. Ihm selbst, mit seinem früh erwachten männlichen Instinkt, blieb natürlich die ihm dargebrachte Gunst der holden Weiblichkeit nicht verborgen. Noch war er ein Knabe, aber nicht mehr schüchtern. Er entwickelte bereits Geschmack. Und er sah Sissy . . .

Das Cousinchen aus Bayern, das ihm da in aller Unschuld über den Weg lief, fand er in seiner Natürlichkeit auf Anhieb entzückend, und mit Sissy ins Gespräch zu kommen, war für ihn ganz leicht. Sie war völlig ohne Ahnung, daß er in ihr schon mehr sehen könnte als eine Verwandte.

Und doch blieb er nicht ohne Eindruck auf sie. Unwillkürlich änderte sie ihr Verhalten. Aus dem übermütigen Irrwisch, der lachend durch den Garten fegte und Bällen nach-

176

jagte, wurde ein Mädel, das an der Seite eines jungen Mannes unter einer Laube auf einer Steinbank saß und anfing, an dieser Art von Unterhaltung durchaus Gefallen zu finden.

Der junge Erzherzog wußte gar viel zu erzählen vom Wiener Hof, den dortigen Sitten und Gebräuchen. In Wien ging es so ganz anders zu als daheim in Possi! Karl Ludwig schilderte alles mit so lebhaften Worten, daß sie es beinahe bildhaft vor Augen hatte.

„Und bei einem Karussellreiten in der Winterreitschule solltest du einmal dabeisein!" schwärmte er ihr vor.

Das war endlich ein Stichwort für Sissy.

„Karussellreiten? Das machen wir in München auch", erzählte sie angeregt. „Du solltest einmal meinen Papa und mich dabei erleben! Wir haben einen richtigen Zirkus, mit einer runden Manege und Sitzbänken darum herum im Hof unseres Hauses in der Ludwigstraße. Wenn du einmal nach München kommst, Karl Ludwig, dann mußt du uns unbedingt besuchen und einen Blick in unseren Stall werfen. Und vielleicht reiten wir einmal mitsammen durch den Englischen Garten."

„Bist du denn eine so gute Reiterin?" fragte er interessiert. „Ich selbst mag nämlich Pferde."

„Ich auch", rief sie entzückt. „Oh, ich liebe Pferde über alles! Genau wie Papa. Aber nicht nur Pferde hab' ich lieb. Auch Hunde und Kaninchen, Schildkröten und Meerschweinchen."

„Wie, du reitest auch auf Schildkröten und Meerschweinchen?"

Sie lachte herzlich über diesen harmlosen Witz, der so gut ihrer gegenwärtigen Stimmung entsprach.

Und er, er fand sie immer reizender.

„Wenn ich nach München kommen soll, Sissy", meinte er, „dann mußt du aber auch mich in Wien besuchen!"

„Oh, das möchte ich gern, wenn es geht. Das heißt, wenn es mir meine Eltern erlauben. Vielleicht nimmt Papa mich einmal mit, er ist ja so gern und so oft auf Reisen. Ich möchte auch gern reisen, überall hin, sooft es nur geht. Später einmal, wenn ich erwachsen bin, möchte ich so viel von der Welt sehen wie er!"

„Nun, im Moment ist es gar nicht so schön da draußen", stellte er fest. „Da hat man es hier in Innsbruck schon besser."

„Ich weiß, ich habe davon gehört", sagte sie obenhin. „Aber mein Papa ist trotzdem jetzt in der Schweiz."

„In der Schweiz ist ja auch nichts los", erklärte Karl Ludwig. „Hingegen in Italien oder Ungarn möchte ich jetzt lieber nicht sein, und in Wien schon gar nicht. Da gefällt es mir hier bei dir viel besser!"

An Komplimente aus Männermund war Sissy noch nicht gewöhnt. Unwillkürlich errötete sie und wußte selbst nicht, wie das kam. Sie suchte nach einer passenden Erwiderung, fand aber keine. Sie senkte ihren Blick und gewahrte nur noch, daß er schelmisch lächelte.

„Ich glaube, ich muß jetzt schauen, was Gackel macht", sagte sie plötzlich, sprang auf und beendete abrupt dieses Beisammensein, obwohl sie das doch eigentlich gar nicht wollte.

„Dann sehen wir einander beim Abendessen", schlug er vor.

„Vielleicht – wenn es sich so trifft", erwiderte sie.

Sie entfernte sich und wünschte nichts sehnlicher, als daß es sich so treffen möge. Sie war verwirrt.

Auch der Erzherzog entfernte sich und verließ den Garten, um sein Zimmer aufzusuchen. Wer ihm unterwegs begegnete, konnte hören, daß er dabei vor sich hin pfiff. Karl Ludwig pfeifen zu hören war ein untrügliches Zeichen für seine gute

178

Laune. Je mehr ihm seine Erzieher einschärften, daß sich Pfeifen für einen jungen Erzherzog nicht schicke, um so lieber tat er es. Das heißt, wenn dazu ein Anlaß vorlag.

Der Anlaß hieß heute Sissy.

Die aber begann die Stunden zu zählen. Es war erst halb fünf Uhr nachmittags.

Man pflegte in Innsbruck das Essen an einer gemeinsamen Tafel oder je nach Laune auch auf dem Zimmer einzunehmen. Es herrschten lockere Sitten hier, man war nicht in Wien.

Entschieden hätte Sissy es diesmal vorgezogen, an der Tafel zu sitzen und dabei Karl Ludwig wiederzusehen. Aber selbst wenn dies heute abend nicht dem Wunsch von Mama entsprechen sollte, man lebte und wohnte ja unter ein und demselben – wenn auch weitläufigen – Dach.

Mama Ludovica aß an diesem Abend mit ihren Kindern in ihrem eigenen Appartement. So kam es nicht zu der erhofften neuerlichen Begegnung.

23. Junge Liebe

Sissy lag mit offenen Augen wach in ihrem Bett. Durch die zurückgezogenen Gardinen fiel das Mondlicht in ihre Schlafkammer. Draußen bewegte der Wind mit leisem Säuseln die Blätter der Baumwipfel. Irgendwo krächzte ein Vogel im Schlaf.

Sissy konnte nicht einschlafen. Es war wirklich sonderbar. Während des ganzen Abendessens – was war denn überhaupt serviert worden? – hatte sie nur ausweichende Antworten gegeben und war in Gedanken nicht bei der Sache gewesen.

Sie hatte an Karl Ludwig denken müssen. Er saß vielleicht jetzt an der gemeinsamen Tafel und vermißte sie. Vielleicht wartete er darauf, daß sie noch kommen würde, aber das konnte nicht sein. Sie würde sehr bald von Mama Vicka den Gutenachtkuß erhalten, und dann hieß es schlafen gehen, nach dem Abendgebet, das vorher noch zu verrichten war.

„Müde bin ich, geh' zur Ruh', schließe meine Augen zu! Vater, laß die Augen dein über meinem Bette sein . . . und gib, daß Papa gesund aus der Schweiz heimkehrt, und Mama auch gesund bleibt und auch das kleine Spatzl und Sophie Charlotte in Possi. Und die Baronin Wulffen, die so viel Ärger mit uns hat, auch. Und . . . und . . . daß der Karl Ludwig besser schlafen kann heute nacht als ich!"

Sein Vorschlag, einmal nach Wien zu fahren, war schön, und das wollte sie wirklich. Allerdings erst, wenn dort wieder Ruhe und Frieden war. Und wenn Karl Ludwig nach München käme? Das würde ihm gewiß sicher auch viel Freude machen! –

Oh, es war im Sommer wunderschön in den Reitalleen im Englischen Garten. Den hatte Onkel Ludwig wirklich prächtig anlegen lassen, der immer noch König hätte sein können, wenn da nicht diese dumme Geschichte mit der Tänzerin gewesen wäre, von der er sich nicht hatte trennen wollen.

Er sei so in sie verliebt gewesen, hatte es geheißen. Verliebt – was war das? Zuerst hatte Sissy noch geglaubt, das müsse so was Ähnliches wie Masern sein. Da aber hatte die Wulffen sie ganz entsetzlich ausgelacht. Richtig geschämt hatte sich Sissy; aber was es denn nun wirklich sei, das hatte die Baronin nicht so recht sagen wollen.

„Das ist keine Krankheit, sondern ein Zustand, liebes Kind, der allerdings, wie im Falle unseres Königs, auch mitunter einer Krankheit gleicht. Wer so wie er davon betroffen ist, ist nicht zu beneiden. Aber es kann auch etwas sehr Schönes und Angenehmes sein, wenn man verliebt ist!"

Zu gerne hätte sie Papa gefragt, aber der war in der Schweiz. Und eine unerklärliche Scheu hielt sie davor zurück, mit Mama darüber zu sprechen.

Schließlich aber tat sie es doch.

„Wenn man verliebt ist, Mama, kriegt man dann Kinder?" fragte sie, denn von Pankraz hatte sie so merkwürdige Andeutungen gehört.

Mama Ludovica schaute sie ganz perplex an und schlug dann die Hände entsetzt zusammen. „Ja mein", rief sie aus, „woher hast du denn das, Kind? Geh, red keinen solchen Unsinn, spiel lieber Tennis!"

Die Tennisbälle vermochten ihr aber keine Antwort zu geben. Waren Papa und Mama ineinander verliebt gewesen, hatten sie deshalb geheiratet, und gab es aus diesem Grund sie alle – Luis, Nené, sie selbst, Gackel, Marie Sophie, den Spatz Mathilde und Sophie Charlotte, das jüngste der herzoglichen Kinderschar?

Rätsel über Rätsel! Und soviel sie auch zu lernen hatte, dieses Thema wurde niemals angeschnitten . . .

Seltsam übrigens, daß sie gerade an diese Frage dachte,

nachdem sie vorher an Karl Ludwig gedacht hatte. Der hübsche, nette junge Cousin stand noch lange vor ihrem geistigen Auge, bevor sie, in Erinnerung an den Nachmittag mit ihm in der Laube, endlich mit schweren Lidern zum Schlafen kam.

Schon am nächsten Morgen, in der Schloßkirche bei der Messe, sah sie ihn wieder. Sie spürte, während sie beide durch die ganze Breite des Kirchenschiffs voneinander getrennt waren, wie seine Blicke sie suchten und sie die seinen unwillkürlich erwiderte, wie unter einem magischen Zwang.

Ja, sie mußte immer wieder hinüberschauen zu ihm, ob sie es wollte oder nicht. Er lächelte ihr verstohlen zu. Dann schaute sie blitzschnell weg von ihm und in ihr Gebetbuch. Wieder fühlte sie sich erröten.

Sie hörte nicht hin auf das, was der Geistliche sagte. Vielmehr wünschte sie sich paradoxerweise plötzlich weit weg, nach Possi, wo sie immer so sorglos und ohne jene innere Unruhe gewesen war, die sie jetzt plagte.

Sie wollte doch nichts, als wieder ihren Frieden finden! Und daß die Quellen ihrer Unruhe jener hübsche junge Cousin war, der so unverfroren herüberlächelte, darüber war sie sich inzwischen unzweifelhaft im klaren.

Aber wollte sie wirklich fort? Konnte es nicht sein, daß sie in Gesellschaft von Karl jene Ruhe wiederfand, die ihr nun fehlte? Doch es war ja offenbar seine Abwesenheit, die der Anlaß für ihren Zustand war.

Liebe ist ein Zustand, hatte die Wulffen gesagt! Du lieber Himmel! War das, was sie für Karl empfand, dieses rätselhafte, bisher noch nicht gekannte Empfinden, etwa Liebe?

Bei diesem Gedanken durchfuhr sie ein heißer Schreck. Das beste wäre es jetzt gewesen, sofort und auf der Stelle abzureisen. Sie mußte sich Mama Vicka anvertrauen, die mußte ihr sagen, was jetzt zu tun war, und sie notfalls unter ihren Schutz nehmen. Sissy fühlte sich mit einem Mal wie ein junges Reh, das ein Pfeil getroffen hatte. Von einem bösen, bösen, frechen Schützen, der Karl hieß . . .

Mit einem wehen Blick schaute sie noch einmal zu ihm hinüber, denn das „Ite missa est" war soeben gesprochen, der Herr Pfarrer hatte seinen Segen erteilt, und alle erhoben sich in ihren Bänken.

Beim Verlassen der Schloßkirche gesellte sich Erzherzog Karl Ludwig zu Vicka und den Ihren.

„Guten Morgen, Tante Vicka", begrüßte er Mama, während Sissy das Blut heiß in den Kopf schoß.

„Guten Morgen, Karl", sagte Vicka aufgeräumt. „Ich hätte gar nicht erwartet, dich hier beim Gottesdienst zu finden."

„Und warum? Hast du etwa eine so schlechte Meinung von mir, Tante?"

„Nun, ich hätte dich eher bei irgendeiner sportlichen Betätigung vermutet als in der Kirche."

„Alles zu seiner Zeit", sagte er diplomatisch. „Gestern habe ich Sissy nach Wien eingeladen und sie mich nach München."

„So? Nun, das ist nett, vielleicht ergibt sich das wirklich einmal. Im Augenblick sind die Zeiten freilich nicht danach, aber das kann sich ja bald wieder ändern!"

„Hoffentlich tut es das."

„Und wie geht es deinem Bruder Franz?"

„Dem Franzl? Der brütet so vor sich hin. Schmiedet Pläne, wie er die Ungarn und Italiener zur Raison kriegen könnt'. Nix wie nachdenken und seine Ideen aufschreiben tut er. Ich glaub', er merkt überhaupt nicht, daß Frühling ist."

„Und ein so schöner Frühling!" entschlüpfte es Sissy.

„Ja, er ist wirklich schön", pflichtete Vicka arglos bei. „Ein wunderschöner Frühling! Man fragt sich unwillkürlich, wie es da Menschen geben kann, die einander totschießen und erschlagen."

„Mein Bruder denkt unausgesetzt daran", berichtete Karl Ludwig. „Es geht ihm nicht aus dem Kopf. Er sagt, wenn er einmal Kaiser werden sollte, würde er derlei niemals zulassen – es müßte immer nur Frieden geben."

„Das wäre schön, wenn er das zuwege brächte", fand Sissy. „Aber er ist ja nicht der Kaiser!"

„Vielleicht wird er es einmal", meinte Ludovica sanft. „Und dann liegt es an ihm, seine Pläne zu verwirklichen."

„O ja, Pläne hat er", sagte Karl, den das Thema zu langweilen begann, gedehnt. Viel interessanter fand er Sissys braune Augen.

„Das ist gut so", fand Ludovica. „Das spricht für ihn. Ein intelligenter und pflichtbewußter junger Prinz!"

„Das werde ich dem Franzl sagen, daß du solche Lobeshymnen über ihn singst", spöttelte Karl Ludwig. „Nun, ich bin da ein bisserl anders. Lebhafter, weißt du. Das Leben hat auch schöne Seiten, die man nicht außer acht lassen sollte."

„Sehr richtig!" pflichtete ihm Sissy bei. „Das finde ich auch. Nicht wahr, er hat recht, Mama?"

Nun schaute sie ihre Tochter überrascht an.

„Einer muß ja schließlich auch für mich Partei ergreifen", sagte der Erzherzog schmunzelnd. „Dank' schön, Sissy!" Und er beugte sich zu ihr hinab und fragte leise, aber eindringlich: „Sehen wir uns heut' nachmittag um drei auf unserer Bank?"

„Nein so was, mir scheint gar, Sissy, du hast eine Eroberung gemacht!" amüsierte sich Ludovica.

„Ich wart' auf dich", versicherte Karl Ludwig ungeniert.

Mit gesenktem Kopf trottete Sissy an der Seite ihrer Mutter zum „bayrischen" Appartement, wie Erzherzogin Sophie es in Anspielung auf ihren Verwandtenbesuch getauft hatte.

Der junge Erzherzog hingegen verzog sich, ein frohes Liedchen pfeifend.

„Der ist gerade im Lausbubenalter", stellte Ludovica fest, und warf ihm einen Blick nach, der voller Zweifel und Tadel war.

„Aber nein, ein Lausbub ist er nicht", verteidigte ihn Sissy.

„Oh, Verzeihung, mein Fräulein Tochter. Mir ist entgangen, daß du ihn ja anscheinend besser kennst als ich", sagte Vicka schmunzelnd.

„Mama, wie ist es? *Darf* oder *muß* ich mich nun nachmittags mit ihm treffen?"

Vicka überlegte einen Moment lang.

„Du *mußt* und du *darfst*", sagte sie dann mit heiterem Lächeln. „Schließlich ist er ein Erzherzog und dein Cousin."

„Ist das etwas Besonderes?" wollte Sissy wissen.

„Beides ist etwas Besonderes. Ein Erzherzog ist ein Prinz aus dem Kaiserhaus. Und ein Cousin ist ein Blutsverwandter."

„So wie du und Papa?" fragte Sissy, hellhörig geworden. „Nicht wahr, Papa ist doch auch dein Cousin?"

„Ja, das stimmt. Papa ist mein Cousin, und ich bin seine Cousine. Aber im allgemeinen sollten so nahe Verwandte einander besser nicht heiraten. Man sagt, das tue nicht gut."

„Aber bei euch beiden hat es doch gutgetan, oder?" forschte Sissy weiter. „Und nicht wahr, ihr habt euch doch lieb?"

Vicka bekam ihr Stirnrunzeln. Wieder betrachtete sie ihre kleine Tochter prüfenden Blicks. „Natürlich haben Papa und ich einander lieb", sagte sie, „sonst wäret ihr ja gar nicht vorhanden."

Da war er ja wieder, dieser ominöse Zusammenhang! Jetzt ergriff Sissy die Gelegenheit beim Schopf.

„Also kriegt man Kinder, wenn man einander liebt?" fragte sie rundheraus.

Doch Mama Ludovica antwortete noch rätselhafter als vorhin: „Dazu muß man einander nicht lieben."

„Wieso, Mama? Ich versteh' das alles nicht."

„Brauchst du auch nicht, Sissy. Dazu bist du noch zu jung, das hat noch Zeit. Das wirst du von selbst erfahren und kennenlernen. Auch den Unterschied zwischen Liebe und Liebe. Die eine ist ein Gefühl, tief in deinem Herzen drin, mein Schatz. Eine Empfindung, die deine ganze Seele erfüllt. Und die andere – nun ja, die wirst du auch noch kennenlernen . . ."

Die Stunden bis zu Sissys erstem Rendezvous – denn das war es ja wohl – dehnten sich für das junge Mädchen mit entsetzlicher Langsamkeit. Das Mittagessen nahm man auf Sissys Wunsch im Saal ein, doch gerade diesmal, es war wie verhext, war der Erzherzog nicht erschienen. Als ob es einfach nicht sein sollte, daß sie einander hier begegneten!

Sooft Sissy an einer der vielen Uhren in der Hofburg vorbeikam, warf sie einen Blick auf das Zifferblatt. Und als die Stunde des Treffens immer näherrückte, verschwand sie in ihrer Toilettekammer und begann sich im Spiegel zu betrachten. Sie sah darin ein Gesicht mit rundlichen, rosigen Backen, das aber an das Gesicht einer Bauernmagd erinnerte. Sissy begann an ihrer Frisur zu nesteln.

Zum ersten Mal in ihrem Leben fand sie an sich eine Menge auszusetzen. Bis dahin hatte sie auf ihr Äußeres nur notgedrungen geachtet. Sie hielt sich frisch und sauber, teils weil es ihrer natürlichen Neigung entsprach, teils weil es ihre Erzieherinnen von ihr verlangten. Auch Mama Vicka verstand in solchen Dingen keinen Spaß, hatte aber weder in bezug auf Trauerränder unter den Fingernägeln, ungeputzte Zähne oder einen ungewaschenen Hals noch hinsichtlich schmutziger Kleidung etwas an Sissy auszusetzen. Letzteres kam nur dann vor, wenn Sissy aus dem Pferdestall kam, wo sie die Tiere gefüttert hatte, oder wenn sie bei Schlechtwetter unterwegs gewesen war.

Wie sie sich so betrachtete, begriff sie nicht, was Karl Ludwigs Aufmerksamkeit erregt haben könnte. Daß es dennoch der Fall war, erfüllte sie mit heißer Freude.

Pünktlich um drei Uhr erschien sie im Residenzgarten vor ihrer Bank. Der Erzherzog stand schon da, einen Frühlingsblumenstrauß in seinen Händen.

Es waren die ersten Blumen, die sie von einem jungen Mann erhielt.

Dritter Teil

24. Wünsche und Hoffnungen

„Bub, wie gefällt dir die kleine Wittelsbacherin?"

„Welche meinst du?"

„Na, die Nené natürlich."

„Ach so, Mama. Wie soll sie mir schon gefallen? Ich hab' sie mir gar nicht angeschaut, und ihre Schwester schon gar nicht. Warum fragst du?"

„Nun, nur so, es sind ja schließlich deine Cousinen."

„Bayrische Landmädel! Ich glaube, auf diese Verwandtschaft brauchen wir nicht besonders stolz zu sein, chère Mama."

„Oh, sag das nicht. Unter denen waren zwei deutsche Kaiser, Könige von Schweden und Könige von Bayern und Herzöge in Bayern sind sie heute noch."

„Deswegen sind sie aber auch nicht gescheiter. Im Augenblick steht mir der Sinn nicht danach, mich mit halbwüchsigen Mädchen zu unterhalten, da weiß ich mir Nötigeres und Besseres."

„Hast ja recht, mein Sohn. Aber auch ein Pflichtmensch muß hin und wieder einmal ausspannen."

„Ausspannen, ja, aber doch nicht mit solchen langweiligen Dingern. Interessante Leute, Politiker, Wissenschafter, mit denen möcht' ich mich unterhalten. Und mit Militärs."

„Ja, ja, ich versteh' dich schon. Aber die hast du doch ohnehin stets um dich."

„Ach, Mama, ich habe noch so viel zu lernen!"

Franz Joseph seufzte, und seine Mutter, Erzherzogin Sophie, seufzte auch. Habe ich etwa des Guten zuviel getan? fragte sie sich. Natürlich konnte ein künftiger Kaiser die Aufgaben, die auf ihn zukamen, nicht ernst genug nehmen. Aber ihr Sohn vergrub sich ja förmlich darin. Er kannte schon nichts anderes mehr als Akte, Berichte, Pläne und Protokolle. In den nächsten Tagen wurde auch sein Vater in Innsbruck erwartet. Sophie wußte schon jetzt, daß Franz ihm die ihm zukommende Arbeit abnehmen würde. Und ihr Mann würde höchstwahrscheinlich nicht viel dagegen haben.

Franz Joseph entschuldigte sich bei seiner Mutter, er habe zu tun, und sie ließ ihn mit einem Gefühl der Enttäuschung gehen. Nicht etwa, daß er sie in bezug auf seine Fähigkeiten und seinen Fleiß enttäuschte, in dieser Hinsicht übertraf er sogar ihre Erwartungen. Aber er hatte nach dem Erlebnis in Italien für überhaupt nichts mehr Interesse.

Für heute abend war eine Theatervorstellung angesagt. Sophie wollte es so arrangieren, daß Franz Joseph in der Hofloge neben Nené zu sitzen käme. Wollte er nicht geradezu unhöflich sein, dann mußte er wohl zumindest in den Pausen seiner Cousine ein wenig Aufmerksamkeit zuwenden. Es war schließlich seine Pflicht, Konversation zu machen. Sie würde es ihm sagen müssen!

Sie suchte Ludovica auf und fand sie zu ihrer Überraschung gemeinsam mit ihren Töchtern und zwei Hofdamen der Erzherzogin beim Zupfen von Scharpie.

„Wir müssen doch etwas für eure verwundeten Kämpfer tun", begrüßte Ludovica sie. „So haben wir eine nützliche Beschäftigung. Verbandzeug und Mull braucht man im Krieg. Man kann leider gar nicht genug davon haben."

„Guten Morgen, Tante", begrüßten Ludovicas Töchter Sophie, indem sie sich respektvoll von ihren Stühlen erhoben.

„Macht nur weiter, Kinder", meinte Sophie. „Ich möchte nur ein bißchen mit eurer Mutter sprechen."

Sie winkte Vicka, ihr in einen Nebenraum zu folgen.

„Die Sache mit Nené läßt sich nicht gut an", berichtete sie.

„Das liegt aber wohl nicht an ihr", verteidigte Vicka ihr Kind.

„Gewiß nicht, ich weiß . . . Mein Herr Sohn ist gegenwärtig blind für alles, was nicht mit Regierungsgeschäften zusammenhängt. Und übersieht dabei völlig, daß auch eine Heirat mit dazugehört."

„Ich glaube, Sophie, dazu ist er im Augenblick überhaupt noch zu jung."

„Ist er nicht, aber vielleicht ist es Nené", meinte Sophie kopfschüttelnd. „Du mußt sie ein wenig mehr herausputzen. Er hat sie ja, fürchte ich, völlig übersehen . . ."

„Aber dafür hat Karl Ludwig meine Sissy nicht übersehen", entgegnete Vicka und lächelte.

„Was du nicht sagst!" rief Sophie amüsiert. „Diese beiden Kinder! Nun, das hätte ich nicht erwartet. Von Karl Ludwig vielleicht, aber nicht von Sissy. Die ist ja wirklich noch ein Kind."

„Nun, vielleicht hat dein Herr Sohn die Frau in ihr erweckt. Sie ist wie verwandelt, ich kann darüber nur staunen. Und was deinen Buben betrifft, so macht er ihr richtiggehend den Hof!"

„Was du nicht sagst!"

„Er hat ihr bereits Blumen gebracht!"

„Ich bin baff!"

„Und du hättest sie sehen sollen! Sie war selig! Die Blumen stehen jetzt in einer Vase neben ihrem Bett. Hätte sie Karls Konterfei, ich glaube, sie würde es dazustellen!"

„Du liebe Zeit, wer hätte das gedacht! Nun ja, ich hätte nichts dagegen!"

„Ach, Schwesterherz, es ist doch gar zu entzückend, daß wir das an unseren Kindern erleben können. Ich danke Gott dafür. Da weiß man wenigstens, wozu man selbst lebt und geboren hat. Aber die beiden haben ja noch so viel Zeit. Wer weiß, was in einem Jahr, was schon in einem halben Jahr sein wird! Vielleicht haben sie dann einander schon wieder vergessen."

„Ja, die erste Liebe pflegt meist nur ein Strohfeuer zu sein", gab Sophie zu. „Überlassen wir es der Vorsehung, ob etwas daraus wird oder nicht."

„Ich glaube auch, daß das das klügste ist, was wir tun können", stimmte Vicka ihr bei. „Weißt du, Sissy steht im April ihres Lebens. Sie macht eine erste Erfahrung. Vielleicht sogar eine schmerzliche – was ich für sie nicht hoffen will."

„Aber Vicka, schmerzliche Erfahrungen haben wir wohl alle einmal gemacht, und es hat uns nicht geschadet."

„Aber weh tut's halt", sagte Vicka in Erinnerung an eigene Erlebnisse.

„Beim Zahnarzt tut's auch weh", erklärte Sophie resolut. „Was Karl und Sissy betrifft, so lassen wir die beiden sich finden oder auch nicht. Hingegen in bezug auf Nené und meinen Buben sollten wir etwas unternehmen. Denn wir bleiben ja nicht ewig in Innsbruck beisammen. So Gott will, übersiedelt der Hof bald wieder nach Wien, und du wirst vermutlich mit deinen Kindern demnächst schon nach München reisen. Dann sehen die Kinder einander wohl lange nicht mehr."

„Das ist richtig. Was also schlägst du vor?"

„Mach deine Nené so hübsch wie möglich."

„Wir werden uns Mühe geben. Und du?"

„Ich plaziere den Buben heute abend bei der Theatervorstellung neben sie."

„Gut. Und?"

„Nun, mach ihr klar, daß er in erster Linie an Gesprächen über die gegenwärtige Lage interessiert ist!"

„Du lieber Himmel! Soll das ein Thema für einen Flirt sein?"

Sophie blieb ernst. „Für ihn ist es im Augenblick offenbar das einzige Thema überhaupt, und das müssen wir eben zur Kenntnis nehmen."

„Aber Nené ist ein Mädchen!" rief Vicka. „Sie vesteht nichts von Politik. Ich bin ja selbst nicht sonderlich daran interessiert. Ich lasse die Männer die Kriege führen und zwischendurch mit den Säbeln rasseln oder Reden halten, oder was ihnen sonst gerade einfällt. Ich glaube nicht, Schwester, daß ich imstande bin, meine Tochter auf eine so ungewöhnliche Konversation vorzubereiten."

„Du hast recht", bekannte die Erzherzogin. „Das Ganze sieht nach einem Debakel aus. Wäre es nicht ganz und gar unmöglich, dann würde ich persönlich sie an deiner Stelle vorbereiten. Aber das würde Nené natürlich durchschauen, denn dumm ist sie ja gottlob nicht."

„Ja, wenn sie begriffe, worauf das hinausläuft, dann würde sie wohl in Franzls Gegenwart von einer Verlegenheit in die andere fallen. Und das wäre dann erst recht eine Katastrophe!"

„Dann lassen wir halt, auch was diese beiden betrifft, die Sache laufen, wie sie läuft", entschied die Erzherzogin nach kurzem Überlegen. „Aber gib ihr wenigstens die neuesten Zeitungen zu lesen und sprich mit ihr darüber."

„Du lieber Himmel! Ich habe heute noch gar keine Gazette in der Hand gehabt!"

„Ich habe sie alle", beruhigte sie Sophie. „Ich schicke sie dir nachher hinüber. Und ich schreibe dir auf einem Zettel auf, was besonders wichtig ist."

„Gut", sagte Ludovica beklommen. „Ich hab' mir's aber nicht so kompliziert vorgestellt."

„Das ist es offensichtlich doch", fand Sophie. „Das darf uns aber nicht abschrecken."

Wie immer verfolgte Sophie ihre Pläne mit zielstrebiger

Beharrlichkeit. Ihre Schwester blickte ihr mit unverhohlener Bewunderung nach, und das Rauschen ihrer Röcke bei jedem Schritt erinnerte sie an den Gleichschritt einer Armee. In gewissem Sinne war es auch nichts anderes.

Eine Viertelstunde später war es für sie und Helene vorbei mit dem Mullzupfen. Nur Sissy hielt sich noch ein wenig länger damit auf, aber nachdem ihre Mutter und Schwester gegangen waren, fand sie es langweilig und begab sich in die Fasanerie.

Hier war es luftig und schön. Alles duftete nach Frühling. Das Herz ging ihr auf. Tatsächlich wünschte sie sich nichts sehnlicher als ein kleines Medaillon mit dem Bildnis von Karl Ludwig; dieser Wunsch war heute früh, beim Aufwachen, in ihr erwacht, und während sie sich sorgfältiger als sonst kleidete, fand sie, daß ein Kettchen um ihren Hals mit einem Medaillon daran sie doch recht gut schmücken würde. Gegenwärtig war es ja nur ein Samtband, das sie umhatte.

Ein Kettchen mit einem goldenen Medaillon daran – durfte sie sich das etwa wünschen? Wer würde es ihr schenken? Papa vielleicht? So ein kleines, rundes Medaillon zum Auf- und Zuklappen stellte sie sich vor. Mit einem Bildchen darin, *seinem* Bild, das aber niemand sonst sehen durfte! Ja, es sollte ein Geheimnis bleiben, ein süßes Geheimnis ihres Herzens.

Aber vielleicht mochte er sie gar nicht wirklich, vielleicht war alles nur ein Spiel, vielleicht nahm sie die Sache viel zu wichtig und er war anderen Mädchen gegenüber ebenso?

Ihr kamen die ersten Zweifel. Was sollte sie tun? Ihn auf die Probe stellen? Aber wie? Und wenn sich dann herausstellte, daß es nichts anderes als Höflichkeit und Langeweile gewesen war, was ihn veranlaßte, sich ihr zu nähern?

Es war, als fielen plötzlich Schatten auf den Garten.

„Ich bin ja gar nicht hübsch", stellte sie halblaut fest. „Ich weiß, daß ich es nicht bin. Eines Tages werde ich ein häßliches, dickes Frauenzimmer sein. Schon jetzt bin ich viel zu dick! Ach, wenn ich doch so schlank und hübsch wäre wie Nené!"

Sie faßte den Entschluß, ab sofort weniger Nahrung zu sich zu nehmen. Sie wollte ja nicht den Männern überhaupt gefallen, nur einem einzigen, nur ihm! Dafür war sie bereit, das Opfer auf sich zu nehmen.

Kraut mit Semmelknödeln, dazu duftendes Selchfleisch . . . Seufzend nahm sie Abschied davon, denn dies war sowohl ihr wie auch Papas Lieblingsessen.

Die Hände im Schoß gefaltet, saß sie auf einer Bank und träumte vor sich hin.

Währenddessen erhielt ihre Mutter durch einen Lakaien einen Pack Zeitungen. In diesen waren von der fleißigen Sophie die wichtigsten Meldungen und Artikel angestrichen.

Sophie hatte es offensichtlich allzu gut gemeint. Ludovica schlug die Hände über dem Kopf zusammen. „Wie, das hat sie tatsächlich heute morgen schon alles gelesen?!" rief sie aus. „Ja, um Himmels willen, wann denn? Um das zu studieren, brauche ich ja eine ganze Woche!"

Kopfschüttelnd überflog sie, was da geschrieben stand:

„Aufstand in Prag – Die Revolte von Windischgrätz niedergeschlagen."

Und:

„Radetzky sammelt Truppen bei Sommacampagna."

Ein anderes Blatt berichtete ausführlich über die Niederschlagung eines Putschs in Paris.

Der Herzogin schwirrte der Kopf. „Schöne Zeiten", sagte sie und seufzte. „Wenn ich doch nur wieder in Possi wäre!"

25. Alles Theater

„Der Barometermacher auf der Zauberinsel" sollte die hohen Herrschaften erheitern. Das Raimund-Stück war auch dazu angetan, und die Schauspieler gaben ihr Bestes, um die in sie gesetzten Erwartungen zu erfüllen. Allmählich stellte sich auch die lockere Stimmung ein, die für den ungetrübten Genuß dieses heiteren Zaubermärchens erforderlich ist, bei dem man wieder zum Kind werden und Sorge und Trübsal vergessen konnte.

Aber nicht alle waren dazu imstande. Erzherzog Franz Joseph zum Beispiel war es offensichtlich nicht.

Nené war an diesem Abend wirklich hübsch anzusehen. Ludovica, die Zofen und die Friseuse hatten Wunder vollbracht. Mit Hilfe von ein wenig Schminke wirkte die Vierzehnjährige immerhin wie sechzehn, also schon wie ein Mädchen im landläufig als „heiratsfähig" geltenden Alter.

Auch war ihr eingeschärft worden, daß sie sich Mühe geben solle, ihren Wiener Cousin nach Möglichkeit zu unterhalten; aber natürlich hatte sie zuerst von ihm angesprochen zu werden. Und darauf wartete sie nun während des ganzen ersten Aktes vergeblich. Franz Joseph war erst erschienen, als sich der Vorhang hob, und hatte ihr nur flüchtig zugenickt, während er sich neben sie setzte. Dabei hatte er höflich den Stuhl ein wenig von Nené abgerückt.

Sophie und Ludovica stießen einander bei seinem Erscheinen an. Jetzt ist es soweit, dachten sie beide, aber dann folgte die große Enttäuschung auf dem Fuße. Franz Joseph würdigte seine bedauernswerte kleine Cousine weder eines Wortes noch eines Blickes.

Sooft Nené einen Seitenblick riskierte, schaute sie in das ernste Gesicht eines jungen Mannes, der selbst bei den lustigsten Szenen keine Miene verzog. Offenbar war er überhaupt nicht bei der Sache, sondern im Geist woanders. Und da er nicht einmal auf die Handlung achtete, war wohl erst recht nicht zu erwarten, daß er dem jungen Mädchen an seiner Seite Aufmerksamkeit entgegenbringen würde.

Tatsächlich weilte er in Gedanken auf den Schlachtfeldern in Oberitalien. Er hatte einen Entschluß gefaßt: Er wollte wieder selbst dorthin, zu Feldmarschall Radetzky, und mit der Waffe in der Hand die aufrührerischen Italiener lehren, was es bedeutete, sich gegen Habsburg zu erheben.

Ja, er wollte mit seiner Mutter darüber sprechen. Er hörte sie schon im Geiste Einwände gegen sein Vorhaben erheben. Es würden wohl die Sorgen und Befürchtungen einer jeden Mutter sein, die ihren Sohn in die Schlacht ziehen weiß. Aber er, Franz Joseph, war Offizier, und er war alt genug, um an Ort und Stelle unter der Anleitung eines erprobten Feldherrn militärische Erfahrungen zu sammeln, praktische Erfahrungen, und nicht, wie stets bei Manövern, nur graue Theorie.

Dabei konnte er auch dazu beitragen, diesen unseligen Zustand der Auflehnung und Unruhe zu beenden. Daß dies notwendig war, wußte er. Nein, ihm stand nicht der Sinn nach seichtem Wortgeplänkel mit jungen Damen, vielmehr dachte er an ganz andere Geplänkel.

Franz Joseph war an sich keine Kriegerseele. Und dennoch hielt er einen Sieg für eine unabdingbare Notwendigkeit und die Voraussetzung für eine diesem nachfolgende blühende Friedensepoche, in der sich Handel und Wandel, Kunst und Wissenschaft zum Wohl und Gedeih der Monarchie würden entwickeln können. Er suchte nicht den Kampf, um anschließend unter dem Jubel der Massen als Sieger in eine Stadt einziehen zu können. Der Sieg war ihm nur Mittel zum Zweck, Voraussetzung für eine gedeihliche Entwicklung.

Bevor er durch ein Telegramm seiner Mutter nach Innsbruck beordert wurde, war er in Radetzkys Feldlager gewesen. Dort hatte er allerlei zu sehen bekommen, was er bei seinem Husarenregiment im Manöver nicht erleben konnte. Er hatte zum erstenmal Männer gesehen, die, zerschossen, von Säbelhieben verstümmelt, auf Bahren zum Sanitätsplatz getragen wurden. Er hatte Soldatenleichen gesehen, solche der eigenen Armee und jene von Feinden. Das alles füllte sein Gedächtnis, kehrte wieder in seinen Träumen, und er konnte nicht recht begreifen, wie man sich hier im Theater über Schauspielerspäße amüsieren konnte, während im Süden Menschen verbluteten und starben.

Endlich kam die Pause. Franz Joseph warf einen Blick auf Nené, und sie erwartete schon, angesprochen zu werden. Nun mußte sie wohl die erlernte Konversation beginnen! Ihr schwirrte noch der Kopf von all dem, was ihr ihre Mutter gesagt und was sie in den Zeitungen gelesen hatte.

Sie fühlte Franz Josephs prüfenden Blick auf sich gerichtet. Aber dann kam von seinen Lippen nur: „Entschuldigen Sie mich, Cousine! Aber ich mache mir nichts aus Theater.“

Und damit verließ er sie und kehrte für den Rest des Stückes nicht wieder. Nené war zuerst empört, dann aber fühlte sie sich erleichtert. Endlich konnte sie sich dem Genuß der Theateraufführung ungetrübt hingeben. Nun konnte sie lachen, ohne befürchten zu müssen, in der nächsten Pause im Gespräch einen Fauxpas zu begehen.

Sophie und Ludovica saßen schweigend nebeneinander. Ihr Plan war schiefgelaufen.

Sophie verabschiedete sich nach Schluß der Vorstellung von ihrer Schwester mit einem Schulterzucken. „Da kann man nichts machen“, sagte sie. „Es hat nicht wollen sein, diesmal jedenfalls noch nicht. Aber es ist ja noch nicht aller Tage Abend.“

Natürlich war auch Ludovica enttäuscht. „Was hat er nur?" fragte sie. „Gefällt ihm meine Nené etwa nicht? Sie ist doch wirklich hübsch heute abend, wir haben uns wirklich alle Mühe gegeben."

„Man könnte wahrhaftig meinen, der Junge wäre blind", fand auch die Erzherzogin. „Nun, ich werde ihn mir vorknöpfen."

Und das tat sie tatsächlich schon am folgenden Morgen.

„Was ist dir eigentlich gestern abend eingefallen, mein Sohn?" fragte sie rundheraus. „Du hast die arme Nené gekränkt. Was hast du dir dabei gedacht? Sie hat dir doch nichts getan? Das arme Mädchen war den Tränen nahe!"

„Ach, Mama, ich denke jetzt weder an sie noch an andere Mädchen. Ich komme aus Italien! Du hast mich hierherbeordert; ich war der Meinung, es ginge um wichtige Angelegenheiten. Statt dessen soll ich im Theater sitzen! Unten in Italien steht unser Heer im Kampf! Ich möchte zurück zu Feldmarschall Radetzky."

Das also ist es! dachte seine Mutter. „Der Krieg da unten . . . Mein Sohn, ich muß mit dir ein ernstes Wort reden. Es handelt sich tatsächlich um sehr ernste Dinge, um derentwillen ich dich kommen ließ. Dein Vater hat dir etwas mitzuteilen . . ."

„Mein Vater? Was denn?"

„Daß er die Thronfolge nicht antreten wird. Du wirst der nächste Kaiser sein!"

„Wer, ich?!" rief Franz Joseph aus.

„So ist es. Es ist bereits beschlossene Sache. Es steht noch nicht fest, wie lange dein Onkel Ferdinand regieren wird. Aber es wird sich wohl seine Abdankung nicht vermeiden lassen, es ist vermutlich nur eine Frage der Zeit."

„Aber ich bin noch nicht volljährig!"

„Du wirst noch hier in Innsbruck die Heilige Firmung

empfangen. Und man überlegt, dich an deinem achtzehnten Geburtstag im August für majorenn zu erklären."

Das war ein bißchen viel für den jungen Mann.

„Erlaube, Mama, daß ich mich setze", stieß er hervor. „Ich weiß jetzt wahrhaftig nicht, ob ich lachen oder weinen soll."

„Weder das eine noch das andere. Die Dinge nehmen ihren Lauf, mein Sohn, und wir müssen uns ihnen stellen. Weißt du übrigens, daß die Fürstin Windischgrätz in Prag von einer Aufständischen-Kugel getroffen wurde? – Sie ist tot, wir haben gestern die Nachricht erhalten. Man hat sie durchs offene Fenster erschossen. Auch in den Ländern der Tschechen kommt man nicht zur Ruhe. Und von Kossuth in Budapest ist auch nichts Gutes zu erwarten. Wir bleiben einstweilen besser in Innsbruck, da sind wir sicherer."

„Um so wichtiger wäre es, wenn ich wieder nach Italien zu Radetzky ginge", beharrte Franz Joseph auf seinem Vorschlag.

Doch Sophie winkte ab. „Radetzky wird dort unten alleine fertig. Du kannst ihm nicht viel nützen, im Gegenteil. Er müßte jetzt mehr denn je auf deine Sicherheit bedacht sein. Und auch du selbst könntest dir keine Bravouren leisten. Denk daran: Du bist Thronfolger! Du wirst es noch offiziell von Papa erfahren, und dein Onkel wird es dir bestätigen."

Franz Joseph verließ seine Mutter gedankenschwer. Nach einem Flirt mit seiner Cousine Nené war ihm erst recht nicht zumute.

Ganz anders jedoch sein Bruder Karl. Der hatte inzwischen nichts Besseres zu tun gewußt, als bei einem unterm Goldenen Dachl befindlichen Juwelierladen einen hübschen kleinen Ring zu erstehen, den er seiner Sissy zum Geschenk machen wollte. Sie hatten sich wieder auf „ihrer Bank" verabredet.

Sissy wartete schon auf ihn, und in ihrem kleinen Köpfchen wälzte sie noch immer die Gedanken von vergangener Nacht.

Ihr war es heute gar nicht leicht gewesen, zum Stelldichein zu kommen. Zu groß waren ihre Zweifel. Sie hatte fast Furcht vor diesem Wiedersehen; denn sie wollte Gewißheit haben, und hatte vor, ihm ein paar prüfende Fragen zu stellen.

Gefiel sie ihm wirklich? Und weshalb? Was erwartete er? Sie würden ja nicht ewig hier in Innsbruck bleiben. Wahrscheinlich schlug die Stunde der Trennung sogar schon bald. Und was dann?

So saß sie bedrückt und mit Unruhe im Herzen auf der alten barocken Steinbank, hinter der Gott Amor in Form einer Sandsteinputte als Schutzengel aller Liebenden fungierte.

Die Stunde des Rendezvous war gekommen, aber wo blieb Karl Ludwig? Kam er am Ende gar nicht, ließ er sie hier sitzen und vergeblich warten?

Nervös zerknüllte sie ihr Taschentuch zwischen den Fingern. Sie hatte heute morgen fast auf das ganze Frühstück verzichtet, nur einen Schluck Milch hatte sie zu sich genommen.

Flüchtig dachte sie an Karls Bruder Franz Joseph. Der war so ernst und verschlossen und gar nicht nett zu Nené. „Unhöflich ist er und schlecht erzogen", hatte Nené heute morgen über ihn gesagt. „Ich weiß gar nicht, weshalb Mama seinetwegen soviel Aufhebens macht. Konversation sollte ich mit ihm machen? Was ich alles hab' lesen müssen! Doch man kann sich ja eher mit einer Steinfigur unterhalten als mit ihm!"

Sissy hob den Kopf und warf einen fragenden Blick auf die Putte hinter ihr. Die stand stumm und unbeweglich auf ihrem Sockel, hatte den Bogen gespannt und den Pfeil auf ein imaginäres Ziel gerichtet.

Unwillkürlich folgte Sissy mit ihrem Blick der Richtung des Pfeils und sah ihn kommen.

„Karl", entfuhr es ihr und sie sprang auf.

Mit verschmitztem Lächeln näherte er sich und machte eine artige Verbeugung, wie es sich für einen jungen Kavalier gehörte.

„Liebste Cousine", sagte er, „befinden Sie sich wohl?"

„Ja, jetzt befinde ich mich wohl", gestand Sissy leuchtenden Auges. „Und du, Karl, wie geht es dir?"

„Liebste Cousine", blieb er scherzhaft bei seiner steifen Förmlichkeit, „gestatten Sie mir, ein kleines, bescheidenes Präsent zu überreichen?"

„Wie", hauchte sie, „ein Geschenk? Für mich?"

Schalkhaft blickte er sich um und guckte nach allen Richtungen. „Ich sehe sonst niemand", stellte er ernsthaft fest. „Also muß es wohl für meine liebe Cousine Sissy sein!" Und damit überreichte er mit einer feierlichen Verbeugung das kleine, in Seidenpapier verpackte Schächtelchen.

Zögernd und mit fragendem Blick nahm sie es entgegen. „Darf ich es denn überhaupt annehmen?" fragte sie. „Muß ich da nicht erst meine Frau Mutter fragen?"

„Ich bin sicher, du darfst", lächelte er, „und es ist ja auch nur eine bescheidene Aufmerksamkeit."

Nun endlich wurde die „bescheidene Aufmerksamkeit" ausgepackt und verursachte einen Ausruf des Entzückkens.

„Karli", rief Sissy. „Das ist ja ein Ringerl aus Gold!"

„Na, aus was sollte es denn sonst wohl sein?" konterte er. „Ich hoffe sehr, daß er paßt!"

Sie steckte ihn sogleich an ihren Finger. „Den werde ich jetzt immer tragen", erklärte sie, und ihr junges, unverhofftes Glück strahlte aus ihren Mädchenaugen.

„Das wär' schön", brachte er heraus.

204

Mehr zu sagen, vermochte auch er jetzt nicht, und plötzlich stand eine heilige Stille zwischen ihnen.

Dann ließen sie sich, immer noch schweigend und einander betrachtend, Seite an Seite auf der Steinbank nieder. So muß es sein, wenn man sich liebt, dachte sie. Und er dachte genau dasselbe.

„Ja", sagte sie schließlich, „was schenke ich denn jetzt dir? O mein, ich hab' ja nichts . . ."

„Aber du bist doch da, Sissy", gab er ihr zur Antwort.

Und dann fanden sich ihre Lippen zu einem ersten, scheuen, zärtlichen Kuß.

26. Auf den Schwingen der Liebe

Wie auf Flügeln eilte Sissy nach diesem Beisammensein zu Mama. Sie fand sie zuerst gar nicht, denn sie war wieder beim Scharpiezupfen für die Verwundeten in Italien. Dann aber, als sie sie endlich unter vier Augen sprechen konnte, zeigte sie ihr mit blutroten Wangen ihr Geschenk. „Von Karl!" sagte sie nur.

Mama Vicka verstand auch ohne weitere Worte. „Ei, ei, ist der aber hübsch", sagte sie.

„Ja, und was mach' ich denn nun?" fragte Sissy verlegen.

„Wie meinst du das?"

„Nun, ich muß ihm doch ein Gegengeschenk machen, das gehört sich doch wohl so, oder?"

„Ach ja, richtig, ein Gegengeschenk!" Vicka nickte ernsthaft. „Freilich, das ist so üblich, Kleines. Du fängst nur ein bißchen früh damit an mit dem Geschenke von jungen Herren Kriegen und mit den Gegengeschenken . . ."

„Ach, Mama, er ist ja so lieb", schwärmte Sissy mit verklärtem Blick.

„So, lieb ist er. Hat er dich am Ende gar schon geküßt?"

Mit der Röte der Verlegenheit übergossen, stand Sissy vor Mama, brachte kein Wort hervor, nickte nur stumm.

„Na", meinte Vicka streng, „solang' es nur beim Küssen bleibt, will ich es euch beiden noch durchgehen lassen. Aber du mußt ein bißchen zurückhaltender sein, Kind. Du bist ja noch so jung. Schau Nené an, sie ist um zwei Jahre älter als du, und die hat noch kein junger Bursch geküßt!"

„Und dabei ist sie viel schöner als ich und viel schlanker!" gab Sissy offen zu.

„Das stimmt", sagte Vicka. „Aber vielleicht hast du etwas, was ihr fehlt. Ich weiß zwar nicht, was es ist, aber es muß wohl so sein, wenn ich an das Verhalten von Franz Joseph denke", setzte sie halblaut hinzu.

„Franz Joseph? Was ist denn mit ihm?" wollte Sissy wissen.

„Glaubst du, er hätte auf Nené auch nur einen Blick geworfen!" wich Vicka aus.

„Ja, hätte er denn das sollen?"

„Freilich hätte er sollen! Es gehört doch zum guten Ton, wenn man im Theater neben einer jungen Dame sitzt, wenigstens ein paar nette Worte zu sagen. Aber er war stumm wie ein Stockfisch gestern abend! Und das finde ich von ihm gar nicht nett."

„Er gefällt mir nicht so gut wie Karl."

„So. Und Karl gefällt dir also?"

„O ja, Mama", gestand Sissy. „Weißt du, was er gesagt hat?"

„Nun, was denn wohl? Er hat dir doch wohl nicht am Ende einen Heiratsantrag gemacht?" sagte Ludovica schmunzelnd.

„Er hat gemeint, wenn wir in ein paar Jahren groß und erwachsen wären, dann . . ."

„Da habt ihr aber noch ein bißchen Zeit", holte Mama Vicka ihre Tochter aus deren Träumen in die Gegenwart zurück.

Während dieses Gesprächs fand in einem anderen Raum der Hofburg ein ernstes Gespräch unter sechs Augen statt. Kaiser Ferdinand, Franz Karl, der Vater Franz Josephs, und Franz Joseph selbst saßen beisammen, und nun war es gewissermaßen für den letzteren offiziell: Im Falle eines Thronwechsels würde er, Franz Joseph, der nächste sein.

„Das wiegt schwer", sagte er nur. „Ich bin ja erst achtzehn. Bin ich nicht noch zu jung? Ich habe ja noch so viel zu lernen!"

„Deine Mutter wird dir in allem zur Seite stehen, Bub",

versprach ihm sein Vater. „Sie führt praktisch jetzt schon die Geschäfte."

„Sie ist eine tüchtige Frau", lobte der Kaiser. „Und ich bin schon alt, und mir hat das Regieren nie besondere Freude gemacht. Solange Metternich da war, wußte ich, daß ich jemanden hatte, der unsere Interessen vertrat und auf den Verlaß war. Aber jetzt – ich wollte, der Fürst wäre wieder im Lande. Wir haben ihm bitter Unrecht getan."

„Das war eben eine politische Notwendigkeit", erklärte Franz Josephs Vater. „Die Politik kennt keinen Dank und keine Freundschaft, nur die Erfordernisse. In der Politik heißt es, der Zweck heiligt die Mittel. Wenn es erforderlich ist, muß man selbst über Leichen gehen. Gottlob ist uns das bis jetzt noch meist erspart geblieben; anderswo ist man da weniger zimperlich."

„Ich hoffe solche Mittel zu vermeiden, Vater, ich verabscheue sie", sagte der künftige Kaiser.

„Das sagt sich so, mein Sohn! Du bist jung und steckst noch voller Ideale. Aber auch du kannst nicht wissen, was alles auf dich zukommt und auf welche Weise du dich wirst behaupten müssen. Die Zeiten sind schwierig geworden. Nichts ist mehr so, wie es früher war."

Der Kaiser nickte bekümmert.

„Und niemand kann sagen, wo das hinführt, wenn dieser unheilvollen Entwicklung nicht Einhalt geboten wird", ergänzte Franz Karl.

Der Kaiser stimmte eifrig nickend dieser Ansicht zu.

„Möglicherweise wird das deine Aufgabe sein!" fuhr Franz Karl fort. „Das ist es, was man von dir erwartet. Du bist jung, übernimmst ein großes Reich, mußt es wieder in Ordnung bringen."

„Dazu brauche ich Gottes Hilfe", fand dieser. „Allein schaffe ich es nicht."

„Gottes Hilfe und eine gute Frau", ergänzte der Vater.

„In einer Stunde", eröffnete der Kaiser seinem nunmehrigen Thronfolger, „erwartet dich der Hofpfarrer zum Firmunterricht."

Die bevorstehende Firmung kündigte sich durch besondere Förmlichkeiten im Hause an. Zur Überraschung seiner Mutter äußerte der Firmling bezüglich der Festtafel einen Wunsch.

„Es ist recht merkwürdig, Mama", sagte er, „aber seit ich im Feldlager bei unserem alten Feldmarschall war, habe ich Appetit auf etwas, das ich weder vorher noch nachher irgendwo sonst gegessen habe."

„Und was soll denn das sein?" fragte Sophie gespannt. „Eine Delikatesse, und ausgerechnet in einem Feldlager, wo man sonst normalerweise nicht gerade üppig verpflegt sein dürfte?"

„So ist es, Mama! Der alte Radetzky sagte übrigens, sie sei eigens für mich auf den Tisch gekommen, und selbst wenn wir den Krieg verlieren würden, so sei mit dieser Spezialität doch etwas gewonnen."

„Du machst mich immer neugieriger. Wie heißt denn diese Köstlichkeit?"

„Er nannte sie *Schnitzel"*, erzählte Franz Joseph. „Und nur sein Koch, übrigens ein Italiener – hat sie zustande gebracht."

„Schnitzel? – Habe ich noch nie gehört. Der Koch muß ja ein Genie sein, wenn du so davon schwärmst und offenbar auch der alte Haudegen von diesem Schnitzel so begeistert war. Wir werden einmal unseren Hofkoch fragen, ob er davon je etwas gehört hat."

Das war nicht der Fall. Auch der Ausdruck „Schnitzel" war dem Koch bislang noch nie zu Ohren gekommen. Er schlug in allen möglichen Koch- und Rezeptbüchern nach, ohne einen Hinweis finden zu können. „Wenn diese Fleischspeise erst neulich erfunden worden ist, dann kann sie ja auch nirgends drinstehen, zumindest nicht bis jetzt!" sagte er dann. „Da hilft nur eines, Kaiserliche Hoheit: Man muß einen Kurier zu Seiner Exzellenz, dem Herrn Feldmarschall in Marsch setzen, damit er uns das Rezept schickt. Danach können wir versuchen, auch so ein Schnitzel zuwege zu bringen."

Der Kurier mußte nicht extra losgeschickt werden, denn es verkehrten täglich Kuriere zwischen Kriegsschauplatz, Innsbruck und Wien. Einer von ihnen bekam die „Allerhöchste Anfrage" nach dem Rezept des Schnitzels mit auf den Weg.

Der Feldmarschall, der eine Schlacht plante, welche die Entscheidung in Oberitalien herbeiführen sollte, wunderte sich darüber, daß man sich in Innsbruck des „Schnitzels" erinnerte, das er sich zwar selbst inzwischen etliche Male hatte zubereiten lassen. Aber daß es eine solche Delikatesse war, daß selbst der Hof in Innsbruck darauf Gusto bekommen hatte, überraschte ihn.

Er ließ sich vom Koch, der selbst gar nicht schreibkundig war, genau beschreiben, wie es denn zu dieser kulinarischen „Erfindung" gekommen sei, welche Zutaten man benötige und was es mit der Zubereitung auf sich habe.

Einige Tage später hatte Erzherzogin Sophie das Antwortschreiben Feldmarschall Radetzkys in Händen, und nun war die Reihe, sich zu wundern, an ihr.

„19. Juli, im Feldlager vor Sommacampagna

Kaiserliche Hoheit,
Habe hochdero Nachricht ehrerbietigst erhalten und erlaube mir mitzuteilen:

210

Mein Koch Malvolio befand sich in außerordentlicher Verlegenheit, wollte er doch nach dem Eintreffen Eures durchlauchtigsten Sohnes Erzherzog Franz Joseph etwas Besonderes auf den Tisch bringen und fand hierfür die Costelette alla milanese als geeignet. Zu diesen klopfte er das Fleisch vom Kalb nach allen Richtungen hin ganz dünn und breit auseinander und bedeckte es rundum mit einer Schicht Brösel. Mit Hilfe von Ei und Mehl brachte er diese Paniere an dem Fleische zu kleben, schnitt davon Schnitzel auseinand und buk sie braun und knusprig. Allwie er dieselben sodann zum Willkommen Sr. kais. Hoheit zu Tische brachte. Haben wir dies bekömmliche Gericht seither noch öfter mit Genusse verspeist, und bin ich

Euer wohlaffektionierter
Johann Joseph Wenzel
Radetzky Graf zu Radetz
Feldmarschall"

Glücklicherweise hatte Franz Joseph aus reiner Neugier mehrmals die Gelegenheit genutzt, um dem Leibkoch Radetzkys in dessen Zelt beim Zubereiten des Schnitzels zuzuschauen. Mit Hilfe der in dem Brief gemachten Angaben und seiner eigenen Erinnerung gelang es, das Leibgericht des künftigen Kaisers in der Küche der Innsbrucker Hofburg gewissermaßen zu rekonstruieren.

Alles staunte und zeigte sich entzückt, als es dann unter Beigabe von frischen Salaten anläßlich des Festessens zu Franz Josephs Firmung auf die Tafel kam.

Der Firmling selbst langte kräftig zu; das „Schnitzel" blieb unter diesem Namen auf der Speisekarte. Und ging später unter diesem Namen mit dem Zusatz „Wiener" in die Koch-Weltgeschichte ein, obgleich es eigentlich aus der Gegend von Mailand kam.

Vom italienischen Kriegsschauplatz kamen aber auch noch andere erfreuliche Meldungen. Die Schlacht bei Sommacampagna hatte einen glänzenden Sieg der Österreicher gebracht, und zwei Tage später war das Heer der Sardinier, das deren König Karl Albert persönlich ins Treffen geführt hatte, endgültig vernichtend geschlagen worden.

Der alte Haudegen Radetzky war Sieger geblieben. In seinem Lager ebenso wie auch in Innsbruck feierte man die frohe Kunde mit einem ausgiebigen Schnitzelessen.

Innsbruck zeigte sich illuminiert; überall in den Bürgerhäusern brannten Kerzen in den Fenstern, im Dom wurde eine Festmesse zelebriert, und von den Dächern der Hauptstadt Tirols wehte ein Wald schwarz-gelber Fahnen.

Kaum waren die Orgelklänge und das Glockengeläut des feierlichen Tedeums anläßlich des Totalsieges in Italien verklungen, als der „einzige Mann" am Wiener Hof, Erzherzogin Sophie, wieder einmal die Initiative ergriff.

„Der spätere Kaiser benötigt einen Adjutanten. Ich weiß auch schon, wen. Grünne muß es sein. Er ist der richtige Mann, Grünne und kein anderer!"

Gegen diese Wahl hatte niemand etwas einzuwenden: der Kaiser nicht, weil es ihm prinzipiell ziemlich schnuppe war, denn er wußte, er war ohnedies nur mehr ein Monarch auf Abruf, und Franz Josephs Vater nicht, weil er die Kompetenz seiner Frau neidlos anerkannte; außerdem ließ sich diese in Sachen ihres Sohnes Franz Joseph ohnedies nichts dreinreden.

So wurde denn schon jetzt Karl Graf Grünne für den Posten des Generaladjutanten des Kaisers auserkoren. Sophie hatte nicht vergessen – und sie rechnete es ihm auch später noch zeitlebens an –, daß Grünne es gewesen war, welcher in Budapest unter Protest sein Amt zurückgelegt hatte, weil ihm die Politik des Palatins Erzherzog Stephan allzu kompromißbereit gegenüber dem Druck der Magyaren erschienen war. Der Oberst war jetzt vierzig Jahre alt, absolut verläßlich und treu und erschien ihr als der beste Mann, den sie ihrem Sohn zur Seite stellen konnte.

Dessen Tage in Innsbruck waren gezählt. In all dem Trubel war es nur zu begreiflich, daß er für seine bayrischen Cousinen weder Interesse noch Zeit aufbringen konnte. Im Zuge der sich überstürzenden Ereignisse und im Bewußtsein, daß jetzt er es sein würde, welcher die Geschicke der Donaumonarchie lenken sollte, sah er sich ganz anderen Aufgaben und Problemen gegenüber. Und seine Mutter hätte ihn nicht im Sinne des Pflichtbewußtseins erziehen lassen dürfen, wenn er jetzt anders gehandelt hätte, als er es tat.

So blieb ihm denn seine Begegnung mit den bayrischen Cousinen, was Innsbruck betraf, so gut wie nicht im Gedächtnis. Er hatte sie bereits so gut wie vergessen, als er sich mit dem Grafen Grünne in seine Kutsche setzte, um abzureisen.

Sissys Freundin Irene Paumgarten erhielt aus Innsbruck einen merkwürdigen Brief. Darin schrieb ihr Sissy, daß sie ihre Freundin Irene wohl vermisse und sich auf ein Wiedersehen freue; gleichzeitig aber, so schrieb sie ihr, wünschte sie auch, mit ihren Geschwistern und Mama Vicka noch recht lange in Innsbruck bleiben zu dürfen.

Sissy erwähnte den Erzherzog Karl Ludwig mit keinem Wort. Es darf aber angenommen werden, daß er es war, dem dieser Wunsch galt.

27. Alles tanzt Walzer!

Nach den fulminanten Siegen „Vater" Radetzkys bei Custozza und Novara war es für Johann Strauß Vater klar, daß er diese militärische Großtat mit einer solchen musikalischer Natur verherrlichen müsse. Er komponierte also den in die Geschichte eingegangenen „Radetzky-Marsch", der den Einzug des siegreichen Feldherrn in Mailand feiern sollte.

Sein Sohn Johann Strauß junior hatte kurz vorher aber die Wiener mit einem „Revolutions-Marsch" überrascht. Vater und Sohn Strauß bekriegten einander mit Taktstock und Noten.

Die Munition, die sie verschossen, schwang im Dreivierteltakt durch die Luft, von Konzertsaal zu Konzertsaal, von Tanzlokal zu Tanzlokal, über Stadt und Land. Diese Art, Krieg zu führen, lag den Österreichern, und namentlich den Wienern, wohl ebenso.

Schon die junge englische Königin Viktoria hatte anläßlich ihrer Heirat mit Prinz Albert unter Strauß Seniors persönlicher Anleitung den Walzer tanzen gelernt. Dessen Sohn, der spätere „Walzerkönig", lernte sein Leben lang nicht tanzen, obwohl doch nach seinem Taktstock die ganze Welt das Tanzbein schwang.

Auch vor dem Innsbrucker Hofleben machte der Walzer nicht halt. Es wurde eigens ein Tanzlehrer engagiert, und auf dem glatten Parkett der Hofburg wurden für Damen und Herren Tanzstunden abgehalten. Nun, da der König der Sardinier hatte kapitulieren müssen, atmete alles auf, man sah Erzherzogin Sophie wieder öfter lachen, und ihre gute Laune schien endgültig wiedergekehrt zu sein.

Der Hof dachte an eine Rückkehr nach Wien. Der Sieg Radetzkys hatte natürlich die Idee der Monarchie gestärkt. Das Gekreische der Republikaner nach einer Freiheit, wie sie sie meinten, ging unter im Jubel und Hurra der Kaisertreuen, als zunächst einmal der Reichsverweser und liberal gesinnte Erzherzog Johann in Wien seinen Einzug hielt, um hier den Reichstag mit einer proklamatischen Rede zu eröffnen.

Die frohe Kunde vom klaglosen Verlauf dieser demonstrativen Veranstaltung erreichte bald auch die Hofburg am Inn und verstärkte dort noch die positive Stimmung.

Nach der Abreise Franz Josephs hatte die herzoglich-bayrische Gesellschaft keinen Grund mehr für einen längeren Aufenthalt. Nené und Franz Joseph hatten einander, wenn auch nur flüchtig und nicht in der erhofften Weise, kennengelernt. Der Nebenaspekt, der sich hierbei ergab, nämlich daß sich Sissy und Karl Ludwig, Franz Josephs jüngerer Bruder, ineinander Hals über Kopf verliebt hatten, war im Programm der Erzherzogin Sophie nicht vorgesehen gewesen. Und wenn dieses „Naturereignis", wie sich Vicka ausdrückte, weder die beiden Mütter sonderlich störte und aus der Fassung brachte noch irgendwelche Einflüsse auf das Heiratsprojekt Nené–Franz Joseph hatte, so war doch eigentlich kein Grund für eine Verlängerung des Aufenthaltes in der Tiroler Hauptstadt gegeben.

Die einen wollten nach Wien, die anderen nach Possenhofen beziehungsweise München; Ludovica fand es angezeigt, auch im Palais Wittelsbach wieder einmal gründlich nach dem Rechten zu sehen und dort ihre Hausfrauenpflicht wahrzunehmen. „Das Personal verschlampt ja sonst alles", erklärte sie besorgt. „Da muß man dahinter sein. O mein, was man net selber macht, is ja leider net g'macht!"

Darüber gar nicht erfreut, beobachtete das jugendliche Liebespaar die Anzeichen der sich verstärkenden Aufbruchsstimmung. War alles nur eine Episode in ihrem Leben gewesen? Sollte diese Zeit schon zu Ende sein?

Wenn es auch Mama Vicka Sissy gegenüber in bezug auf Ermahnungen hinsichtlich sittsamen Verhaltens nicht fehlen ließ und Sophie gelegentlich ihren charmanten Sohn an seine Kavaliersehre erinnerte, so legte doch den beiden niemand ein Hindernis in den Weg, und sie konnten einander treffen und sehen, sooft sie wollten. Der Grund dafür war, daß die Erwachsenen die Gefühle der beiden füreinander offenbar nicht allzu ernst nahmen. Auch war man sich der Trennung, die ja schon bald erfolgen mußte, bewußt. Sie würde, so war vernünftigerweise anzunehmen, zur Folge haben, daß wohl mit der Zeit das eintreten würde, was sich im Sprichwort folgendermaßen ausdrückt: „Aus den Augen, aus dem Sinn." Kurz, man hoffte, daß die beiden einander über kurz oder lang vergessen würden. Sollte dies wider Erwarten jedoch nicht der Fall sein, nun, dann stand ja einer Verbindung eigentlich nichts im Wege.

Es war also, nach allen Richtungen hin besehen, eine problemlose Liebelei. Für die beiden jungen Menschen aber war sie nicht so problemlos. Sie waren, getreu dem Dichterwort, einmal „himmelhoch jauchzend", dann wieder „zu Tode betrübt". Das erstere, wenn sie sich in trauter Zweisamkeit bei gemeinsamen Spaziergängen und Ausritten in die schöne Umgebung der Stadt am Inn oder auch nur auf ihrer steinernen Bank im Hofgarten ihren Gefühlen und Träumen hingaben. Das letztere aber häufte sich immer mehr, je deutlicher sie erkennen konnten, daß die Stunde der Trennung unausweichlich näherrückte.

Glückselige Stunden inspirierten Sissy zu immer neuen Gedichten, die sie teils in ihr Tagebuch, teils aber auch in ein besonderes Heftchen eintrug. Sie sind heute noch Zeugnisse dieser ersten großen Liebe. Ihre Depressionen aber äußerte sie auch in ihren Briefen an ihre Freundin Irene Paumgarten, wo sie allerdings gegenteilige Empfindungen auslösten.

Denn Irene freute sich auf ein Wiedersehen und wünschte herbei, was Sissy fürchtete: den Abschied von Innsbruck.

Mit kindlicher Zärtlichkeit machten sie einander Geschenke und gaben einander Beweise ihrer gegenseitigen Aufmerksamkeit. Vor Mama Vicka hatte Sissy keine Geheimnisse, und das hatte Vicka sich auch ausgebeten. Sie war bereit, jederzeit einzuschreiten, wenn der Bogen überspannt werden sollte.

Die Möglichkeit einer späteren Heirat wurde von den beiden jungen Leuten ernsthaft besprochen.

„Du bist ja jetzt mein Mädchen, Sissy, und sollst es auch bleiben. Und später einmal wollen wir für immer beisammenbleiben. Du willst es doch, nicht wahr?"

„O ja, gewiß, Karl, das will ich. Auch wenn ich dann von meinen Eltern und Geschwistern Abschied nehmen muß, so will ich dir doch folgen, wohin du willst."

„Nach Wien, Sissy! Dort ist es schön, viel schöner als hier in Innsbruck, du wirst staunen!"

„Auch so schön wie in Possi?" fragte Sissy zweifelnd.

„Ich kenne euer Possi nicht, aber gewiß viel schöner. So prächtig kann Possi gar nicht sein wie Schönbrunn mit seinen Zimmern und Sälen und die Hofburg, wo mein Bruder vielleicht eines Tages als Kaiser residieren wird. Sissy, dann wärst du die Schwägerin des Kaisers von Österreich und könntest dir wünschen, was du nur willst . . ."

„Auch schöne Pferde?" fragte Sissy mit angehaltenem Atem.

„Ja! Natürlich! Und sogar Meerschweinchen und Schildkröten!"

Sie hörte ihm mit heißen Wangen zu. „Erzähl mir mehr davon", bat sie.

„Noch mehr? Nun, was glaubst du, wie viele Zimmer und Säle unser Schönbrunn wohl haben mag?"

„Weiß ich nicht! Fünfzig oder sechzig?"

„Über eintausendvierhundert", teilte Karl Ludwig voll Stolz mit.

„Nicht möglich!" staunte Sissy. „Das ist ja mehr, als es in der königlichen Residenz in München gibt!"

„Das denk' ich auch", meinte der Erzherzog lachend. „Aber ob du's nun glaubst oder nicht – die Hofburg in der Stadt ist noch viel größer. Sie ist auch nicht auf einmal gebaut worden wie Schloß Schönbrunn. Sie hat schon jetzt fast zweitausend Zimmer und Säle. Wer weiß, wie viele sie schließlich haben wird, wenn sie ganz fertig ist."

Tatsächlich brachte es das Riesenbauwerk auf noch weitere sechshundert Räumlichkeiten, als es gegen Ende des Ersten Weltkrieges noch immer nicht „fertig" war.

„An der Hofburg, in der wir uns jetzt befinden, hat Maria Theresia ja auch zwanzig Jahre lang gebaut", erzählte Karl Ludwig. „Sie ist wenigstens einheitlich, wie Schönbrunn. Aber die Wiener Hofburg ist in so vielen Epochen entstanden, daß sie fast wie eine eigene Stadt aussieht. Du *mußt* einfach nach Wien kommen und dir das alles mit eigenen Augen anschauen!"

„O ja, das möcht' ich. Aber dann kommst auch du einmal zu uns nach Possi und München."

„Das muß ich ja wohl, wenn ich dich besuchen will." Der Erzherzog lachte. „Im Ernst, Sissy: Wir dürfen einander nicht aus den Augen verlieren. Ich weiß, daß wir jetzt nicht mehr lang beisammensein können; aber jeden Tag davon wollen wir nützen. Doch ich versprech' dir's, ich schreib' dir, sooft ich nur kann, und du mußt mir wiederschreiben."

„Schickst du mir auch ein Bilderl? So ein kleines für ein Medaillon?" fragte sie schüchtern.

„Ein Medaillon –?" Ihm kam ein Einfall.

„Ja, so eines, das ich immer um den Hals tragen kann", offenbarte sie ihm ihren Wunsch.

„Ein Medaillon!" rief er aus. „Ja, natürlich! Jetzt weiß ich, was ich dir zum Abschied schenken kann! Aber wie komm' ich da bloß hinein?" fragte er in komischer Verzweiflung. „So ein kleines Bildel zu malen braucht auch seine Zeit. Und im Moment hab' ich gar kein's, und es muß ja auch in das Medaillon hineinpassen! – Oh, das ist eine verzwickte G'schicht'. Aber trotzdem, die Idee find' ich gut. – Aber dann möcht' ich auch ein Bildl von dir haben, Sissy!"

Sie errötete. „Ich weiß nicht, ob das gehen wird", meinte sie verlegen. „Bei dir ist das etwas ganz anderes . . . Ich schenk' dir was anderes, wenn wir auseinandergehen. Etwas, was du dann von mir bei dir hast."

„Ein klein's Lockerl von deinem wunderschönen Haar", bat er flehentlich.

„Ja", rief sie, „das wird sich machen lassen! Ein Haarlokkerl. Aber wo willst es denn aufheben? Vielleicht gar auch tragen wie ich mein Medaillon?"

„Warum nicht?" fragte er. „Dann kauf' ich eben zwei an Ketterln, die man um den Hals hängen kann. Eins für dich, Sissy, und eins für mich. Und ich lass' dir in deines ein kleines Bildl von mir hineinmalen. Und du gibst mir dafür ein Lockerl."

Sie benahmen und fühlten sich auch so, als wären sie offiziell verlobt. Jeder konnte sie als ein unzertrennliches Paar erleben. Auch bei den Tanzstunden, die es nun in der Hofburg gab, waren sie Partner.

Diese Tanzstunden waren eine gute Idee, denn sie minderten den Schmerz über die bevorstehende Trennung. Denn im Unterschied zu den Tänzen, die bisher bei Hofe üblich gewesen waren, konnte man einander bei dem neuen Tanz, der jetzt unterrichtet wurde, richtig in den Armen halten.

Der Maître de plaisir gab zwar seine Anordnungen in französischer Sprache, aber es war dennoch ein urwienerischer Tanz. Da schwang man sich, Paar für Paar, im Kreise herum, im schwindelerregenden Dreivierteltakt, bis einem der Atem wegblieb. Dann wiederum war es ein seliges Wiegen und Drehen zur einschmeichelnden, fröhlichen Musik.

So tanzten auch Sissy und der junge, verliebte Erzherzog, und beide spürten die Nähe ihrer Körper, diese Wärme ihrer Leiber, den Atem des anderen. Da glitten die Füße übers Parkett und wehten die Locken, ein seltsamer Duft von Parfum erfüllte den Saal, und das alles zusammen war dazu angetan, einem die Sinne zu verwirren.

Als Karl die erschöpfte Sissy ins Freie führte, war sie wie benommen.

„Nené ist eine viel bessere Tänzerin als ich – ich habe sie beobachtet", fand sie.

„Ach, was redest du da von deiner Schwester! Ich habe sie überhaupt nicht gesehen. Du tanzt wunderbar, besser kann man wohl gar nicht Walzer tanzen! Aber vielleicht schon morgen wird es unser letzter Walzer sein", fügte er traurig hinzu.

„Ach nein, Karl, ich möchte so ewig in deinen Armen liegen. Ich kann mir nichts Schöneres vorstellen."

„Aber vielleicht gibt es etwas noch Schöneres", sagte er leise.

„Und was soll das sein?" fragte sie.

Schon setzte er zu einer Erklärung an, da rief ihnen jemand aus der offenen Saaltüre zu: „Die Tanzpause ist vorbei! Kommt! Es heißt wieder: Alles Walzer!"

Sissy behielt seine Worte im Gedächtnis und grübelte während der folgenden halben Stunde darüber nach, was Karl wohl gemeint haben könnte.

28. Wie die Welt sich dreht

Überall stieß die Meldung, daß nun ein junger, dynamischer und vielversprechender Kaiser die Regierung übernommen habe, auf begeisterten Widerhall, ausgenommen in Ungarn. Kossuth und seine Regierung wollten einfach nicht mehr. Sie wünschten sich ein selbständiges Ungarn, das seine uralten Rechte und Privilegien wahren konnte, die es aber nur hinreichend gewährleistet sah durch einen eigenen ungarischen König, also keinen Habsburger. Besser noch erschien ihnen aber eine Republik.

Daß es auch in Ungarn sofort eine Sympathiewelle für „den Jungen" gab, förderte diese Absichten keineswegs. Daher beschloß der ungarische Reichstag, den Thronwechsel gar nicht erst anzuerkennen. Das war ein unerhörter Affront. Franz Joseph verfügte seinerseits, von seiner Mutter und seinen Ratgebern hierzu aufgefordert, die Auflösung dieses Reichstags.

Jetzt aber sahen die Kossuth-Leute ihre Stunde gekommen, und tatsächlich sah es danach aus, als ob sich das Massengrab „zwischen Szeprem und Stuhlweißenburg" tatsächlich mit Leichen füllen werde – aber mit solchen von Österreichern *und* Ungarn . . .

Windischgrätz, dem es nicht gelingen wollte, des Aufstandes in Ungarn Herr zu werden, mußte trotz seiner Verdienste um die Befreiung Wiens den Oberbefehl abgeben. Jellačićs Grenzer kämpften wie die Löwen, aber ihr Einsatz goß nur Öl ins Feuer, schürte weiter die Flamme des Nationalismus; Kossuth gewann immer neue Anhänger.

„Fest entschlossen, den Glanz der Krone ungetrübt zu erhalten, aber bereit, unsere Rechte mit den Vertretern unserer Völker zu teilen, rechnen wir darauf, daß es mit Gottes Bei-

stand und im Einverständnis mit den Völkern gelingen werde, alle Länder und Stämme der Monarchie zu einem großen Staatskörper zu vereinigen!"

Vicka zeigte ihrer Tochter Helene die in den Zeitungen abgedruckte Proklamation, die Franz Joseph I. zu seinem Regierungsantritt am 1. Dezember erlassen hatte. „Er packt die Sache richtig an", fand sie.

„Aber wieso denn? Das hat doch entweder seine Mutter oder sein Ministerpräsident Fürst Schwarzenberg geschrieben", meinte Helene geringschätzig. „Was kann schon ein Kaiser mit achtzehn Jahren für eine eigene Meinung haben? Er kennt sich ja noch gar nicht in den Regierungsgeschäften aus, denke ich."

„Helene, du irrst dich! Sophie schreibt mir, ihr Sohn arbeite zehn Stunden am Tag ohne Pause beim Studium aller Unterlagen und dem Anhören seiner Minister über die Lage. Und danach verbringe er weitere fünf bis sechs Stunden, Entscheidungen zu treffen und Unterschriften zu geben. Sophie findet es beängstigend, und sie hat Sorge um seine Gesundheit. Sie war nicht darauf gefaßt, daß er sich mit solchem Eifer in seine Aufgabe stürzen würde."

„Nein, so was, Mama!" spöttelte Helene. „Am Ende kommt sie gar um den Genuß, die heimliche Kaiserin zu sein. Er wird ihr doch nicht etwa allzu selbständig werden?!"

„Nun, jedenfalls ist Schwarzenberg ziemlich verzweifelt. Franz Joseph bewilligt nicht alles, was man ihm unter die Nase hält, so wie der gute Ferdinand, der vor allem seine Ruhe haben wollte. Er erklärt Eingaben seiner Minister für ungenau und zu wenig konkret oder nicht hinreichend transparent. Er läßt die Herren von allem Anfang an fühlen, daß sie mit ihm nicht machen können, was sie wollen, und das finde ich fabelhaft!"

„Er wird sich damit nur Feinde schaffen", meinte Helene gleichgültig. „Aber mir soll es recht sein. Neue Besen kehren gut, sagt man, und offensichtlich ist er so ein Besen."

„Nené!" empörte sich Vicka. „Wie sprichst du von deinem künftigen Bräutigam?"

„Noch ist er nicht mein Bräutigam, Mama", wehrte Helene ab. „Bisher hat er offenbar noch nicht einmal bemerkt, daß ich existiere! Und wenn er ein solcher Mensch ist, wie du ihn mir eben beschreibst, dann fürchte ich, daß er das auch in Hinkunft kaum tun wird. Vielleicht entwickelt er sich eines Tages zu einem personifizierten Aktenschrank. Glaub doch nicht, Mama, daß ich es für ein erstrebenswertes Ziel fände, mit einem solchen Mann verheiratet zu sein!"

Vicka setzte sich, ein wenig blaß geworden. „Nené, mein Kind, was ist in dich gefahren?" fragte sie kopfschüttelnd.

„Nichts, gar nichts ist in mich gefahren! Habt ihr beide, du und Tante Sophie, denn geglaubt, daß ich in Innsbruck nicht längst begriffen hätte, was gespielt wurde? Ich wurde für ihn zurechtgemacht und mußte lernen, mit ihm Konversation zu machen, um sein Interesse zu erwecken! Warum wohl? Mama, ich kam mir vor wie einer unserer armen Mohren auf dem Sklavenmarkt. Ich wurde ihm doch regelrecht angeboten!"

„Ich bin entsetzt", stellte Ludovica fest.

„Nein, *ich* war entsetzt!" rief Nené, sprang auf und gebrauchte ihren Fächer, um ihre vor Erregung heißen Wangen zu kühlen. „Wenn er mich wenigstens angesehen und angehört hätte! Ich habe mir ja Mühe gegeben! Aber nichts, nichts! Ich war einfach Luft für ihn! – Kannst du mir da nicht nachfühlen, Mama, daß ich absolut kein Verlangen danach habe, ihn wiederzusehen, womöglich ein Leben an seiner Seite zu verbringen und ihm gar noch Kinder zu gebären?"

Sie hatte es lange für sich behalten, doch nun brach es aus ihr heraus.

„Du fühltest dich gedemütigt, nicht wahr?" konstatierte ihre Mutter und empfand Mitleid.

„Mehr als das", stellte Helene richtig. „Ich war gekränkt und empört."

Vicka war ernüchtert. Sie und Sophie standen jetzt vor einem Problem, das erkannte sie mit aller Deutlichkeit. „Mein Kind, seine Mutter und ich sind Schwestern, und wir wollen, wie du dir doch denken kannst, das Beste für unsere Kinder", sagte sie zu ihrer und Sophies Rechtfertigung.

„Ach, Mama!" Helene sank auf die Knie und legte schluchzend ihren Kopf in der Mutter Schoß. Wie er da zwischen den wärmenden Knien der Herzogin gebettet lag, fühlte sie sich plötzlich schutzbedürftig wie ein kleines Kind. Als sie die Hände ihrer Mutter zärtlich und tröstend über ihr Haar streichen fühlte, so sanft wie in vergangenen Kindertagen, versiegte der Tränenfluß, und sie wurde ruhiger.

„Nené", sagte Vicka zärtlich und leise, „glaub mir, mein Kind, niemand liebt dich mehr als deine Mutter. Ich wünsche mir für dich ein Leben in Sicherheit und Herrlichkeit. Ein Leben, wie es einer Wittelsbach-Prinzessin zukommt. Du bist kein Bürgermädchen, verstehst du? Auch wenn dein Vater ein Mann ist, der auf äußeren Prunk, Rang und Titel keinen Wert zu legen scheint, so wächst du doch in einem Milieu auf, das dich von den unzähligen Mädchen deines Alters aus dem Volk und Bürgertum unterscheidet. Und vor dir war es mit Generationen von Wittelsbacher-Kindern nicht anders; sie sind eben Prinzen und Prinzessinnen und als solche geboren und aufgewachsen. Da ist es nicht so einfach, passende, standesgemäße Partner zu finden! Glaub mir, unter den Prinzen Europas ist dein Cousin Franz Joseph im Augenblick der begehrteste überhaupt! Mit achtzehn Jahren schon auf dem Thron, und wie beneidenswert er die Sache anpackt! Was für eine Zukunft eröffnet sich da an seiner Seite, welche Möglichkeiten!"

Ludovica versuchte, ihrer Tochter die ins Auge gefaßte Ehe noch einmal nach allen Regeln der Kunst schmackhaft zu machen.

„Möglichkeiten! – Eben hat man den Aufstand in Wien niedergeschlagen, nachdem vorher die halbe Stadt in Schutt und Asche geschossen werden mußte. Nun marschieren die Ungarn gegen Wien. Sie wollen ihn gar nicht als Monarchen, wollen ihren eigenen König haben. Und die italienischen Provinzen? – Dort gärt es doch schon wieder!"

„Hör auf, mein Kind . . ."

„Aufhören? Ich sage nur, was in den Zeitungen steht, die du mir tagtäglich zu lesen gibst, damit ich auf dem laufenden bin und Konversation machen kann, falls es wider Erwarten wieder einmal erforderlich sein sollte. – Warum darf ich nicht sein wie Sissy? Jung, verliebt und unbeschwert, ein Menschenkind, dem niemand vorschreibt, was es tun und lassen, lernen und lesen soll. Warum läßt man mich nicht in Ruhe?"

„Weil es Sissy nicht bestimmt ist, Kaiserin zu werden, mein liebes Kind. Du bist es doch, die in Wahrheit zu beneiden ist, nicht sie!"

„Findest du, Mama? Es tut mir leid, aber ich empfinde es gerade umgekehrt."

Wieder sprang sie auf, lief zum Fenster, starrte auf die Straße hinab und gebrauchte heftig ihren Fächer.

„Du bist heute schlechter Laune; mit dir ist nicht zu reden an so einem Tag", sagte Vicka seufzend. „Warten wir ab, was uns das Schicksal beschert und wie die Welt sich dreht."

„Ja, lassen wir die Welt sich drehen, Mama", ließ sich Helene vernehmen, ohne sich umzuwenden.

Mit einem weiteren Seufzer verließ die Herzogin den Raum. Draußen auf dem Korridor lief ihr Sissy über den Weg. Zu Vickas Mißfallen trug auch sie eine Miene zur Schau, die nicht gerade auf gute Laune schließen ließ.

„Nanu, mein Spatz?" fragte Vicka überrascht. „Draußen scheint die Sonne auf das liebe München, und du machst ein Gesicht wie sieben Tage Regenwetter!"

„Wie sollte es anders sein", klagte Sissy, „wenn es nun schon Wochen her ist, seit ich von Karl die letzte Post bekommen habe!"

„Er wird keine Zeit haben", versuchte Vicka ihre Tochter zu trösten. „Du weißt doch, was los ist . . ."

„Aber doch nicht mit ihm, Mama! Was geht ihn die Weltgeschichte an? Er ist nicht Kaiser noch König."

„Aber ein Prinz ist er auch, Sissy."

„Na und? Ich bin auch Prinzessin, aber deswegen doch in keinen Aufstand verwickelt. Wer die Österreicher, Ungarn und Italiener regiert, ist mir egal. Mir genügt Possi."

Vicka lachte herzlich über diesen Beweis kindlicher Naivität. „Schön, daß du noch immer so denkst, mein Liebling", fand sie. „Aber es wird nicht ewig so sein. Nur ein paar Jährchen noch, und auch für dich wird sich die Welt gedreht haben und du wirst die Dinge mit anderen Augen sehen. Eben habe ich mit deiner Schwester eine ernste Unterredung gehabt. Und jetzt, wo ich dich höre, muß ich es doch recht sonderbar finden."

„Was findest du denn sonderbar, Mama?" wollte Sissy wissen.

„Nené hat dich eben um deine unbeschwerte Natürlichkeit beneidet", antwortete die Herzogin. „Nun, fast habe ich den Eindruck, sie hat recht!"

„Ach, Nené! Was weiß die schon! Sie hat ja niemanden, auf dessen Briefe sie vergebens wartet! Sie weiß gar nicht, wie das ist. Glaubst du, Karl könnte etwas passiert sein? Oder vielleicht ist er gar krank? Könntest du nicht in deinem nächsten Brief an Tante Sophie fragen, wie es ihm geht und was mit ihm ist?"

„Soll ich das wirklich tun?" vergewisserte sich Vicka zögernd.

„Ach, bitte ja!" bat Sissy. „Er hat mir versprochen zu schreiben. Ich tu es, und er antwortet nicht!"

„Es sind unruhige Zeiten, mein Kind. Es könnte sein, daß deine Briefe ihn gar nicht erreicht haben."

„Und wieso kriegst dann du alle Briefe von Tante Sophie? Wär' es möglich, daß man ihm meine Briefe nicht gegeben hat? Ach, Mama, warum denn? Ich bin verzweifelt!"

Das war Sissy wirklich, es war ihr anzumerken. Sie war also keinesfalls so zu beneiden, wie ihre Schwester Helene annahm. Sie litt, Ängste und Zweifel plagten sie.

„Meine arme Kleine", sagte Vicka und nahm sich vor, tatsächlich an Sophie eine vorsichtige Anfrage zu richten. Ob dieser Charmeur etwa Sissy untreu geworden war . . .?

Genau das war es übrigens, was Sissy selbst befürchtete. Aber sie wagte nicht, sich diese Möglichkeit einzugestehen. Noch klangen ihr seine Worte im Ohr, mit denen er sie seiner unwandelbaren Treue versichert hatte. Und sie trug einen Ring von ihm an einem Finger ihrer Linken, der ihr soviel bedeutete wie ein Verlobungsring, hatte sie doch auch ihm einen gleichen geschenkt.

Trug er den ihren überhaupt noch?

Anfänglich waren trotz der schwierigen Zeitläufte seine Briefe zwar von verschiedenen Orten und manchmal verspätet, aber dennoch ziemlich regelmäßig eingelangt. Mit der Zeit jedoch wurden zwar nicht ihre Briefe an ihn, jedoch seine Antworten spärlicher. Hatte ihr Karl Ludwig noch anfangs fast tagebuchartig alles berichtet, was er tat, womit er sich unterhielt, und beteuert, wie sehr er an sie denke und unter ihrer Trennung leide, so schien er sie nun doch allmählich weniger und weniger zu vermissen.

Nicht so sie ihn. Sissy fühlte sich an ihn gebunden, er war ihr zum Leitstern ihrer Zukunft geworden.

Aber die Welt hatte sich weiter um ihre Achse gedreht, und die Dinge waren in Fluß . . .

29. Neue Bekanntschaft

Über Anraten seines Kabinetts und seiner Mutter hatte Kaiser Franz Joseph den russischen Zaren Nikolaus I. um militärische Hilfeleistung in Ungarn ersucht. Radetzky war in Italien damit beschäftigt, den durch König Albert von Sardinien gebrochenen Waffenstillstand in einen endgültigen zu verwandeln. Piemont und Venetien wollte er dem Kaiser gewinnen, und er gewann sie auch. Doch Banus Jellačić mit seinen Kroaten erwies sich als zu schwach, das aufständische Ungarn niederzuringen, um so mehr, als sich auch im preußisch-dänischen Konflikt um Schleswig-Holstein aufgrund eines Bündnisvertrages die Notwendigkeit einer österreichischen Waffenpräsenz ergab.

Als dann endlich Kossuth besiegt und unter Mitnahme der Stephanskrone, die er an der ungarisch-türkischen Grenze vergrub, geflüchtet war, Franz Joseph nach errungenen Siegen endlich in Ischl seinen neunzehnten Geburtstag feiern konnte, war, wenn auch aus mehreren anderen Gründen, die Notwendigkeit einer Zusammenkunft mit dem Zaren sowohl als auch mit dem Preußenkönig Friedrich Wilhelm IV. erforderlich.

Trotz der österreichischen Waffenhilfe intrigierte Preußen gegen den Deutschen Bund und kämpfte um die eigene Vorherrschaft. Zudem waren die deutschen Staaten mit den revolutionären Kräften und den von diesen angezettelten lokalen Aufständen viel leichter zurande gekommen als Österreich, das innerhalb seiner Grenzen die verschiedensten Nationalitäten beherbergte, so daß sich die auf einen Umsturz hinarbeitenden Republikaner mühelos der Nationalisten bedienen und sie vor ihren Wagen spannen konnten.

Das preußische Königshaus hatte nichts anderes im Sinn,

als Preußens Territorium und seinen Einfluß zu mehren. So lange, bis dieses Preußen unter seinem König eines Tages an der Spitze aller deutschen Staaten stehen werde – und zwar an der Stelle Österreichs. Die Hohenzollern fanden dies übrigens auch im Hinblick darauf, daß innerhalb der Donaumonarchie die deutschsprachige Bevölkerung zwar tonangebend, jedoch zahlenmäßig in der Minderheit war, als durchaus legitim.

Die vom österreichischen Staatskanzler Fürst Schwarzenberg in die Wege geleitete Restaurierung des Deutschen Bundes scheiterte an Preußens Widerstand; von sechsunddreißig kleinen deutschen Staaten schlossen sich nur zehn zu einer Union zusammen, die anderen verhielten sich neutral oder bekannten sich zu Preußen. Als Preußen daraufhin den Versuch unternahm, Kurhessen durch einen militärischen Handstreich zu annektieren, marschierten Österreicher und Bayern gemeinsam gegen Preußen auf, das schließlich einlenkte. Eine Befriedungsaktion durch ein persönliches Treffen der Monarchen schien erforderlich.

Und wieder war es Erzherzogin Sophie, die die Fäden zog. War doch ihre Schwester Elisabeth mit Friedrich Wilhelm verheiratet und Königin von Preußen.

Beide aber hatten eine zauberhafte Nichte, Prinzessin Anna, und wie es das Schicksal so wollte, passierte in Potsdam genau das, was in Innsbruck hätte geschehen sollen.

Franz Joseph, inzwischen zum flotten Tänzer geworden und in seiner schmucken Marschalluniform „ganz einfach fesch", wie die Damen am Wiener Hofe wohlgefällig konstatierten, bemerkte die hübsche Anna sehr wohl, und sie ihn nicht minder.

„Hilf Himmel, er wird die falsche Frau heiraten!" entsetzte sich Ludovica – bei der Lektüre eines sich in Hymnen der Begeisterung ergehenden Briefes, der allerdings nicht von

Schwester Sophie, sondern von Schwester Elisabeth aus Berlin kam.

In Possi hatte sich übrigens auch einiges verändert. Man hatte neue Nachbarn bekommen. Die Gräfin Paumgarten hatte das Haus, in welchem ihr Sohn David so jung hatte sterben müssen, nicht länger ertragen; nach längeren Mühen war es ihr schließlich gelungen, ihren Mann von der Notwendigkeit eines Verkaufs und Tapetenwechsels zu überzeugen. Sie hatten die Villa halbwegs günstig an den Grafen Werthbach verkauft und waren nach München übersiedelt, wo sie sich endgültig in einer großen Stadtwohnung in der Ludwigstraße niederließen. Dort hoffte die Gräfin ihrer Depressionen Herr zu werden.

Nicht lange darauf war ein hübscher junger Reitersmann aufgetaucht, der die Grenzen seines neuen Besitztums abritt, um dieses kennenzulernen. So lief der junge Werthbach Sissy, die sich auf ihrer Stute tummelte, über den Weg.

Karl Ludwigs Stillschweigen hatte sich inzwischen geklärt. Er war in Ungarn, hatte bei der Truppe nachziehenden Heeresdienststellen Dienst tun müssen, während seine beiden Brüder Franz Joseph und Maximilian vorne an der Front waren und Franz Joseph tatsächlich unerschrocken sein Leben riskierte, bis Fürst Schwarzenberg persönlich seiner „Heldenspielerei" Einhalt gebot.

Nun hatte sich Karl Ludwig zwar wieder gemeldet, aber sein Bild war verblaßt, und obwohl Sissy nun die Gründe seines Schweigens kannte, grollte sie ihm und konnte sich nicht recht vorstellen, daß er keine Mittel und Wege hatte finden können, ihr Nachricht zu geben.

Karl Ludwig war fern und der neue Werthbach nah – und gewiß noch hübscher als Karl. Er machte prächtige Figur auf seinem Apfelschimmel. Und Sissy war älter geworden und an ihrem ersten Erleben der Liebe gereift.

Die Werthbachs machten bald darauf ihren offiziellen Antrittsbesuch. Papa Max war wieder einmal unterwegs in den Bergen, Nené in München, und da Mama Vicka wieder einen kleinen Wittelsbacher, den kleinen Max Emanuel – sie nannten ihn, weil er so herzig war, „Mapperl" –, zur Welt gebracht hatte, fiel Sissy die Aufgabe zu, die Honneurs zu machen.

Mama Vicka mußte sich noch sehr um den Kleinen kümmern, sie begrüßte zwar die Gäste, aber Sissy hatte nach dem Rechten zu sehen, für die Bewirtung zu sorgen und trug auch die Hauptlast der Konversation.

Den Werthbachs blieb natürlich die schwierige Situation nicht verborgen, und sie versprachen sofort, nicht lange zu bleiben. Doch die Anstandsvisite mußte nun eben absolviert werden, und sie währte schließlich länger als beabsichtigt.

Der junge Graf war daran schuld, weil er so angeregt und interessant zu berichten wußte und weil, was er sagte, sowohl Vicka als auch Sissy brennend interessierte. Auch der alten Baronin Wulffen blieb die Sprache weg. Was Werthbach zu erzählen hatte, klang so völlig anders als in den Briefen der Erzherzogin Sophie, sofern diese solches überhaupt erwähnt hatte.

Der junge Graf war in Angelegenheit einer Liegenschaft in Budapest gewesen und berichtete über die Situation, wie sie sich ihm dort nach der endgültigen Niederschlagung des Aufstandes dargeboten hatte.

„Es herrscht Ruhe wie auf einem Friedhof, und genau besehen, stimmt der Vergleich absolut, wenn man die Opfer bedenkt, die während der Kämpfe und dann auch noch nachher zu beklagen waren."

„Nachher? Wieso nachher, wenn doch die Kämpfe bereits abgeschlossen waren?" fragte Sissy.

„Oh, es starben nachher noch viele Blessierte in den Spitälern und Lazaretten", erklärte der junge Graf. „Und dann kamen auch noch General Haynaus schreckliche Exekutionen hinzu. Sie vor allem sind schuld daran, daß der Haß gegen die Österreicher und vor allem gegen den jungen Franz Joseph so tief in den Ungarn sitzt."

„Sie hassen ihn?" fragte Sissy überrascht.

„Und wie!" sagte Werthbach ernst.

„Aber", wandte Sissy ein, „er tat doch nur, was zu tun seine Pflicht war. Er hat die Einheit seines Reiches gewahrt!"

„Und Kossuth hat die Republik ausrufen lassen!" setzte Vicka bitterböse hinzu. „Wie bei den Franzosen nach der Revolution! Man weiß doch, wo das hingeführt hat. Auch in Ungarn hat es nichts anderes gebracht als ein Meer von Blut."

„Nun gut, die Republikaner in Ungarn haben verloren, und Kossuth mußte fliehen", meinte Werthbach. „Aber was danach kam – wie sich die Russen in Ungarn aufgeführt haben: geplündert, Mädchen vergewaltigt, Häuser niedergebrannt! Am schlimmsten aber war Haynau."

„Wer ist Haynau?" wollte Sissy wissen.

„Ein österreichischer General", erklärte Vicka.

„Stimmt", bestätigte Werthbach. „Und das Wort Bastard trifft voll auf ihn zu, denn er ist wirklich einer. Er ist der uneheliche Sohn des Kurfürsten Wilhelm von Hessen mit einer Apothekerstochter. Ein berüchtigter Mann. In Italien hat er einen katholischen Geistlichen während einer Messe vom Altar weg verhaften und noch im vollen Ornat erschießen lassen."

„Gütiger Himmel!" entfuhr es Vicka.

„In Ungarn aber ließ er die vom Militärgericht verurteilten dreizehn Generäle im Festungsgraben von Arad an einem einzigen Nachmittag hinrichten. Und dazu ließ er seine

Militärkapelle die Hymne ‚Gott erhalte, Gott beschütze‘ spielen. Und den Grafen Batthyány ließ er nach einem Selbstmordversuch erschießen. Kein Wunder, daß Batthyánys Witwe den jungen Kaiser, seine Familie und seine Nachkommen verflucht hat!"

„Hören Sie auf, Graf!" bat Vicka. „Erzählen Sie doch nicht so schreckliche Dinge . . ."

„Dabei handelte Haynau wider das Gesetz", fuhr Werthbach unbeirrt fort.

„Wieso?" fragte Sissy, und fügte hinzu: „Sprechen Sie bitte weiter, Graf Werthbach, das ist ja ungeheuer interessant!"

„Interessant nennst du das, Kind?" wehrte Vicka ab. „Fürchterlich ist es, ganz fürchterlich, und ich werde die ganze Nacht nicht schlafen können."

„Ich vermute, der junge Kaiser schlief auch schlecht", meinte Werthbach. „Er hatte keine Möglichkeit, von seinem Begnadigungsrecht Gebrauch zu machen! Man meldete ihm lediglich den Vollzug der vom Richter verhängten Urteile. Und Batthyány war noch dazu nach seinem Selbstmordversuch am Verbluten . . ."

„Schrecklich!" stieß Vicka ein letztes Mal hervor und stand auf, und nun erhoben sich auch die Werthbachs.

„Wir danken für die Gastfreundschaft und wünschen noch einen angenehmen Abend", sagte Werthbach senior höflich. „Und ich hoffe, daß auch Sie uns demnächst die Ehre geben werden . . ."

Die Gräfin und der Junggraf nahmen gleichfalls Abschied. Die Eltern setzten sich in ihren Landauer, der vor dem Schloß auf sie wartete. Der junge Werthbach aber bestieg seinen Apfelschimmel und trabte an der Seite des Gefährts davon.

„Von all dem", wandte sich Vicka an ihre Tochter, „hat

mir Tante Sophie kein Wort geschrieben. Sie nannte vielmehr Haynau einen tapferen Mann, der sich sehr verdient gemacht habe."

„Eigentlich müßten die Ungarn doch ihn und nicht Franz Joseph hassen", fand Sissy.

„Für die Ungarn hat der General lediglich die kaiserlichen Befehle vollzogen und von ihm unterschriebene Urteile vollstreckt."

„Ja, sind sie denn von ihm unterschrieben worden?"

„Mein Kind, ich weiß es nicht. Tante Sophie nimmt Haynau jedenfalls in Schutz. Vielleicht hielt sie es für nötig, daß ein Exempel statuiert werde. Als Abschreckung für jene, die vielleicht immer noch im Sinn haben sollten, gegen die Krone zu rebellieren."

„Aber wo ist denn überhaupt die Stephanskrone?"

„Kossuth hat sie versteckt – und mit gutem Grund. Denn nach der ungarischen Verfassung geht die Regierungsgewalt von der Krone aus und wird durch sie auf ihren Träger übertragen. Nur wer mit ihr gekrönt wird, ist rechtmäßiger König von Ungarn!"

„Das ist ja fatal für Franz Joseph!"

„Nun – man wird die Krone suchen und hoffentlich finden. Und dann wird es ganz sicherlich eine feierliche Krönung geben. Und an dem Tag werden wohl aller Haß und alle Trauer vergessen sein. Denn ich glaube ganz sicher, daß Franz Joseph für seine Völker das Beste will."

In den folgenden Tagen trafen Sissy und der junge Graf einander noch öfter. Zuerst sah es noch nach Zufällen aus, später steckte aber ganz offensichtlich von beiden Seiten Absicht dahinter. Und ein Brief aus Wien von Erzherzog Karl Ludwig blieb unbeantwortet.

„Er soll nur ruhig sehen, wie das ist, wenn man vergeblich auf ein Schreiben wartet", erklärte Sissy ihrer Schwester Sophie Charlotte, und die hatte nichts Eiligeres zu tun, als es brühwarm Mama Ludovica zu erzählen.

Mit Recht fand diese das sonderbar, und den eigentlichen Grund erfuhr sie, als Papa Max, von den Bergen heimkehrend, seine Tochter Sissy und den jungen Grafen einträchtig auf einer Bank am Ufer des Starnberger Sees sitzen sah.

„Diese Sissy!" rief Vicka.

Einer Ahnung folgend, eilte sie in Sissys Zimmer und fand dort im Nachtschränkchen ein von ihrer Tochter eigenhändig gezeichnetes Konterfei des jungen Grafen.

„Jetzt ist aber Schluß, bevor es noch ang'fangen hat!" sagte sie entschlossen. „Dem Mädel muß ich, scheint mir, gehörig den Kopf zurechtsetzen!"

„Na, na", meinte Max, Sissy wieder einmal in Schutz nehmend. „Sie ist halt jung und muß sich die Hörndln abstoßen!"

„Nix da!" Vicka stemmte die Hände in die Hüften. „Schluß ist, bevor's ang'fangen hat!"

Es hatte aber schon angefangen . . .

30. Irrungen und Wirrungen

Die reizende Potsdamer Prinzessin Anna war von dem hübschen jungen Kaiser ebenso angetan wie er von ihr. Der Staatsbesuch, welcher der Beilegung beiderseitiger Differenzen diente, bot den beiden jungen Leuten freilich wenig Gelegenheit zu ungestörtem Zusammensein. Aber Händedrucke und Blicke genügten offenbar, um einander zu verständigen, und Vickas Schwester Elisabeth erfuhr denn auch prompt, wie es um das Herz ihrer Nichte stand.

„Tante, ist er nicht bezaubernd? – So jung, und schon Monarch! Mit welcher Würde er auftritt! Und wie gut er tanzt!"

„Die meisten Wiener tanzen gut, mein Kind, das liegt ihnen im Blut. Dort an der Donau ist man nicht so steif wie hier an der Spree."

„Ach, ich wäre so gerne einmal in Wien, Tante, um diese Stadt zu sehen und zu erleben!"

„Nun, vor kurzem war eine ganze Menge Leute heilfroh, von dort fortzukommen. Wien ist eine Stadt mit vielen Gesichtern, mein Kind. Und letztendlich sind die Leute dort auch nicht viel anders als anderswo; ein bißchen leichtlebiger sind sie halt, Musiker und Tänzer . . .“

„Ja, die Musik in Wien, Mozart, Beethoven, Schubert, Haydn, Lanner und Strauß . . .“

„Du brauchst sie mir nicht alle aufzuzählen, Anna", sagte die Königin lachend.

„Können wir nicht einmal hinfahren, Tante? Bloß, um deine Schwester, Erzherzogin Sophie, zu besuchen?"

Die Königin merkte sehr wohl, daß dieser Wunsch, die Wienerstadt zu besuchen, eigentlich dem jungen Kaiser galt. „Er gefällt dir also?" fragte sie deshalb ohne Umschweife.

Die Prinzessin errötete. „Ich glaube", gestand sie, „daß

auch ich ihm willkommen wäre. Man hat dafür einen Sinn, man spürt es, nicht wahr, Tante, wenn man einem Mann gefällt?"

„Gewiß, das ist so."

„Zwar hat er kein Wort gesagt, aber dazu gab es ja auch keine Gelegenheit. Und nun reist er ab. Wie könnte er sich da erklären?"

„Gar nicht. Eine Heirat zwischen Schönbrunn und Potsdam, mein liebes Kind, ist immer eine politisch hochbrisante Angelegenheit."

„Aber könnte man nicht ein einziges Mal eine Ausnahme machen, Tante – wenn er mich will? Und wäre es nicht ein taugliches Mittel, die ewigen Händel zwischen Preußen und Österreich durch eine Heirat zwischen mir und ihm für alle Zukunft zu beenden?"

Dasselbe sagte zwei Wochen später auch Franz Joseph seiner Mutter. „Die Anna würd' mir gefallen, Mama", erklärte er rundheraus. „Die würd' ich nehmen!"

„Mein lieber Sohn, du bist nicht zur Brautschau nach Potsdam gereist", erinnerte ihn Sophie.

„Aber", wandte Franz Joseph lächelnd ein, „es wäre doch ein höchst angenehmer Nebeneffekt, wenn so eine Heirat zustande käme! Sie ist immerhin die Nichte des Königs."

„Das ist Sache der Politiker", stellte Sophie, genau wie ihre Schwester in Potsdam, fest. „Trotzdem werde ich einen vorsichtigen Brief an Tante Elisabeth richten. Wir wollen ganz vorsichtig anfragen, ob eine solche Verlobung im Bereich des Denkbaren läge. Offiziell können wir nur etwas unternehmen, wenn ihre Antwort positiv ausfällt. Einen Korb können wir uns nicht leisten."

„Da hast du recht, Mama", fand der in seinen Erwartungen etwas gedämpfte junge Kaiser. „Ein Kaiser von Österreich kann es sich nicht leisten, einen Korb zu bekommen."

Sophie sah die Dinge im rechten Licht. Sie verfiel nicht in eine Panikreaktion und ließ daher ihre Schwester Ludovica über den Verlauf der Dinge im unklaren, weil es vielleicht gar nicht nötig war, sie unnötig zu beunruhigen.

Aber da die bayrischen Schwestern fleißig korrespondierten, wußte natürlich Vicka längst, was gespielt wurde. Sie wußte es von Elisabeth. Und schrieb daher postwendend einen besorgten Brief nach Wien, ob denn aus der geplanten Heirat für Helene nun nichts werden würde, da doch der Bräutigam in spe seine beiden blauen Augen auf eine andere junge Dame geworfen habe.

Sophies Managertalente bewährten sich in diesen Tagen. Auch sie sah natürlich die großen politischen Vorteile einer möglichen Verbindung zwischen Potsdam und Wien, durch die sich der alte Wahlspruch des österreichischen Kaiserhauses wieder einmal bewahrheitet hätte, der da hieß: „Mögen andere Kriege führen, du, glückliches Österreich, heirate!"

Doch die Hohenzollern waren kein Königshaus, das sich durch eine Heirat inhalieren lassen wollte. Der inoffiziellen Anfrage, ob einer Werbung Franz Josephs um die Hand der Prinzessin Anna möglicherweise Erfolg beschieden sein werde, folgte eine ebenso inoffizielle Absage.

„Eine dürftige Ausrede ist das", ärgerte sich Franz Joseph, nachdem ihm seine Mutter den Brief ihrer Schwester zu lesen gegeben hatte. „Sie berufen sich darauf, daß die Prinzessin zum katholischen Glauben konvertieren müßte . . ."

„Was für ein Unsinn! Ihre Mutter, deine Schwester, mußte doch auch konvertieren! Sie mußte evangelisch werden, um Königin von Preußen werden zu können."

„Sie ist im Herzen immer noch Katholikin", stellte Sophie fest. „Aber es stimmt, Anna müßte den Glauben wechseln. Eine Mischehe auf dem Thron ist ausgeschlossen."

„Aber weshalb, Mama?"

Er schien bereit, ernsthaft über eine tolerante Lösung nachzudenken.

Sophie jedoch schüttelte energisch den Kopf.

„Das Kaiserhaus ist dazu da, Konflikte zu bereinigen, nicht, welche hervorzurufen. Und Konflikte in Glaubens- und Gewissensfragen wären die Folge einer solchen Heirat. Auch wenn es dir und Anna nichts ausmachen würde und euch vielleicht sogar unverständlich erschiene. Nein, Franzl. Schlag dir die hübsche Anna aus dem Kopf. Es gibt auch noch andere, nicht minder hübsche Prinzessinnen. Allerdings, in einem gebe ich dir recht: Je eher das Volk nicht nur einen neuen Kaiser, sondern auch eine Kaiserin bekommt, desto besser ist es! Der Kaiser ist schon da, die Kaiserin fehlt noch!"

„Ich heirate aber nur ein Mädchen, das ich lieben kann und das mir gefällt", schmollte Franz Joseph.

„Du wirst über diese Enttäuschung hinwegkommen, mein Sohn", war seine Mutter zuversichtlich.

„Und dabei hätte ich mir so gerne die Brautschau mit all ihren Peinlichkeiten erspart", brummte Franz Joseph. „Dieses Von-Hof-zu-Hof-Ziehen und so tun, als wüßte man nicht, weshalb man mit allen ledigen Prinzessinnen tanzen muß. Und noch dazu ist meistens eine häßlicher als die andere!"

„Es soll dir im Leben nichts Schlimmeres passieren, mein Sohn."

„Und wenn ich nun keine finde, Mama?"

„Du brauchst einen Thronerben", sagte Sophie, rasch ernst werdend, energisch. „Die Dynastie muß sich fortpflanzen, und dazu ist es erforderlich, daß du eine Frau hast, die dir einen Kronprinzen zur Welt bringt. Das weißt du doch. Aber", fügte sie beruhigend hinzu, „du bist erst zwanzig Jahre alt, Franzl. Du darfst dir schon noch ein bissel Zeit lassen.

Ich bin sicher, daß du die Richtige findest, die alle unsere Wünsche und Hoffnungen erfüllt."

Seufzend küßte der junge Kaiser seiner Mutter die Hand und eilte zu seinen Regierungsgeschäften, denen er, darin waren sich alle einig, mit großem Eifer und ebensolcher Gewissenhaftigkeit oblag.

Sophie war gar nicht böse über den abschlägigen Bescheid aus Potsdam. Niemandem war dabei ein Zacken aus der Krone gefallen, denn Elisabeths Brief war ja ein privates Schreiben gewesen. Solche Wege wählte eben die schwesterliche Diplomatie, und diese funktionierte vorzüglich, besser zumindest als jene der Männer auf offizieller Ebene.

Und wieder kratzte ihre Feder über mit dem erzherzoglichen Wappen versehenes Briefpapier. Sie schrieb zwei Briefe. In dem einen dankte sie Königin Elisabeth von Preußen für die Auskunft und ließ sie gleichzeitig wissen, daß ihr diese „sehr zupaß" käme. Der andere Brief ging noch selbigen Tages nach Possenhofen ab und enthielt den Grund dafür: den Plan, Franz Joseph mit Prinzessin Nené zu verheiraten, ein Vorhaben, um das es beinahe Turbulenzen gegeben hätte und das jetzt aktueller war denn je.

Vicka fiel ein Stein vom Herzen, als sie das Schreiben las. Sofort eilte sie damit zu Max, der sich mit Hilfe seiner Pfeife völlig eingenebelt hatte und vor sich hin brütete.

„Max", weckte ihn Vicka unsanft aus seinen Träumen, „ich habe Nachricht aus Wien! Es ist alles in Ordnung!"

„Was ist in Ordnung?" fragte Max mißtrauisch.

„Nun, die Sache mit Franz Joseph und unserer Nené!"

„Ach, daß ihr Frauenzimmer nicht aufhören könnt, Heiratsvermittler zu spielen!" ärgerte er sich. „Und überhaupt: in Ordnung! Nichts ist vorläufig in Ordnung! Sie kennen einander ja überhaupt nicht! Dafür kennt unsere liebe Tochter Sissy unseren Nachbarsohn, den jungen Grafen Werthbach, besser, als uns recht sein dürfte. Ich mag keinen Affront begehen, aber irgendwie muß man es dem jungen Werthbach beibringen, daß er nicht damit rechnen kann, mein Schwiegersohn zu werden. Die Werthbachs mögen ganz achtbare Leute sein, aber sie sind kein regierendes Haus, das müssen sie doch selbst wissen."

Es gab nämlich ein Abkommen unter den Regentenhäusern, daß die Kinder nur innerhalb dieses ihres Standes heiraten durften, um ihr Kronrecht wahren zu können. Wer eine Mesalliance, also eine Mißheirat, einging, also nicht standesgemäß heiratete, durfte dies nur unter der Voraussetzung eines Verzichts auf alle Ansprüche auf Thronfolge und Besitz aus seiner Familie.

„Ich habe", erklärte Vicka, „Sissy ihre Zeichnung des jungen Grafen bereits fortgenommen. Ich habe sie nicht zerrissen, denn ich fand sie recht hübsch. Aber Sissy bekommt sie nicht mehr, und sie darf den Werthbach auch nicht wiedersehen, das habe ich ihr gesagt."

„Ich weiß, ich weiß", sagte Max und paffte wie wild eine Tabakwolke nach der anderen von sich, so daß die arme Vicka einen Hustenanfall bekam.

„Und jetzt liegt sie wohl dir in den Ohren?" fragte Vicka stirnrunzelnd. „Sie versucht sich wieder einmal hinter ihren Vater zu stecken, und der bringt's womöglich nicht übers Herz, die notwendige Strenge zu üben?!"

„Vicka, ich . . . sie ist schließlich mein Kind, und ich kann sie nicht weinen sehen", gestand Max trübe.

„Diese Krokodilstränen treibe ich ihr aus!" rief Vicka empört. „So ein raffiniertes kleines Geschöpf! Na warte, Sissy, das wäre ja noch schöner, hinter meinem Rücken mit dem Vater zu konspirieren, um den eigenen Dickkopf durchsetzen zu können! – Aber daraus wird nichts, Prinzessin!" Vikka stemmte wie stets, wenn sie zornig und entschlossen war, ihre Hände in die nun schon recht rundlich gewordenen Hüften.

Max seufzte abgrundtief. Er hätte es besser nicht tun sollen, denn nun wurde er zum Ziel des mütterlichen Unmuts.

„Was bist du bloß für ein Vater?!" rief sie. „Zirkusreiten, auf die Jagd gehen, das kannst du wohl! Reisen zu Gott und der Welt . . . Da fehlt es dir nicht an Mut, wie? Aber bei deiner Tochter Sissy ist jeder Mumm dahin, geht deine ganze Autorität flöten!"

„Ich . . ."

„Nix da, es ist so, wie ich sag', oder etwa nicht? – Na also! Und überhaupt, was denkt sie sich eigentlich? Ist ja nicht einmal noch sechzehn, und schon solche Männerg'schichten! Erst der Karl Ludwig, der mochte ja noch angehen, da war sie ja noch fast ein Kind und die G'schichte nicht ernst zu nehmen, und jetzt gleich drauf der Graf Werthbach! – Und wer kommt wohl nachher, he?"

„Darauf bin ich selber schon neugierig", brummte kleinlaut der Herzog.

„Und von wem hat sie denn das wohl? Doch nicht etwa von mir?"

„Na, erlaube, Vicka", verwahrte sich der Herzog energisch gegen solche Vorwürfe. „Ich hab' mein Lebtag nix mit einem Grafen Werthbach im Sinn g'habt!"

„Aber mit Weibersleuten – oder etwa net? Ja, sie gerät dir nach, deine heißgeliebte Tochter! Aber nix da! Und wenn ich sie in ein strenges Kloster sperren müßt'!"

„Aber geh, Vicka, ein jung's Madel ist sie halt, und lebendig", versuchte der Herzog sie zu besänftigen. „Und ein bissel Geduld muß man haben und aufpassen, daß sie net an den Falschen kommt. Sondern an den Richtigen. Und der wird schon noch eines Tages kommen . . ."

31. Eine Verabschiedung

Vicka hatte sich die Sache einfacher vorgestellt. Sie dachte, wie schon so oft, ihre mütterliche Autorität einzusetzen. Die alte Baronin Wulffen hatte mit der jüngeren Kinderschar, die ihr einiges aufzulösen gab, genug zu tun und ihren Einfluß auf Sissy längst eingebüßt. Sissy fühlte sich auch nicht mehr ihrer Gouvernante, Frau von Leitenstern, verpflichtet, sondern fast nur noch ihrem Papa, der ihr ein und alles war.

Es war überhaupt recht seltsam: Alle Kinder dieser Familie, ob klein, ob groß, liebten ihn und wären bereit gewesen, für ihn durchs Feuer zu gehen. Und das, obgleich er so oft abwesend war, daß sie ihn mitunter monatelang gar nicht zu sehen bekamen. Und war er dann doch wieder im Münchner oder Possenhofener Zuhause, dann war seine Art und Weise auch nicht gerade so, daß sie Mama Ludovicas ungeteilte Zustimmung hätte finden können. Dennoch, sie nörgelte zwar – vergebens, wie sie sehr wohl wußte – an ihm herum, aber sie liebte auch ihren Max.

Von allen seinen Kindern aber war es Sissy, in der er sich selbst wiedererkannte. Sie war sein besonderes Kind, sein in seiner Tochter verkörpertes jüngeres Ebenbild.

Aber Sissy hatte auch viele Wesenszüge ihrer Mutter geerbt, und vor allem äußerlich erinnerte sie an Vicka in ihren Jungmädchenjahren. Was den Einfluß auf sie anlangte, so mußte sich Vicka freilich eingestehen, daß Sissy ihr ein wenig entglitten war. Sie entwickelte sich mehr und mehr zu einer selbständigen, eigenwilligen Persönlichkeit, und darin erkannte Vicka ihre Schwester Sophie wieder, während Sissy kaum Wesenszüge ihrer Tante Elisabeth, die ihre Taufpatin war, erkennen ließ.

Was Sissy von ihrem Vater in sich trug, waren sein Freiheitsdrang, seine Natur- und Tierliebe und auch seine dichterische Ader. Denn der Herzog fabulierte ganz gern Gedichtchen und kleine Geschichten, und seine Kunst des Reimens war keineswegs auf die berühmten „Leber"-Ergüsse, die im Extrazimmer des Hofbräuhauses Lachsalven hervorriefen, beschränkt.

An jenem Tag hatte Sissy einen Ritt entlang des Ufers des Starnberger Sees unternommen, nachdem ihre Geographiestunde zu Ende gegangen war. Sie brauchte eine kleine Nachdenkpause und ein wenig Erholung. Auch sie wurde nun von ihren Erziehern gefordert, denn schließlich war auch sie eine Prinzessin, und in wenigen Jahren würde sie das heiratsfähige Alter erreichen. Tante Sophie in Wien gingen auch bereits hin und wieder vage Ideen durch den Kopf, welche „Partien" denn wohl in fernerer Zukunft für dieses Mädchen in Frage kämen. Ein Graf Werthbach war freilich nicht darunter, vielmehr handelte es sich ausnahmslos um Prinzen kleinerer Fürstenhäuser. Ein kleines Herzogtum in irgendeinem Winkel Europas, das schien ihr für den schlimmen und eigenwilligen Wildfang Sissy die richtige Lösung dieses Eheproblems.

Als Sissy von ferne die Villa Werthbach sah, lenkte sie ihre Stute in einen Seitenweg. Nein, sie wollte nicht dorthin heute. Und sie wollte dem jungen Grafen auch nicht begegnen.

Zunächst einmal war ihr der unliebsame Auftritt, den sie seinethalben gehabt hatte, noch genügend in Erinnerung; zweitens aber hatte sie ein Ding aus ihrem Schmuckkästchen hervorgekramt, welches darin schon seit längerem ein Schlummer- und Schattendasein geführt hatte und beinahe in Vergessenheit geraten war. Dieses Ding trug Sissy jetzt an ihrem Finger, genau dort, wo es vorher stets geglänzt hatte, bevor jener junge Werthbach in ihr Leben getreten war.

Das glänzende Ding war Karl Ludwigs kleiner goldener

Ring. Nach langer Zeit war wieder ein Brief von ihm eingetroffen.

„Liebe Sissy,

Du wirst Dich wundern, daß ich so lange nichts von mir
hören ließ, und bist sicherlich böse deswegen. Aber ich habe
Dich nicht vergessen, und Deine Locke trage ich immer noch
in meinem Medaillon. Trägst Du auch noch meine Miniature?

Ich muß schrecklich viel lernen, militärisch und auch so.
Wie Du weißt, war ich auch in Ungarn. Mein Bruder Franz
Joseph wurde fast von einer Kanonenkugel zerschmettert,
sie schlug knapp neben seinem Pferd ein, und eine Stadt hat
er erobert, indem er mit seinen Soldaten über eine brennende
Brücke ritt. Er ist sehr tapfer und dafür ja nun auch Kaiser.
Aber ich beneide ihn nicht.

Liebe Sissy, Mama sagt, daß wir einander bald wiedersehen werden, und deshalb schreibe ich Dir. Es soll ein Treffen
in Ischl stattfinden, ein Ort, den wir alle sehr lieben, weil es
dort wunderschön ist und man sich gut erholen kann.

Ich weiß noch nicht, wann es sein wird, aber daß es dazu
kommt, weiß ich gewiß, denn Mama nimmt sich nichts vor,
was sie dann nicht auch tatsächlich tut. Ich werde Franz begleiten. Und Mama sagt, daß wir beide, Franz und ich, unsere bayrischen Cousinen aus Innsbrucker Tagen wiedertreffen
würden. Also werden dies Du und Helene sein.

Du kannst Dir nicht denken, wie sehr ich mich darauf
freue, obwohl Mama sagt, es könne noch heuer oder vielleicht auch erst im nächsten Jahr dazu kommen. Jedenfalls
schreibe ich Dir sogleich, weil ich es Dir einfach sofort mitteilen muß.

Wie geht es Dir? Unsere Korrespondenz ist ziemlich spär-
lich geworden, und das sollte sich jetzt, vor unserem Wiedersehen, ändern.

Ich warte also darauf, daß Du mir schreibst, wie es Dir so geht, was Du treibst und daß Du – hoffentlich – mich nicht vergessen hast.

Dein Karl Ludwig"

Besonders die Bemerkung, daß er immer noch ihre Locken an seiner Brust trage, hatte sie gerührt und in ihr ein Schuldgefühl wachgerufen.

Mama hat recht, ich bin schlimm, sagte sie sich. Was weiß ich von seinem Leben in Wien? Man macht es ihm nicht leicht, wahrscheinlich hat er es viel schwerer als ich, ich trage ja auch keine Uniform wie er. Und seine Brüder, die außerdem, so hat Papa gesagt, zu allem auch noch ein Handwerk erlernen müssen! Alle müßten das, sagte er, damit sie wüßten, wie sich das einfache Volk sein Brot verdient.

Sie versuchte auf ihrem einsamen Ritt lang vergessene und verschüttete Gefühle in sich wachzurufen. Und sich Karls Gesicht zu vergegenwärtigen. Ach, es war ja so verschwommen, so verblaßt, wurde nicht deutlich vor ihrem inneren Auge, wie sie sich beschämt eingestand.

Schließlich hielt sie durch einen Zuruf ihr Pferd an, nestelte das Medaillon von der Kette und klappte es auf. Ein fremdes Knabengesicht lächelte ihr nichtssagend entgegen.

Sissy erschrak fast. Das also war Karl Ludwig, der junge Erzherzog, dem sie ewige Liebe und Treue geschworen hatte und ohne den sie nicht leben zu können sich eingebildet hatte!

„Es ist ein altes Bild", sagte sich Sissy, klappte das Medaillon entschlossen zu und befestigte es wieder. Aber sie ritt nicht weiter, sondern glitt aus dem Sattel, nahm das Pferd am Zügel und schritt an seiner Seite nachdenklich dahin.

Wie sie, das Pferd am Zügel und die Reitgerte in der Rechten, langsam durch die Waldung schlenderte, bot sie ein entzückendes Bild für das Späherauge des Grafen, der schon seit Stunden nach ihr Ausschau hielt, weil sie nicht zu ihrem üblichen Treffpunkt gekommen war.

Er gab seinem Rappen die Sporen und schoß aus dem Gebüsch kühn auf sie zu, so daß Sissys Stute erschreckt hochging und das Mädchen Mühe hatte, das Tier wieder zu beruhigen.

„Hier also sind Sie, Hoheit, und lassen mich grausam schmachten", rief er pathetisch, als handle es sich um eine Szene aus einem Theaterstück. Lachend sprang er vom Pferd und gesellte sich an ihre Seite.

Sissy blieb stehen. „Sie müssen nicht damit rechnen, daß ich komme", wehrte sie ab.

„Wie meinen Sie das?" fragte der Graf unangenehm berührt.

„Wir sind Nachbarn, und dabei sollten wir es bewenden lassen", erklärte Sissy und wußte zugleich, daß sie ihn mit ihren Worten verletzte.

„Wir können sogar gute Nachbarn sein", schwächte sie ab. „Nachbarn und Freunde, Graf. Aber das sollte zu keinem Irrtum Anlaß geben."

„Soll das heißen . . .?" fragte er konsterniert, ohne den Satz zu Ende zu sprechen.

„Nun, das soll nichts anderes heißen, als ich zum Ausdruck brachte, Graf", sagte sie fest. „Und wir sollten niemandem Anlaß zu der Vermutung geben, daß es sich um etwas anderes handelt. Sie verstehen?"

Das mußte Werthbach erst verkraften. Sie gab ihm in aller Form einen Korb – eine echte junge Lady. Fast zu jung für eine so wohlgesetzte Rede, setzte er für sich selbst hinzu. Irgend jemand muß es ihr beigebracht haben . . .

Sissy hatte bei ihren Lehrern und Gouvernanten in bezug auf Benehmen einiges gelernt, machte aber kaum Gebrauch davon. Diesmal aber wandte sie das Gelernte an, als Herzogin einem Grafen gegenüber, der es gewagt hatte, sich ihr fürwitzig zu nähern. Sie mußte ihn demnach – mit Takt – in die Schranken weisen.

Es war auch dies eine Art von Spiel, immer noch steckte das Kind in ihr, und andererseits erwachte in ihr die Frau. Sie beobachtete den Grafen und fragte sich, ob sie etwas falsch mache, konnte aber mit Befriedigung feststellen, daß sie durchaus den angestrebten Effekt erzielte.

Erleichtert seufzte sie auf. Diesen Seufzer allerdings registrierte Werthbach in seinem Sinn.

„Ich verstehe, Prinzessin", sagte er. „Prinzessinnen sind nicht Herrinnen ihres freien Willens. Wenn Sie könnten, wie Sie es wohl Ihren Gefühlen für mich gemäß gerne wollten . . ."

„Gefühle?" fragte Sissy spitz und fühlte sich herausgefordert.

„Jawohl, Gefühle, Prinzessin", rief er aus und übersah völlig, daß sich ihre ganze Haltung ihm gegenüber änderte. „Gefühle und Empfindungen, die uns beide . . ."

„Graf", fiel sie ihm schneidend ins Wort, so daß er überrascht verstummte, „das einzige Gefühl, das mich im Augenblick beherrscht, ist der Wunsch, dieses Gespräch, das ich nicht gesucht noch herbeigeführt habe, so rasch als möglich zu beenden. Und zwar, bevor es in Peinlichkeiten mündet. Ich bin dem Erzherzog Karl Ludwig von Österreich versprochen."

„Oh", entfuhr es ihm. „Das haben Sie mir nicht gesagt, verzeihen Sie mir, das konnte ich nicht wissen."

„Nun aber wissen Sie es."

„Was soll ich sagen . . . Ich . . . ich gratuliere . . ."

„Danke." Sissy neigte ihr Haupt und schwang sich in den Sattel. Mit einem kurzen „Graf Werthbach, leben Sie wohl!"

gab sie ihrer Stute Hilfe und setzte mit einem kühnen Satz über einen morschen Baumstamm hinweg. Im nächsten Augenblick schon galoppierte sie durch den Wald, und der Graf, der wie ein begossener Pudel an Ort und Stelle festgebannt schien, vernahm nur noch den dumpfen Hufschlag ihres Pferdes.

Nachdem sie eine gehörige Strecke zwischen sich und ihren abgewiesenen Freier gebracht hatte, hielt sie ihre Stute an und trocknete mit ihrem Spitzentuch ihre Tränen.

„Verzeih mir, oh, verzeih mir", schluchzte sie. „Aber ich mußte es tun. Ich habe dir weh tun müssen – es hätte ja sonst zwischen uns kein Ende genommen! Nun denkst du wohl schlecht von mir – und mit Recht. Ach ja, ich bin schlecht . . ."

Von Zweifeln und Selbstvorwürfen geplagt, lenkte das Mädchen ihr Pferd heimwärts. In Possi zog sie sich sofort auf ihr Zimmer zurück und war für niemanden zu sprechen.

32. Dem Tod entronnen

Am 18. Februar 1853 war es kalt in Wien. Die Stadt befand sich noch immer im Belagerungszustand, Schwarzenberg war dafür, ihn noch nicht aufheben zu lassen. Die Revolution war zwar vorbei, Ungarn wieder – wohl oder übel – Habsburg untertan, aber dem Frieden war noch nicht so recht zu trauen.

Franz Joseph hatte den alten Fürsten Metternich samt Familie aus dem Londoner Exil zurückberufen. Nun war er wieder da und erteilte Ratschläge. Er sah sich gebraucht.

In Frankreich stand wieder alles kopf. Das kurze republikanische Interregnum war schon wieder vorbei; Präsident Louis Napoléon hatte sich durch einen Staatsstreich zum König gemacht und ließ sich fortan mit „Sire" ansprechen. Es gab also wieder einen Napoleoniden auf dem Thron in Versailles, der nach der Flucht des Bürgerkönigs nur kurz verwaist gewesen war.

Erzherzogin Sophie hatte ein neues Hobby. Die Geschwister Fox hatten in Europa Nachfolger gefunden. Das Tischrücken, der Spiritismus kam in Mode, und Sophie war besessen von der Idee, mit dem Jenseits in Kontakt zu treten. Sie mochte es gar nicht gern, wenn ihr Sohn darüber lachte und Scherze trieb. Sie glaubte nun alles, was ihr über Irene Paumgartner berichtet wurde, und hätte sie zu gerne als Medium in ihren spiritistischen Zirkel nach Wien geholt.

Am Vormittag des 18. Februar saß sie wieder mit ihren Damen „am Tisch". Sie befahl, die Fenstervorhänge zuzuziehen, um den Raum in der Hofburg, in welchem die Séance stattfand, in dämmriges Halbdunkel zu versetzen.

„Meine Damen, legen Sie die Hände auf die Tischplatte und schließen wir den Kreis", bat sie.

Kaum hatte sie das gesagt, hatten die Hände der Frauen

einander über dem kreisrunden Tisch berührt, als dieser auch schon zu zittern und wackeln begann.

„Jetzt schon?" rief Sophie überrascht. „Wer ist hier?"

In diesem Augenblick hob sich der Tisch ruckartig einige Zentimeter hoch und fiel dann unter den Angstrufen der Frauen in seine alte Lage zurück, ohne sich nachher auch nur um einen Millimeter wieder zu rühren.

„Das hat nichts Gutes zu bedeuten", fand die Erzherzogin. „Jemand hat uns etwas mitteilen wollen!"

Zur selben Zeit trug sich unweit des Kärntnertores folgendes zu:

Franz Joseph hatte in Begleitung seines Flügeladjutanten O'Donnel einen Rundgang entlang der Stadtmauer unternommen. Auf dem sogenannten Glacis, dem zu Verteidigungszwecken unverbaut gehaltenen Streifen vor den Befestigungswällen, fand gerade eine militärische Übung statt. Ein Regiment exerzierte, und der junge Kaiser bekam Lust, sich das von der Höhe der Basteibrüstung aus anzusehen. Da es kalt war, zog er den Mantel seiner Ulanenuniform enger um sich und schlug den Kragen hoch. Gleich darauf spürte er einen schneidenden Stich in der Nähe der Halsschlagader und wäre durch die Wucht eines Anpralls fast über die Mauer gestürzt.

„Kerl! Wahnsinniger! Alarm, Alarm!!" brüllte da auch schon O'Donnel und stürzte sich auf einen jungen Burschen, der in der Rechten ein Messer hielt, mit dem er zu einem zweiten Stich gegen den Kaiser ausholen wollte.

Ein Attentat!

O'Donnel brachte den Mann zu Fall. Beide wälzten sich miteinander ringend im Schnee. Dabei brüllte der Adjutant in einem fort nach der Wache.

Statt dessen kam ein muskulöser, vierschrötiger Bürger angerannt, der Fleischermeister Ettenreich, der die Situation sogleich überblickte, das Messer, das O'Donnel dem Attentäter hatte entwinden können, aufhob und weit zur Seite schleuderte. Dann stürzte er sich selbst in den Kampf. Zu zweit machten sie den ungarische Flüche ausstoßenden Menschen kampfunfähig und gingen dabei nicht gerade sanft mit ihm um.

Franz Joseph hatte Glück gehabt. Der Kragen seiner Ulanenuniform hatte dem Stich die Wucht genommen. Dennoch blutete er heftig. Sich an die Mauer stützend, suchte er sein Blut mit Hilfe eines Taschentuches zu stillen. Dabei rief er den Kämpfenden zu: „Nicht so arg! Nicht, meine Herren, Sie tun dem Mann ja weh!"

Jetzt war endlich auch Polizei zur Stelle. Der Attentäter wurde abgeführt; er war übel zugerichtet.

Franz Joseph bedankte sich bei dem herbeigeeilten Retter.

„Nix zu danken, gern g'schehen, Majestät", sagte der Tapfere und klopfte sich den Staub von seinen Hosen.

„O'Donnel, merken Sie sich den braven Mann", bat Franz Joseph, dem plötzlich schwarz vor den Augen wurde. „Ich glaube, mir ist im Moment nicht wohl . . ."

O'Donnel führte seinen Chef behutsam bis zum nahen Palais Erzherzog Albrecht. Dort war die Aufregung groß, als man erfuhr, was sich zugetragen hatte. Sofort wurde ein Wagen angespannt und der junge Kaiser in die Hofburg gefahren, wo der Leibchirurg eine klaffende, fast zehn Zentimeter lange blutende Wunde verarzten mußte, die zum Glück nicht tief war. Der steife Uniformkragen hatte Schlimmes verhindert. Nach der Behandlung raffte sich Franz Joseph, der infolge des Blutverlustes Schwindel und Sehstörungen hatte, noch so weit auf, daß er seiner entsetzten Mutter selbst Bericht erstattete, wobei er aus Rücksichtnahme das Ereignis ebenso wie seinen Zustand herunterspielte.

Die Stadt war gelähmt vor Entsetzen. Bei den Verhören

mit dem Verhafteten stellte sich glücklicherweise heraus, daß man es mit keiner Verschwörung, sondern mit einem überspannten Kossuth-Anhänger zu tun hatte, einem Schneidergesellen, der gern ungarischer Nationalheld geworden wäre. Der Mann hieß Janos Libényi, war eigens zu Fuß nach Wien gewandert und hatte sich das Mordmesser um seine letzten Kreuzer auf dem Flohmarkt gekauft.

„Das haben Majestät davon, daß Sie es vorziehen, ohne Sicherheitseskorte durch die Stadt zu spazieren", rügte Ministerpräsident Schwarzenberg. „Es hätte leicht sein können, daß die Monarchie jetzt schon wieder einen neuen Kaiser bräuchte."

Franz Joseph aber nahm es sich nicht zu Herzen. Als er, kaum genesen, eine Ausfahrt unternahm, um sich den besorgten Wienern zu zeigen und im Prater frische Winterluft zu schnappen, hatte er wieder keine Schutzmannschaft bei sich und ließ die ihm begeistert zujubelnden Bürger bis an den Wagen herankommen. Schließlich war sein Gefährt von Leuten umringt, und er drückte dankbar unzählige ihm entgegengestreckte Hände.

Jetzt erst habe ich sie ganz für mich gewonnen! dachte er. Sie haben erst Angst um mich haben müssen! Jetzt mögen sie mich!

„Es war der Mitleidseffekt, der ihm zu Hilfe kam", konstatierte auch Metternich. „Nichts hat seiner Popularität so schnell genützt wie dieses verunglückte Attentat. Eigentlich hätte er allen Grund, dem Halunken dankbar zu sein . . ."

„Gott hat an uns ein Wunder gewirkt", fand die fromme Sophie. „Wir müssen ein Dank-Gotteshaus erbauen, zur Erinnerung an das, was der Herr an meinem Sohn getan hat."

Bruder Maximilian rief zu einer Spendensammlung auf. Und während O'Donnel in den Grafenstand erhoben und Fleischermeister Ettenreich öffentlich belobigt wurde – viel wirksamer sah er sich dadurch bedankt, daß die Hofküche künftig ihren Bedarf auch bei ihm deckte –, spendeten die Wiener in ungeahntem Maße. Natürlich auch der tapfere Meister Ettenreich, der voll Stolz über seinem Fleischerladen ein neues Schild montieren ließ: „K. K. Hoflieferant" stand darauf.

Alles war gut abgegangen. Die Zeitungen waren voll von den Bulletins über den Gesundheitszustand der österreichischen Majestät, den Details über den Prozeß gegen Libényi, und die Wogen der Popularität, in denen der junge Kaiser sich jetzt sonnte, gingen hoch. Natürlich brandeten sie auch bis nach Possenhofen.

An jenem Nachmittag, an dem Sissy mit dem Grafen Werthbach gebrochen hatte, war sie in ihr Zimmer gestürzt, hatte tränenüberströmt ihr kleines Büchlein zur Hand genommen und noch einmal jenes Gedichtchen gelesen, das sie ihm gewidmet hatte. Schluchzend überflog sie mit tränenumflortem Blick die wenigen Zeilen:

Oh, ihr dunkelbraunen Augen . . .
Lang hab' ich euch angesehen,
Und nun will mir euer Bildnis
Nicht mehr aus dem Herzen gehen!

Dann nahm sie einen Federkiel und fügte hinzu:

Zu lang hab ich gewendet
Mein Aug auf's Antlitz sein,
Zu lang war ich geblendet
Von seiner Schönheit Schein.

Aber Liebe, sie vergeht
Wie der Schnee zergeht . . .

Als die kleine, todtraurige Dichterin nicht zum Abendbrot erschien, suchte ihre Mutter sie auf und fand das Mädchen gänzlich aufgelöst. Sie hatte noch nicht einmal ihr Reitkleid abgelegt und lag mit weit offenen Augen auf ihrem Bett.

„Sissy!" rief Vicka erschrocken. „Mein Kind, was ist dir?! Bist du etwa vom Pferd gefallen, hast du dich verletzt? Brauchst du einen Arzt?"

Sissy schüttelte nur matt den Kopf. „Nein, Mama. Ich brauche niemand. Ein Arzt ist nicht nötig. Es ist im Gegenteil jetzt alles in Ordnung, so wie du es haben wolltest."

„Wie ich es haben wollte?" wiederholte Ludovica verwundert.

„Ich habe Werthbach den Abschied gegeben!"

„Den Abschied gegeben? Was soll das nun wieder heißen?! Hattet ihr denn ein Verhältnis? Sissy, du bist ja noch ein Kind!"

„Ich habe ihm klargemacht, daß ich *kein* Verhältnis mit ihm wünsche, daß ich keines haben darf . . . weil ich schon anderweitig versprochen bin."

„Aber Kind, was sind das für Phantasien! Du bist niemandem versprochen!" Vicka schlug entsetzt die Hände zusammen.

„Ich habe es ihm so sagen müssen", beharrte Sissy. „Er hätte mich sonst nicht verstanden. Und außerdem, Karl Ludwig . . .!"

„Was ist mit Karl Ludwig?" wollte Vicka rasch wissen.

„Er wartet auf mich", erklärte sie ernst. „Er hat immer auf mich gewartet! Nun hat er mir geschrieben, daß wir einander wiedersehen werden. In Ischl! Und dann wird es wohl dazu kommen, wenn Tante Sophie nichts dagegen hat. Wir werden uns verloben, und dann stimmt, was ich dem Grafen Werthbach gesagt habe."

„Ach, Sissy", sagte Vicka und wußte nicht, ob sie lachen

oder weinen sollte. „Das einzige, was mir bemerkenswert erscheint, ist, daß Tante Sophie uns sehen will, aber wohl nicht euretwegen, sondern wegen Franz Joseph und Nené! Und diese beiden werden es sein, die sich verloben! Ihr könnt wohl noch ein wenig warten, falls euch nicht inzwischen was Besseres einfällt."

„Mama, du hältst uns beide für Kinder, aber wir sind keine mehr", stellte Sissy beleidigt fest.

„Und ob ihr Kinder seid!" rief Vicka lachend. „Na, jedenfalls ist diese dumme Grafengeschichte jetzt wenigstens aus der Welt geschafft. Das ist schon ein Fortschritt. Und nun zieh dich endlich um, Mädchen, und iß dein Nachtmahl! Du fällst mir ja sonst vom Fleisch, wirst häßlich, und dann findest du gar keinen Mann, nicht einmal einen Baron!"

Lachend ging sie aus dem Zimmer.

Sissy folgte mißmutig ihren Anordnungen. Daß Erwachsene doch nur so verständnislos sein können! dachte sie. Sie denkt wohl immer noch, ich bin ein kleines Kind.

Ludovica hielt es nicht für nötig, den Brief Erzherzog Karl Ludwigs an ihre Tochter zu lesen. Sie glaubte, ohnedies zu wissen, was darin stehen mochte. Karl Ludwig war in ihren Augen bestenfalls ein verliebter Halbwüchsiger, dem keine ernsthafte Bedeutung zukam, es sei denn, Sophie käme zu der Ansicht, daß es sinnvoll wäre, ihn mit Sissy zu verheiraten. In Anbetracht von Sissys Jugend aber war sie überzeugt, daß es damit noch Zeit hatte. Für Franz Joseph und Nené hingegen war die Zeit jetzt reif.

Ein Blick auf den Kalender ließ sie auch schon die schwesterliche Strategie erahnen. Man würde sich wohl zu Franz Josephs Geburtstag im kommenden August in Ischl familiärerweise zusammenfinden. Und bei dieser Gelegenheit sollte dann wohl das große Ereignis stattfinden!

Im August! Bis dahin war noch ein halbes Jahr Zeit, um

die letzten Vorbereitungen zu treffen. Vor allem mußte Nené nach der neuesten Mode ausstaffiert werden, damit sie ihrem Bräutigam auch gehörig in die Augen stach.

Im übrigen hatte der Bengel Karl Ludwig insofern recht, als es aus Anstandsgründen notwendig sein würde, Sissy zu diesem Treffen mitzunehmen. Aber in bezug auf Garderobe waren da wohl keine besonderen Maßnahmen notwendig; sie hatte ein hübsches rosa Sommerkleid, an dem vielleicht ein paar kleine Änderungen vorgenommen werden mußten.

Max hatte ohnedies nicht die Spendierhosen an.

33. Überraschung in Ischl

Die vielgerühmte Ischler Kaiservilla gab es damals noch nicht, ihr Bau stand noch in den Sternen. Wohl aber gab es die von alters her bekannte Heilquelle, um derentwillen man nach Ischl fuhr, sollte sie doch gegen alle erdenklichen Krankheiten ein wirksames Mittel sein.

In Ischl gab es zu jener Zeit, man schrieb das Jahr 1853, zahlreiche stattliche Gasthöfe, welche zur Beherbergung der Kur- und Sommergäste dienten und mit jenem Komfort ausgestattet waren, den man in jenen vergangenen Tagen erwarten durfte.

Am 18. August sollte der junge Kaiser Franz Joseph I. von Österreich, König von Ungarn und Böhmen und Herr zahlreicher anderer Länder und Provinzen, seinen dreiundzwanzigsten Geburtstag feiern: ein Festtag, nicht nur für ihn, sondern für die ganze Monarchie, denn so jung er auch war, so groß war dennoch seine Popularität. Dem gutaussehenden jungen Mann flogen vor allem die Herzen seiner weiblichen Untertanen zu.

Nach einem klärenden Briefwechsel hatte Sophie bestätigt, daß sie als Kaiserinmutter zu ihres Sohnes Geburtstag auch heuer wieder in Ischl ein familiäres Treffen zu arrangieren gedenke, welches zum unverfänglichen, aber hoffentlich endgültigen Kennenlernen von Nené und Franz Joseph Anlaß geben könne. Er konnte sich, wie sie leider feststellen mußte, überhaupt nicht mehr an seine Cousine erinnern, hatte er sie doch nur ein einziges Mal, damals in Innsbruck, gesehen und kaum zur Kenntnis genommen.

Nun kam es also wirklich darauf an, daß Nené ihm zusagte. Sophie wollte ihren Sohn schon vorher auf die vortrefflichen Eigenschaften des Mädchens aufmerksam machen, die Nené übrigens unleugbar besaß. Sie war schlank, von guter

Figur und hatte ein hübsches Gesicht. Sie war keinesfalls oberflächlich wie so viele gutaussehende Mädchen, die sich mehr auf ihr Äußeres als auf ihr Innenleben etwas zugute taten. Sie war von ihrer Erziehung her gut vorbereitet, und ihr zurückhaltendes, damenhaftes Wesen im Verein mit ihrer gepflegten Erscheinung war derart, daß man sie sich sehr gut an der Seite eines kaiserlichen Gemahls, bei all den Repräsentationspflichten, die eine solche Stellung mit sich brachte, denken konnte. Sie besaß eine angenehme Stimme und wußte ihre Worte zu wählen. Sie war vor allem auch gesund, und es bestand kein Zweifel, daß sie auch ihrer Aufgabe als Mutter gerecht werden konnte. Dazu paßte übrigens auch, daß sie einen Sinn für Frömmigkeit besaß und als gute Katholikin bezeichnet werden konnte.

Sophie konnte sich keine bessere und geeignetere Schwiegertochter vorstellen als Nené. Und sie ließ bei ihren Gesprächen keinen Zweifel daran, daß ihre Nichte in ihren Augen die erste Wahl darstellte. Franz Joseph hingegen horchte auf, als er vernahm, daß zu dem Treffen auch Tante Elisabeth erscheinen würde.

„Und bringt sie etwa auch Anna mit?" fragte er gespannt.

„Natürlich nicht", kam es prompt zurück. „Was denkst du nur immer an sie? Anna ist inzwischen mit dem Prinzen von Hessen-Kassel verlobt worden."

„Das arme Geschöpf", entfuhr es Franz. „Muß man ihr das wirklich antun?"

„Für diese Heirat gibt es viele Gründe, hauptsächlich politischer Natur", erklärte Sophie. „Und nun lassen wir dieses Thema endgültig fallen. Du wirst sehen, deine Cousine Nené ist viel hübscher als Anna."

So reiste er denn mit seinen Eltern und kleinem Gefolge ins Salzkammergut.

Unterwegs plauderte er mit seinem Generaladjutanten

Graf Grünne über die bevorstehende Begegnung mit seinen Cousinen. Auch Erzherzog Karl Ludwig saß mit im Wagen und warf hin und wieder ein Wort in das Gespräch.

„Ich bin ja schon neugierig, wie sie aussieht", sagte Franz Joseph im Plauderton. „Nach dem, was mir meine Mutter so vorschwärmt, muß sie so etwas wie eine sittsame Nonne auf Urlaub sein."

„Aber Majestät", rügte Grünne, der ganz auf seiten der Kaiserinmutter war, der er ja auch seine Stellung verdankte. „Ihre Frau Mama hat das Beste im Sinn!"

„Aber ich kann mich beim besten Willen nicht an sie erinnern! Mama hat mir neulich eine Miniatur gezeigt; ein Bild, das nichts aussagt, und – auf Ehre – das Gesicht war mir völlig unbekannt."

„Ich erinnere mich schon an sie", meldete sich Karl Ludwig zu Wort. „Vor allem aber an ihre kleine, entzückende Schwester. Gott, war die ein süßes Ding! Ich habe bis vor wenigen Wochen mit ihr korrespondiert, aber wie sie jetzt aussieht – Sissy meine ich –, weiß ich ebensowenig. Es sind dies doch gerade die Jahre, in denen sich der junge Mensch so sehr verändert – vor allem die Mädchen! Ich bin nicht weniger gespannt als du!" Und er nestelte dabei unwillkürlich an seinem Medaillon, das Sissys braune Jungmädchenlocke noch immer enthielt, die für ihn so etwas wie ein Heiligtum darstellte.

Auch Ludovica saß mit ihren beiden Töchtern und einer Zofe in einem Wagen, der unterwegs nach Ischl war. Allerdings handelte es sich dabei um keine kaiserliche Hofequipage, sondern vielmehr um eine Reisekalesche, auf deren Dach sich die Koffer türmten, vor allem mit den schönen Kleidern für Nené, während Sissys Gepäck weit weniger umfangreich war.

Die Pferde mußten unterwegs mehrmals gewechselt werden, und an einer Poststation zog sich das fast einen Tag lang hin, weil keine frischen Tiere im Stall waren. So kam es, daß die kaiserliche Reisegesellschaft um einen Tag früher eintraf als jene aus Bayern. Am flottesten aber war jene aus dem am weitesten entfernten Preußen gewesen. Tante Elisabeth, die Königin von Preußen und Taufpatin Sissys, war als erste an Ort und Stelle und im Gasthof „Zur Sonne" abgestiegen.

Wie jedes Jahr im August war Ischl voll von Fremden. Die teils auf die Hofgesellschaft neugierigen, teils selbst prominenten Besucher hatten alle verfügbaren Zimmer belegt, und wer in keinem der mehr oder weniger komfortablen Gasthöfe unterkommen konnte, fand mit einiger Mühe noch Quartier bei Privatleuten aus dem Ort, die sich gerne ein Zubrot verdienten, indem sie eine Kammer mit Bett für ein paar Tage oder Wochen vermieteten. Und wer auch hierin Pech hatte und kein Quartier mehr fand, konnte immer noch hoffen, in der bäuerlichen Umgebung des Kurortes eines aufzutreiben.

Der starke Magnet war nicht nur die Heilquelle; auch der Kaiser wurde es nun, von dem man wußte, daß er alljährlich hierherzukommen pflegte. Das gab dem Ort Aufschwung, und Bürgermeister wie Gemeinderäte trugen sich schon mit großen Plänen für die Zukunft ihrer aufstrebenden Gemeinde.

Obwohl Ludovica während der letzten Teilstrecke den Kutscher zur Eile antrieb, konnte der aus seinen Pferden nicht mehr herausholen. Als die armen Tiere außer Atem schließlich ihr Ziel, den Gasthof „Zum Goldenen Löwen", erreichten, erfuhr Vicka, Sophie und Franz Joseph wären längst da und ebenso die Schwester aus Potsdam.

„Wir sind die letzten", stellte sie entsetzt fest. „Das ist kein gutes Omen!"

„Dummer Aberglaube, Mama", sagte Sissy wegwerfend.

„Freches Ding", rügte Vicka höchst verärgert. „Was verstehst du davon? Mir ist heute früh schon auf dem Weg in die Wirtsstube eine schwarze Katze über den Weg gelaufen. Fast wäre ich über sie gestolpert!"

„Aber hier sehe ich weit und breit keine Katze, nur einen Hund", stellte Sissy amüsiert fest. „Der verbellt uns, als ob wir eine Räuberbande wären, welche die Absicht hat, hier einzufallen!"

„Vorsicht! Das Vieh liegt zwar an der Kette, sieht aber ganz gefährlich aus!" warnte Nené furchtsam und war bemüht, beim Aussteigen ihre Reisekleidung nicht zu beschmutzen.

„Ach, Unsinn! Der Hund ist ganz friedlich! Er heißt uns bloß willkommen", sagte Sissy unbesorgt, ging auf ihn zu und streichelte ihn.

Er ließ es sich wohl gefallen. Vicka stieß einen Entsetzensschrei aus, griff nach Sissy und zerrte sie beiseite, als befände sich diese in höchster Lebensgefahr. Daraufhin wurde der Hund tatsächlich böse.

„Siehst du, du hast ihn geärgert", rief Sissy und machte sich los. „Es gab doch gar keinen Grund zur Furcht. Er tut mir nichts, das weiß ich!"

Ohne daß sie es wußten, hatte Franz Joseph diese Ankunftsszene durchs Fenster beobachtet. Die kaiserliche Familie wohnte samt ihrem kleinen Gefolge im „Adler", der auch über einen hübschen Festsaal verfügte, in welchem zu Franzls Geburtstagsfest ein großer Ball stattfinden sollte.

„Sie sind schon da", informierte er kurz darauf seine Mutter. „Sie sind eben vorgefahren; ich habe sie aussteigen sehen!"

„So? – Dann will ich gleich hinüber", rief Sophie.

Ihr Erscheinen löste bei Ludovica Panik aus. Zwar fielen sich die beiden Schwestern herzlich in die Arme und begrüß-

ten einander, wie sie es nach längerer Trennung zu tun pfleg-
ten, mit Küssen und Beteuerungen der Wiedersehensfreude.
Aber man war ja noch in Reisekleidung und überhaupt nicht
in der Verfassung, dem jungen Kaiser gegenübergestellt zu
werden.

„Wir erwarten euch in einer halben Stunde zur Abendta-
fel", schnitt Sophie alle Einwendungen ab. „Wir sind ja en
famille; und mein Franzl ist schon so neugierig, daß ich ihn
unmöglich länger auf die Folter spannen kann!"

So kam es denn, daß Vicka und ihre beiden Töchter gar
nicht Zeit fanden, richtig Toilette zu machen. Die Zofe steckte Nené die Frisur, Sissy mußte sich die ihre selber machen.
Der Hausknecht war noch damit beschäftigt, das Gepäck der
Damen aus Bayern abzuladen und hinauf in die Zimmer zu
schaffen, als diese schon, wenig erfrischt, aber pünktlich im
„Adler" erschienen. Alle drei waren sie aufgeregt; Nené
wußte sich am meisten zu beherrschen. Sissys Blicke suchten sofort Karl Ludwig, der ein verlegenes Lächeln aufsetzte, als er ihrer ansichtig wurde.

Während Nené vor dem jungen Kaiser ihren Hofknicks
wie auf der Bühne zelebrierte, deutete Sissy den ihren nur
an; Franz Joseph interessierte sie nicht so sehr wie sein Bruder, mit dem sie hoffte, bald sprechen zu können.

Dazu war freilich auch während der Tafel keine Gelegenheit. Man hatte Nené als Tischdame neben Franz Joseph gesetzt, Sissy saß zwischen ihrer Mutter und Tante Elisabeth,
welch letztere viele Fragen an sie richtete, die sie alle beantworten mußte. Dabei spürte sie unausgesetzt den Blick eines
Augenpaares auf sich ruhen, und wenn sie den Kopf zur Seite wandte, war es nicht Karl Ludwig, der sie ansah.

Es war vielmehr der junge Kaiser, der immer häufiger zu
ihr herschaute, bis sie schließlich aufs Essen vergaß und vor
Verlegenheit nicht mehr imstande war, einen Bissen hinun-

terzuwürgen. Gleichzeitig fiel ihr auf, daß zwischen Nené und ihm augenscheinlich kein rechtes Gespräch zustande kommen wollte.

Als die Tafel aufgehoben wurde, erhob er sich, machte eine artige Verbeugung vor Nené und ließ das indignierte Mädchen sitzen. Dafür ging er, anfangs zögernd und dann fest entschlossenen Schrittes, auf Sissy zu, die sich eben zu Karl Ludwig begeben wollte.

Karl Ludwig stand wie erstarrt neben einem Fenster. Er war bezaubert von ihrer lieblichen Erscheinung, dem hüftlangen duftigen Haar, dem Blick ihrer Augen und ihrer zarten Mädchengestalt. Auch er wollte zu Sissy, doch sein Bruder war schneller als er.

„Cousine Elisabeth?" fragte der Kaiser. „Sind Sie eine gute Tänzerin?"

„Ich hoffe schon, Majestät", antwortete sie. „Darf ich fragen, warum?"

„Weil ich morgen beim Ball den Kotillon mit Ihnen tanzen will!"

„Den Kotillon?" fragte Sissy überrascht, und es überlief sie heiß, während sie in seine leuchtenden Augen blickte.

„Den Kotillon und alle weiteren Tänze dazu", sagte er. „Sie sind reserviert – für mich!"

Sophie und Vicka fielen noch am selben Abend aus allen Wolken.

„Er hat es mir schon gesagt", seufzte Sophie. „Und es hat gar keinen Sinn, ihn umstimmen zu wollen. Weißt du, Vicka, was er zu mir, seiner Mutter, gesagt hat? Er wäre der Kaiser und könne heiraten, wen er will!"

„Die heutige Jugend!" räsonierte Vicka. „So ist sie, und das hat man davon, daß man es gut meint mit den Kindern! Nachher, wenn es darauf ankommt, hören sie nicht auf uns."

„Wenn der Kaiser mit Sissy den Kotillon tanzt und alle

weiteren Tänze dazu, wie er sagt, dann ist das schon so gut wie eine offizielle Verlobung. Ich hoffe, Nené nimmt es mit Würde hin."

„Was bleibt ihr anderes übrig, Sophie? – Das dumme ist nur, daß ich für Sissy nicht die nötige Garderobe habe!"

„Und was sagt denn Sissy überhaupt? Sie muß ja völlig überrascht sein!"

„Das freche Geschöpf hat längst alles begriffen. Weißt du, was sie vorhin meinte?"

„Nun, was hat sie gesagt?" forschte Sophie, auf alles gefaßt.

„Sie hat gesagt: Er gefällt mir, Mama, und ich nehme ihn – trotzdem er ein Kaiser ist!"

Am folgenden Abend stand Karl Ludwig, Eifersucht im Herzen, aber ein Lächeln auf den Lippen, in einer Ecke des Festsaales des Gasthofs „Zum Adler" in Ischl und sah zu, wie Sissy in den Armen seines glückselig lächelnden Bruders Franz Joseph über die blankgescheuerten Dielen schwebte.

Nun war sie seine Sissy nicht mehr. Schon gestern abend hatte er das Medaillon mit ihren Locken abgenommen. Nun umkrampften seine Finger die Geschenke an sie, die sie ihm zurückgegeben hatte: seinen Ring und seine Miniatur. Das Medaillon hatte sie behalten.

„Franz", hatte sie gesagt, „wird mir ein anderes Bild hineinmalen lassen."

INHALT

Dritter Teil

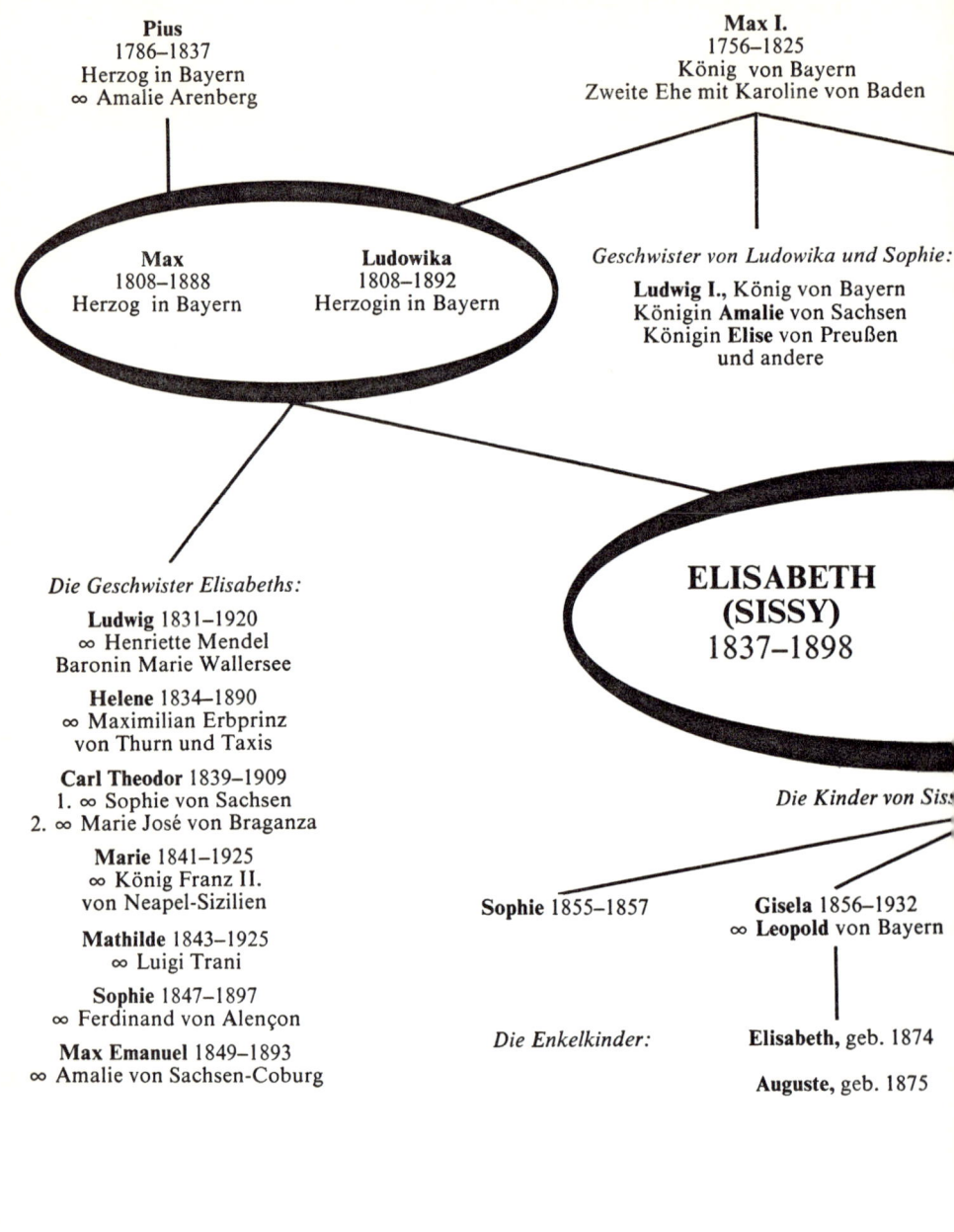

Pius
1786–1837
Herzog in Bayern
∞ Amalie Arenberg

Max I.
1756–1825
König von Bayern
Zweite Ehe mit Karoline von Baden

Max
1808–1888
Herzog in Bayern

Ludowika
1808–1892
Herzogin in Bayern

Geschwister von Ludowika und Sophie:

Ludwig I., König von Bayern
Königin **Amalie** von Sachsen
Königin **Elise** von Preußen
und andere

Die Geschwister Elisabeths:

Ludwig 1831–1920
∞ Henriette Mendel
Baronin Marie Wallersee

Helene 1834–1890
∞ Maximilian Erbprinz
von Thurn und Taxis

Carl Theodor 1839–1909
1. ∞ Sophie von Sachsen
2. ∞ Marie José von Braganza

Marie 1841–1925
∞ König Franz II.
von Neapel-Sizilien

Mathilde 1843–1925
∞ Luigi Trani

Sophie 1847–1897
∞ Ferdinand von Alençon

Max Emanuel 1849–1893
∞ Amalie von Sachsen-Coburg

**ELISABETH
(SISSY)
1837–1898**

Die Kinder von Siss

Sophie 1855–1857

Gisela 1856–1932
∞ **Leopold** von Bayern

Die Enkelkinder:

Elisabeth, geb. 1874

Auguste, geb. 1875

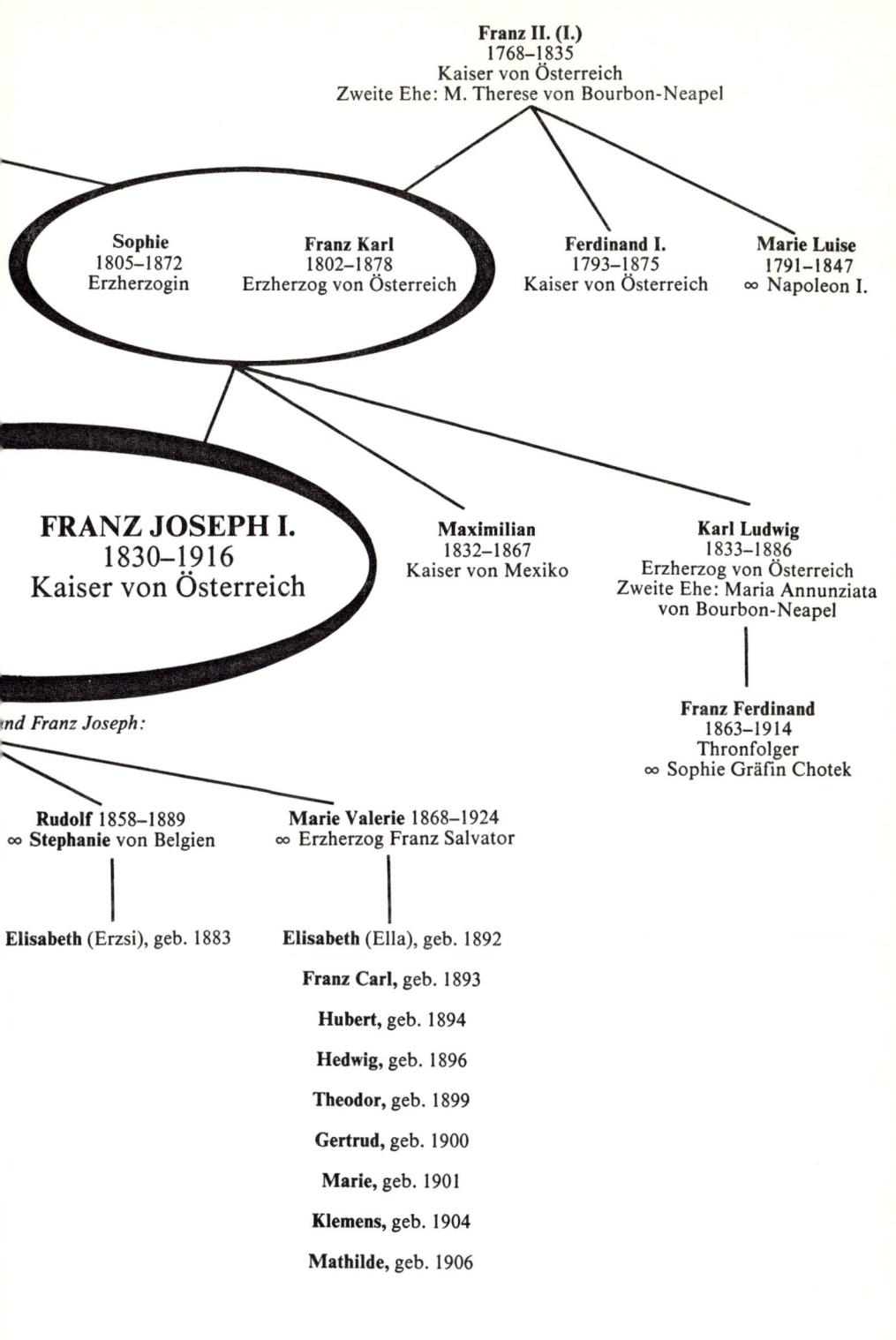

Franz II. (I.)
1768–1835
Kaiser von Österreich
Zweite Ehe: M. Therese von Bourbon-Neapel

Sophie
1805–1872
Erzherzogin

Franz Karl
1802–1878
Erzherzog von Österreich

Ferdinand I.
1793–1875
Kaiser von Österreich

Marie Luise
1791–1847
∞ Napoleon I.

FRANZ JOSEPH I.
1830–1916
Kaiser von Österreich

Maximilian
1832–1867
Kaiser von Mexiko

Karl Ludwig
1833–1886
Erzherzog von Österreich
Zweite Ehe: Maria Annunziata
von Bourbon-Neapel

Franz Ferdinand
1863–1914
Thronfolger
∞ Sophie Gräfin Chotek

nd Franz Joseph:

Rudolf 1858–1889
∞ **Stephanie** von Belgien

Marie Valerie 1868–1924
∞ Erzherzog Franz Salvator

Elisabeth (Erzsi), geb. 1883

Elisabeth (Ella), geb. 1892

Franz Carl, geb. 1893

Hubert, geb. 1894

Hedwig, geb. 1896

Theodor, geb. 1899

Gertrud, geb. 1900

Marie, geb. 1901

Klemens, geb. 1904

Mathilde, geb. 1906

Aus dem Krönungsprotokoll

(Budapest, 8. Juni 1867)

Seine Majestät erhob sich nun mit der Krone auf dem Haupt und begab sich, begleitet von den beiden assistierenden Bischöfen, dem k. ung. Obersthofmeister und Oberstkämmerer, dann von dem ung. Gardekapitän zu dem vor dem Hochaltar sitzenden Fürstprimas. Dahin begab sich auch Ihre Majestät, die Kaiserin, nachdem Höchstderselben vorher von Ihrem Obersthofmeister die Hauskrone abgenommen und dem Schatzmeister übergeben wurde. Dieser übernahm ihn auf einem reich mit Goldstoff verzierten Polster und stellte ihn auf ein Tischchen, worauf ihre Majestät von Ihrem Obersthofmeister an der Hand geführt und von beiden assistierenden Bischöfen begleitet wurde. Die Obersthofmeisterin trug die Schleppe, zwei Palastdamen folgten nach.

Ihre Majestät kniete auf der untersten Stufe nieder und küßte das vom Fürstprimas vorgehaltene Kreuz. Nunmehr salbte der Fürstprimas zweimal am rechten Arm und einmal zwischen den Schultern mit einem vom Hofceremoniär dargereichten Öl. Nach der Abtrocknung kniete Ihre Majestät auf der obersten Stufe nieder. Ministerpräsident Graf Andrassy nahm sodann die königliche Krone vom Polster und überreichte sie dem Fürstprimas, welcher sie unter Beihilfe desselben auf die rechte Schulter hielt und sogleich wieder zurücknahm. Der Ministerpräsident trug sie sodann zum Thron und setzte sie unter Beihilfe des Obersthofmeisters Seiner Majestät aufs Haupt. Der Fürstprimas stimmte nun das Tedeum an, worauf unter dem Geläute der Glocken die Salve gegeben wurde.

(Gekürzt aus dem Original in einer Bibliophilen Privatsammlung.)

Die „Krönung auf die Schulter" war ein kirchlicher Akt ohne staatsrechtliche Folgen; es ging dadurch keine Regierungsgewalt auf die Kaiserin und Königin über, sie wurde nur ihrem Gatten gesellschaftlich ranggleich gestellt. Anders ist das Verfahren bei zur Regierung bestimmten Herrscherinnen, wie etwa Maria Theresia, die aufgrund der Pragmatischen Sanktion infolge des Mangels an einem männlichen Thronerben zur Regentschaft gelangte. Ihr wurden aufgrund dessen auch alle Herrschaftstitel verliehen.

Marieluise von Ingenheim

Wie viele Angehörige von Adelsgeschlechtern kann auch die Autorin unserer Sissy-Bücher, Marieluise von Ingenheim (ihr voller Name lautet übrigens Maria Luise Alexandra Carolina Irene Antonia Barbara von Ingenheim-Schützensteig) auf eine lange Reihe von Vorfahren intereuropäischer Herkunft blicken. So kämpften ihre Vorfahren väterlich-mütterlicherseits (die burgundische Linie) als Ritter im Heer der Johanna von Orleans und wurden geadelt. Die Nachkommen dieses Grafengeschlechts emigrierten während der Französischen Revolution nach Österreich, weil sie sich um die Rettung der Königin Marie Antoinette – eine Tochter der Kaiserin Maria Theresia — bemüht hatten und daher in Gefahr waren, guillotiniert zu werden. Die direkte, väterliche Linie ist altösterreichisch. Ein Schützensteig lebte lange am sächsischen Königshof in Dresden. Ein anderer heiratete eine Grafentochter aus ukrainischem Altadel und gelangte so an den Zarenhof in St. Petersburg. Während der russischen Revolution erreichte das Paar auf abenteuerlichen Wegen Österreich.

Die Autorin ist die Enkelin dieses Paares. Sie lebt auf einem Landsitz in der Nähe Wiens; das historische Mobilar dieses Hauses erinnert an den Glanz vergangener Jahrhunderte. Ihre Bibliothek, deren älteste Folianten bis ins Jahr 1600 zurückreichen, gibt Aufschluß über vergangene Persönlichkeiten und Ereignisse. Vor allem aber ist es die in ihrer Familie lebendig gebliebene mündliche Überlieferung und die weltweiten persönlichen Kontakte, die ihren unerschöpflichen Schatz an Background-Wissen ausmachen.

Die Leser der „Sissy"-Bände sowie anderer Werke Marieluise von Ingenheims halten mit diesem Buch eine kleine Kostprobe davon in der Hand. Eine Kostprobe, die – so hofft der Verlag – noch manches hochinteressante Werk aus ihrer Feder, die so erfolgreich ist und ihr so viele begeisterte Leser brachte, erwarten läßt.

Wenn sie nicht an ihrer Schreibmaschine sitzt, findet Marieluise Ingenheim oft bei einsamen Waldspaziergängen mit ihrem Schäferhund Entspannung und schöpft Kraft für neue Geschichten, die sie an kommende Generationen weitergibt.